地域計画の社会学

市民参加と
分権化社会の
構築をめざして

瀧本 佳史 ……………… 編
Takimoto Yoshifumi

昭和堂

階段を一段一段，学ぶということ
──はしがきにかえて──

　目の前に階段がある。あなたは自分自身で決定する。上がるのだと。一段上がっただけではそう努力も要らないし，目だった視界の変化も乏しい。学ぶという階段はあなたにとって単調と感じるかもしれない。一段上がるということは，あなたが今まで蓄えたあなたの頭の中の知識・情報を新たに得た知識・情報と照らし合わせる，比較検討するということだ。既知のこともあれば，未知のこと，知識を入れ替えなければならないこともある。一段一段，自分で考えて上がれば，学問という階段はあなたを確実に変えていく。

　社会学は日常の生活に直結した学問である。社会と社会集団と個人の関係，あり方を思索する。社会での体験を大切に考える。あなたがかかわった社会集団，職業体験での集団，趣味の生活での集団と，多数想定される。それらの社会体験はあなたの貴重な知的資源なのだ。また，これらの活動の舞台となった地域社会にも目を向けていただきたい。

　豊富な社会体験がないと感じているあなた。じつはかなりの社会体験を経験しているのだ。家族という舞台，学校という舞台，周りに広がっていた地域社会という舞台，遊びのために広がっていた舞台，じつは社会体験豊富なのである。人間を相手にするリアルな社会に加えて，多様なメディアが提供するヴァーチャルな世界での体験も豊富である。しかしながら，社会体験の豊富な人々に共通していることだが，あなたの周りに展開する豊富な社会生活の大部分は，存在しているのだが，あなたの視界に入っていない可能性がある。

　あなたの日常生活には多数の登場人物が存在したはずだ。人間は日常生活に慣れるに従って，自分自身の生活にとって必要度の高い人間以外は気にとめないようになる。存在していても気がつかない。無縁だと思っていた種々の存在が実はあなたの生活している社会を構成し，いろいろ影響しあって，あなたの日常生活を規定していたのである。あなたはそれに気がついていた

だろうか。気がついたから、この本を手にしているのだと思う。

　人間は興味・関心のあるところは膨大な知識を積み上げ、その分野での先端的な情報にも通暁し、その知識や情報は専門家を凌駕することもしばしばである。逆に、興味・関心の薄いところでは知識、情報に乏しいため考えることすら困難であることは多くの人が経験する。地域を計画する、誰が、どうやって、雲をつかむような課題である。自分が計画したって誰が採用してくれるのだ。人にはそれぞれ立場がある。その立場に立たない人間にとって、計画することなど無意味ではないか、とあなたは考える。

　あなたは社会に参加している。確実に参加している。かかわっている部分に多寡があるだけなのだ。その多寡は、じつはあなたが決定している。広大無辺な社会をあなたが切り取ってあなたが生活する社会を構築しているのであり、あなたがあなた自身の人生をデザインするように、あなたの生活する社会もデザインするのだ。同じように地域計画もあなたが生活する地域社会をあなた自身がデザインしていくのだ。実りあるかかわりをするためには、地面を耕し地味を豊かにし（知識を頭に蓄え）、水をやり（情報を得）、という営みが必要である。加えて仕組みや約束事を知ることが大切だ。

　一歩一歩、階段を上がるように、しるされた文字を追っていただきたい。社会学的な考え方をマスターした練達が階段を上がる手助けをしてくれる。昭和堂の松井久見子氏はこなれた言い回しの優れたナビゲータであった。階段のところどころで振り返る時、見慣れた光景が違って見えるなら、それだけあなたの考え方が変わったということだ。階段を上がり、変化したあなたはどう考え、どう行動するのだろうか。

　　　2005年2月

　　　　　　　　　　　　　　　　　　　　　　　　　　　　瀧本佳史

もくじ

第1章　地域計画への社会学的アプローチ ……………………… 1

1. 地域計画とは何か ………………………………………… 1
2. 地域社会に学ぶ，先進事例に学ぶ ……………………… 6
   - (1) 量的調査から探す　6
   - (2) 質的調査を考えよう　10
   - (3) 与論町　12
   - (4) 志木市・江戸川区・武蔵野市・太田市　13
   - (5) 碇ヶ関村・瀬棚町・ニセコ町　14
3. 社会学的アプローチ ……………………………………… 14
   - (1) 地域社会を見る目，知識と情報　14
   - (2) 成長する地域社会の構成員　15
   - (3) 行動を阻む現状，計画の主体　15
   - (4) 地方分権，これからの方向　15
   - (5) 社会学的アプローチ　16
   - 学習の課題　17

第2章　地域計画における共同性と公共性 ………………… 18

1. 地域社会と共同性 ………………………………………… 18
   - (1) 地域計画の対象としての「地域」の意味　18
   - (2) 社会とは何か　20
   - (3) 社会の生活充足性　22
   - (4) 社会の基礎としての共同性　23
   - (5) 共同的生活空間としての地域社会　23

2　地域社会の多様性と地域計画の課題……………24
　　　（1）近代化と地域社会　24
　　　（2）都市化と地域社会の変容　26
　　　（3）地域社会の多様化　26
　　　（4）地域計画の担い手と地域計画類型　28
　　　（5）地域計画に内在する社会的課題　29
　　3　地域計画の成立基盤としての「地域公共性」……30
　　　（1）地域計画の正当性　31
　　　（2）正当性の実質的根拠としての公共性　32
　　　（3）公共性の基礎としての共同性　32
　　　（4）現代社会における共同性の多元的構造　33
　　　（5）生活利害の多元的対立と公共性の機能と共同性　34
　　　（6）地域社会における「地域的公共性」の形成と地域計画　36
　　学習の課題　37

第3章　地域社会の人材育成 …………………………………… 38

　　1　地域社会の変容──変わった？　変わらない？‥38
　　　（1）時間軸　38
　　　（2）空間軸　39
　　　（3）生活軸　39
　　　（4）構造軸　40
　　2　地域の人材育成システム
　　　　──「女性」の政治参画のために ……………… 41
　　　（1）成人の社会化　41
　　　（2）社会化エージェント　43
　　　（3）輩出母体別女性リーダー　44
　　　（4）女性リーダーの機能　45

3 長野県の女性地域リーダー
  ——人材育成システムの事例 …………… 46
  (1) 女性登用施策のターゲット　46
  (2) 「農村生活マイスター」　47
  (3) マイスターの認定　48
  (4) 生活改善グループと生活改良普及員　49
  (5) I町のマイスターの活動　50
  (6) S氏の活動指向　50
4 地域文化の創出計画——創って, 変えて, 変わる … 51
  (1) 伝統的価値観の維持　51
  (2) 再社会化される部分とされない部分　53
  (3) 共同性による公共性から公共性による共同性へ　53
  (4) これからの課題　54
  学習の課題　57

第4章　国土計画と地域計画 ……………………… 58

1 はじめに …………………………………………… 58
2 国土計画の歴史的背景 ………………………… 59
3 全国総合開発計画 ………………………………… 61
4 「基盤整備」としての地域開発 ………………… 62
5 地域開発計画の政治過程 ……………………… 65
  (1) 開発計画と地方自治体　65
  (2) 地域開発と民間企業　68
6 公共事業と補助金 ……………………………… 70
7 経済開発から「社会開発」へ ………………… 72
  学習の課題　75

第5章　地方自治体の地域社会計画 …………………………………… 76
　　　1　はじめに …………………………………………… 76
　　　2　市町村の計画行政 ………………………………… 77
　　　3　市町村計画の策定過程 …………………………… 80
　　　4　「総合計画」の構成 ………………………………… 82
　　　5　市町村総合計画と「社会開発」と「文化行政」…… 87
　　　6　国土総合開発計画と地方自治体 ………………… 89
　　　　学習の課題　91

第6章　まちづくりとコミュニティの政策 ……………………………… 92
　　　1　コミュニティとは何か …………………………… 92
　　　2　新しいコミュニティ形成の歴史的・社会的背景 … 94
　　　3　地域コミュニティ論における住民自治論 ……… 96
　　　　(1) 中田実の地域共同管理論　96
　　　　(2) 奥田道大のコミュニティ形成論　98
　　　　(3) 山崎仁朗の住民自治組織論　100
　　　4　コミュニティ活動としてのまちづくり …………101
　　　5　今後の課題と展望 …………………………………104
　　　　学習の課題　108

第7章　地域デザインとその課題 ………………………………………109
　　　1　都市再開発——都市再生の最後にして最大の問題
　　　　　…………………………………………………………109
　　　　(1) 地域計画における国際比較研究の視点と方法　109
　　　　(2) ドイツにおける老朽密集住宅地区形成　111
　　　　(3) 日本における老朽密集住宅地区の類型化　112

2　住民参加と都市計画……………………………116
     ⑴　ドイツの社会計画（Sozialplan）　116
     ⑵　日本の地区計画制度と再開発地区計画制度　118
     ⑶　日本の都市計画と社会学　118
   3　都市再開発事業の日独比較……………………119
     ⑴　ベルリン市プレンツラウアーベルク地区と
          豊中市庄内地区における都市再開発事例　119
     ⑵　再開発における所有権の複雑性と合意形成プロセス　122
     ⑶　再開発におけるジェントリフィケーション問題　125
   学習の課題　128

第8章　地域社会とNPO……………………………………129
   1　はじめに……………………………………………129
   2　NPOとは何か……………………………………130
     ⑴　NPO──第3のセクター　130
     ⑵　「志（こころざし）」の共同体　131
     ⑶　NPOの組織的特徴　132
   3　特定非営利活動促進法と特定非営利活動法人の実態
       ……………………………………………………134
     ⑴　特定非営利活動促進法（NPO法）の制定　134
     ⑵　特定非営利活動促進法の内容　136
     ⑶　特定非営利活動法人の現状　139
     ⑷　特定非営利活動促進法の問題点　140
   4　地域社会で活躍するNPO………………………141
     ⑴　衰退する都市地域の再生とNPO活動
          ──室蘭地域再生工場（北海道室蘭市）　142

(2) 小さな農村集落の自治とNPO活動
　　　　　——新田村づくり運営委員会（鳥取県智頭町）　142
　　　(3) 2つの事例　144
　　5　NPOに求められる役割 …………………………………145
　　6　おわりにかえて ………………………………………147
　　　学習の課題　150

第9章　地域計画と地域福祉 …………………………………151
　　1　はじめに ………………………………………………151
　　2　社会変化と地域福祉 …………………………………152
　　3　少子化社会と地域福祉 ………………………………156
　　　(1) 家族環境の変化　156
　　　(2) 少子化　158
　　　(3) 育児環境と育児支援　159
　　4　高齢化と地域福祉 ……………………………………161
　　　(1) 高齢化とは　161
　　　(2) 介護と地域　162
　　　(3) 地域での高齢者の生活　164
　　5　まとめ …………………………………………………165
　　　学習の課題　169

第10章　生活環境と地域計画 …………………………………170
　　1　はじめに——生活環境とは …………………………170
　　2　地域の生活環境をめぐる問題 ………………………171
　　　(1) 人間生活と環境問題　171
　　　(2) 戦後日本における生活環境をめぐる問題　172
　　　(3) 地域社会と生活環境　175

3　環境問題と環境計画 …………………………………… 176
(1)　産業公害と環境基準値の設定　178
(2)　公共事業と環境アセスメント　179
(3)　行政サービスと環境基本計画　180

4　住民参加による計画づくり …………………………… 181
(1)　生活環境主義　182
(2)　地域共同管理論　183
(3)　パートナーシップによる計画づくり　184
(4)　審議会からワークショップへ　184
学習の課題　188

第11章　森林の地域計画 ……………………………………… 189

1　森林と地域の関係 ……………………………………… 189
(1)　森と林，そして山　189
(2)　森林の所有形態　191
(3)　保安林　193
(4)　生活の中にある緑　195

2　森林の社会史 …………………………………………… 196
(1)　入会林　196
(2)　里　山　198
(3)　人工造林地　199

3　森林に関する地域計画 ………………………………… 201
(1)　森林の機能　201
(2)　資源管理としての森林計画制度　204
(3)　今後の課題　206
学習の課題　208

第12章　地域社会と「国際化」……………………………209

1　「国際化」と地域 ……………………………………209
    (1)　「国際化」とは　　209
    (2)　「国際化」の担い手としての地域　　210
2　「内なる国際化」——「外国人」住民と地域……212
    (1)　増加する外国人人口　　212
    (2)　「内なる国際化」と地域　　213
    (3)　新来外国人の急増による「内なる国際化」の諸課題　　215
3　多様化する地域社会のメンバー …………………217
    学習の課題　　223

さらに学びたい人のための本 …………………………224
索　引 ……………………………………………………229

第1章
地域計画への社会学的アプローチ

1 地域計画とは何か

　地域とは空間的領域をさすが，このたんなる空間的広がりに人と人との営みが見られまとまりを持つ場合に地域社会と呼ぶ。地域社会はどうとらえられるのか。
　「地域社会って，どのあたりをいうの？」
　「身近なところから考えると，ワンルームマンションだとゴミ置き場？」
　「向こう3軒両隣，回覧板を回す範囲，自治会・町内会，その連合？」
　「学校区，自治体，通勤・通学圏や買物圏，自治体を越える広域生活圏」
　「これらを越える都道府県，国家の領域」も，地域社会と考えられる。もっと広い領域を地域社会と考えることもできる。あなたにとって地域社会とはといわれ，イメージするのはどのあたりだろうか。
　あなたの日常の生活から考えて，どこを地域社会と考えるのか。いくつの地域社会と関わっているのか。住居があるところが地域社会，通学する学校があるところが地域社会，働いているのなら職場があるところが地域社会，趣味や文化的な活動をしているところが地域社会，いくつかの地域社会が考えられる。しかしすべての地域社会と関わりを持っているわけではなく，重視している地域社会が多分あるはず。極端な例として，「地域社会と関わっているのがゴミ置き場だけ」ということもある。人間は地域社会と関わって

1

生活している。より正確にいうと，地域社会の中で人と人との関わりの中で生活しているのである。しかしながらふと気がつくと自分は本当に地域社会と関わって生活しているのだろうか，と疑問に思うことがありませんか。あまりにあたりまえに地域社会と関わっているため，地域社会が意識されにくいのも事実である。まわりを見わたしてあなたが関わっている地域社会がいくつあり，どの地域社会を大切だと感じ，その地域社会とどのように関わっているのか確認することが大切である。

　家庭生活は必ず，地域社会の中で営まれる。あなたが家族の中のどの構成員であるかによって，期待される役割は異なる。両親が地域社会としっかり関わっており，地域社会での役割を果たしていれば，あなたに対する役割期待は少なくなる。子どもの立場であれば子ども会活動への参加，そのあとリーダーとして活動する経験も立派な地域社会との関わりである。あなたが下宿すると地域社会との関わりはあなた自身にかかってくる。あなたは地域社会とどう関わっているのだろう。

　地域社会とはその地域社会に住むあなたが主体的に関われば関わるほど拡がっていく性質を持っている。自治会に参加して自治会のことを知り，深く活動するほど自治会の中だけでは解決できない問題が起こってきて，自治体と折衝しなければならなくなる。そうなるとあなたの関心領域は拡大し，あなたと自治会と自治体を含む地域社会の中で考え行動することとなる。そのうちに限界が見えてきて，自治体を越える県や国との関係であなたの身近な地域社会の問題が起こってきていることに気づくだろう。もしあなたが身のまわりの地域社会に意識的に目を向けることなく，気づかないままでいると，部屋とゴミ置き場を往復するだけが，あなたの地域社会での生活ということになる。

　あなたがゴミ置き場に置いた「ゴミ」のゆくえを考えたことがあるだろうか。あなたがゴミを置いた「ゴミ置き場」がいつもきれいになっているのに気づいているだろうか。地域社会の環境や美しさを保とうと考え行動する地域社会の人々がいるからだ。気がつき行動するところから地域社会との関わりの第1歩が始まる。ゴミのゆくえを考えることで，あなたはあなたが生活

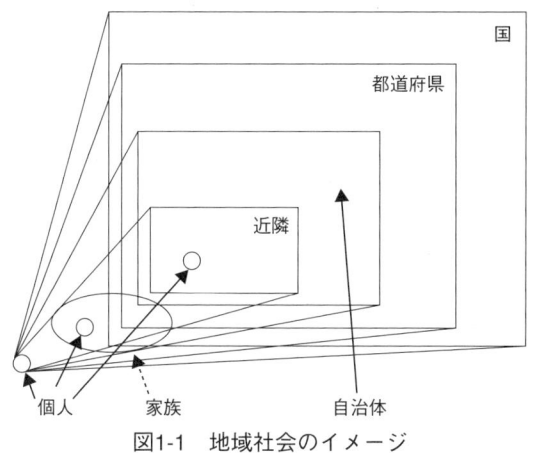

図1-1　地域社会のイメージ

している地域社会の仕組みを知り始める。人手がかかってゴミは集められ，処理されるはずだ。その経費は誰が負担しているのだろうか。

　個人で処理できないゴミはより広い地域社会で処理されている。そのゴミは自治体で処理しているのだろうか。それとも自治体が事業者に委託しているのか。その経費はいくらぐらいかかっているのか。行政が負担しているということは納税者が負担しているということでもある。経費が納得のいくものであるのかどうか，あなたは知っているだろうか。知る権利はあなたにはあるのだろうか。自治体は納税者に対して情報を公開する必要があるのではないだろうか。とはいえ，目の前のゴミがなくなればそれでいいという問題なのだろうか。納税者であり住民であるあなたは知っていなくてもいいのだろうか。地域社会に重要な役割を果たす自治体に関心を向け，より知ることによって，あなたが地域社会に関わっていく第2歩が始まる。

　ゴミを分別することによってゴミ処理にかかる経費は低減するのだろうか。分別することは手間のかかることだが，あなたが地域社会に関わってゴミを分別することによって節約された経費は他のより必要とされるところで使われることになる。分別することでゴミが資源ゴミとなり，あなたが住んでいる地域社会はリサイクル社会へと発展する。その延長には資源循環型社会があるのだが，地域社会に関わってあなたがゴミの分別をするところにそ

の出発点がある。あなたの地域社会はどのようなゴミ分別をしているのか。あなたの隣りの自治体はどのような分別の仕方をしているのか。知ることによってあなたの所属している自治体の考え方がわかってくる。地域社会が見えてくるとともに，地域社会との関わり方をあなたは考え始める。あなたは第3歩を踏み出している。

　分別の方法は誰が決めているのか。決められた方法が有効であることの説明はなされているか，考えよう。分別することでこれだけの効果が期待できるという，情報が大切である。地域社会のすべての人が共有すべき情報である。納税者である地域社会の人々に，自治体は説明する責任がある。このように考えてくるとあなたが関わっている地域社会に自治体の果たしている役割が大きいことに気づくだろう。また，地域社会の構成員であるあなたは共有する情報から自分自身で考え，みずから地域社会といかに関わっていくのかのライフスタイルをデザインする。生き方，地域社会との関わり方をみずから決めるという，1歩を踏み出すのである。

　計画とは誰が計画し，それを実施するのは誰なのか。地域社会の計画なら，その地域に暮らす住民の1人1人が真剣に考えることが必要である。しかしながら，現実はそうなっていない。どこかで決められて，いつのまにか執行されているというのが実感であるまいか。これは，納税者である住民の納めた税金がどこに集められ，どのように使われているのかを考えると，同じ構造になっている。一応は知らされている建前になっているし，使い方も納税者である住民が決めることになっている。住民は決定に参加しているのである。住民は自分たちの身のまわりの仕組みを知らなければならない。

　自治体の予算は，首長の考え方で方向づけられ，自治体職員によって予算案が作成され，議会で審議され決定される。首長を選出するのも住民であり，議員を選出するのも住民である。市町村だけでなく都道府県議員や知事も選挙で選んでいる。国会議員も選出している。あとは任せておけばよいのだろうか。ここで任せてしまうと，地域社会との関わりを，より広がっている社会との関わりをみずから放棄することになる。目の前から消えたゴミのゆく

えを考えず，忘れてしまうのと同じことである。住民には住民の納めた税金がいかに使われているのか知る権利があり，自治体にはどのように使うのかを説明する責任がある。あなたの生活している市町村の自治体，都道府県や国にわかりやすく情報を公開する姿勢があるかどうかが大切である。とくに一番身近な生活の接点となる市町村の自治体の考え方は大切である。

地域社会で立てられる計画とは，そこで暮らす人々みずからが議論し，いろいろな可能性の中から的確に判断し選択する。立てられた計画の実現に責任を持って行動することが必要である。そのためには豊富な知識と情報が必要である。個人がこれらを持つためには地域社会に関わり，参加することで経験を蓄積していくという生活態度が大切である。それにまして重要なのは情報であり，情報を共有しようという姿勢である。地域社会にはさまざまな立場で関わって地域計画の主体となる人々がいる。自治体であれば議員，首長，自治体職員，住民である。

地域社会に関わる住民の1人1人が地域社会に関心を向け，考え行動する姿勢が芽生えなくてはならない。同時に，自治体も地域計画を立てる主体として住民とともに計画をつくりあげていく姿勢，住民に情報を公開しともに考えていく姿勢を持つ必要がある。この関係が住民と都道府県，国とに関係に広がっていくならば日本の社会に自治が育っているといえる。個々人が身のまわりの地域社会に関わって考え行動する。地域社会の仕組みを学び知識と情報を蓄え，地域社会の中で積極的に参加していくことは各人の成長である。地域社会の側でも，住民参加と情報を提供し，ともに地域計画をつくりあげていこうとする姿勢が見られ始めている。

税金の使い道を住民みずからが考えて決めることを模索する自治体がある。個人住民税の1％を「住民自治基金」とし，毎年20歳以上の市民1,000人を抽出し，どの分野に税金を使うか選んでもらう。自然の保護や教育，福祉・健康のまちづくり，子育て，歴史・文化事業などの政策メニューから選択する。[*1]個人住民税の1％を納税者が指定したNPO（非営利組織）に助成する制度を検討する自治体もある。[*2]自治体の側から自治体の政策に住民の意向を反映させるシステムを考え，住民参加の受け皿づくりが進む。これらの試

みは萌芽的なものである。これを成長させ，日本の社会に定着させるか否かは，地域社会に関わる住民自身に問われているのである。

2 地域社会に学ぶ，先進事例に学ぶ

(1) 量的調査から探す

　地域社会に関心を持ち，身のまわりの仕組みを見始めることが大切である。個々人は地域社会の中で生活しているのだから地域社会を見るのは簡単なことのように思える。しかしながら，その簡単そうなことがなかなか見えにくいものであるとすぐに気づく。自分の暮らしている，生活している地域社会は日本の社会の中で，平均的な地域社会なのか，それとも平均を下回る地域社会なのか。はたまた幸運にも恵まれて日本の社会の中で先進的な地域社会に生活しているのか。日常生活ではあたりまえに感じていることだが，判断がつきにくいものである。

　あなたの1週間の日常生活を考える。月曜日から始まり，週末の土曜日・日曜日まで。家族との営み，学校生活，職業生活など。日常の生活に地域社会という舞台はあっただろうか。地域社会との関わりはきわめて乏しいというのが実状である。あなたが日々接しているはずの地域社会から知識や情報を集めることはなかなか難しいことなのだ。地域社会に学ぶ，それも今住んでいる地域社会から学ぶといっても何を学ぶのかがわからない。学ぶポイントがわからない。地域社会に暮らしているあなたも含めて日本社会ではこのような人々が多数派なのだろう。

　身近な地域社会から学びにくい。とすればひとつの方法は，先進的な地域社会，自治体から学ぶことである。一例として，佛教大学社会学部に公共政策学科を開設するにあたって，地域社会や自治体の取組から直接学ぶために全国の自治体の首長に「全国まちづくりアンケート」を実施した[*3]。調査の内容はシンプルに，首長が以下の9部門30項目をどう自己評価するかと，お手本としたいと考える自治体，その理由を聞く2つの問いから調査表は構成されている。

環境部門では「省エネルギー対策の状況」「環境教育の充実度」「廃棄物対策とリサイクル制度」の3項目である。交通・通信部門では「住民の移動手段の保障」「緊急時情報網の整備状況」「災害対策の整備状況」。医療保健部門では「医療機関の充実度」「保健サービス活動の充実度」「住民の健康づくりの活動への支援度」。福祉部門では「介護施設の充実度」「ヘルパー育成の充実度」「独自の高齢者福祉対策の充実度」「障害者福祉対策の充実度」の4項目である。産業振興部門では「特産品開発と地場産業の振興策」「商業振興策の充実度」「起業振興に対する支援状況」の3項目，5部門16項目である。

教育部門では「子育て支援政策の充実度」「特色ある学校教育の展開状況」「生涯学習の拠点作りの状況」。地域活性化部門では「地域振興のための人材育成の状況」「若者のI・Uターン対策の状況」「集会所や公共施設の充実度」「地域活性化のための独自策」。自治体部門では「住民参加の度合い」「情報公開の状況」「行財政改革の推進度」「男女共同参画社会の推進状況」「自治体職員の人材育成の状況」。文化部門では「国際・地域間交流の推進状況」「伝統文化の継承育成策」の4部門14項目，合計30項目である。

全国3204の自治体の首長に，「あなたの自治体が工夫し，充実していると考え，誇りに思っておられる事業，政策，サービスについての自己評価」を求めている。自治体がこれまで取り組んできた政策課題，将来取り組んでいかなければならない政策課題，自治体自身が改革し先駆的に取り組む課題など，30項目を10点満点で評価する[*4]。これらの項目はあなたが地域社会や自治体を見るポイントでもある。

ここで上位にランクされる自治体は学ぶべきいろいろなポイントを持っていると考えられる。全国20位までを見ると，東京都の区では江戸川区が1位，板橋区が14位，新宿区が15位である。市に目を転ずると，埼玉県川口市（2位），東京都武蔵野市（4位），福井県福井市（7位），三重県四日市市（8位），京都府舞鶴市（9位），宮津市（11位），埼玉県新座市（12位），神奈川県横須賀市（16位），宮城県白石市（18位）の9市である。町では3位に静岡県佐久間市がランクインし，以下愛媛県久万町（13位），長野県小布施町（17位），山口県東和町（19位），秋田県岩城町（20位）の5町である。村では青森県碇ヶ

関村の5位，以下新潟県朝日村（6位）と続き，高知県物部村（10位）がランクインしている。

学びたい自治体，手本としたい自治体は自己評価を回答した1745自治体中345自治体が回答している。回答率は19.8%である。学びたい自治体を複数回答した首長もあって，のべ389自治体があげられ，複数の自治体から学びたいと支持された自治体は50自治体である。学びたい自治体の1位は北海道ニセコ町で38自治体から支持を集めている。2位は群馬県太田市で18自治体の支持。3位は大分県湯布院町で15自治体の支持である。4位は静岡県掛川市（支持14），5位は東京都三鷹市（支持12），6位は宮崎県綾町（支持10），7位は高知県馬路村（支持8），8位は横須賀市と三重県（支持7），県としての支持は13位の福岡県（支持5）と2つのみである。10位は埼玉県志木市，武蔵野市，新潟県黒川村（支持6）である。13位は福島県矢祭町，新潟県高柳町，愛媛県内子町，福岡県，熊本県宮原町（支持5）であり，18位には長野県小布施町，原村，広島県高宮町，熊本県小国町（支持4）が並んでいる。上位20自治体のうち自己評価の上位20位と重なるのは，8位の横須賀市（自己評価16位），10位の武蔵野市（自己評価4位），18位の小布施町（自己評価17位）である。

ニセコ町を学びたい自治体とする理由としてあげられたのは「住民参加の度合い」で18自治体からあげられ，「情報公開の状況」は9自治体から，「地域活性化のための独自策」は4自治体からあげられている。太田市では「行財政改革の推進度」が13自治体からあげられている。湯布院町では「地域活性化のための独自策」と「特産品開発と地場産業の振興策」が7自治体からあげられている。三鷹市では「住民参加の度合い」が6自治体からあげられ，「行財政改革の推進度」が3自治体からあげられている。綾町では「地域活性化のための独自策」が5自治体から，馬路村では「特産品開発と地場産業の振興策」が7自治体からあげられている。

個別自治体に学びたい理由はさまざまである。政策自己評価との関連で眺めると，表1-1に示されるように，全体として自己評価の高かった項目に学びたい理由としてあげられる項目は少なく，これらはすでに達成された施策

表1-1 政策自己評価と支持される理由

項目	支持理由支持数	政策順位	自己評価全体	区長	市長	町長	村長
22【地域】集会所公共施	1	1	7.02	8.43	6.99	7.01	7.05
08【医保】保健サービス	2	2	6.73	7.14	6.78	6.75	6.57
09【医保】健康づくり支援	5	3	6.67	7.43	6.64	6.67	6.67
10【福祉】介護施設	2	4	6.60	8.07	6.92	6.58	6.21
03【環境】廃棄物・リサ	5	5	6.55	7.64	7.17	6.47	6.03
12【福祉】高齢者福祉	8	6	6.27	7.36	6.46	6.23	6.14
05【交信】緊急時情報網	1	7	6.26	6.64	5.99	6.28	6.47
19【教育】生涯学習	12	8	6.16	7.57	6.49	6.17	5.68
17【教育】子育て支援	5	9	6.14	6.79	6.60	6.09	5.70
18【教育】学校教育	7	10	6.06	7.43	6.38	5.91	6.15
11【福祉】ヘルパー育成	0	11	6.05	7.43	6.22	6.08	5.68
25【自治】情報公開	15	12	6.04	7.50	6.88	5.89	5.46
30【文化】伝統文化継承	4	13	5.95	6.71	5.97	5.93	5.97
24【自治】住民参加	62	14	5.88	7.36	6.27	5.77	5.71
06【交信】災害対策整備	1	15	5.87	6.93	6.00	5.85	5.75
26【自治】行財政改革	42	16	5.87	8.29	6.50	5.75	5.43
07【医保】医療機関	3	17	5.85	7.14	6.80	5.72	5.13
13【福祉】障害者福祉	0	18	5.79	7.50	6.19	5.74	5.39
23【地域】地域活性化	75	19	5.71	7.07	5.98	5.62	5.63
02【環境】環境教育	13	20	5.70	6.64	6.19	5.56	5.60
14【産振】特産品地場	35	21	5.55	6.29	5.53	5.51	5.64
04【交信】公共交通	3	22	5.51	7.07	6.04	5.37	5.27
29【文化】国際・地域間	0	23	5.47	6.86	6.24	5.35	4.88
28【自治】職員人材育成	16	24	5.38	6.79	5.91	5.30	4.98
27【自治】男女共同参画	4	25	5.17	7.43	6.21	4.94	4.61
20【地域】地域人材育成	3	26	4.93	6.07	5.16	4.93	4.59
01【環境】省エネルギー	6	27	4.86	7.43	5.88	4.67	4.15
15【産振】商業振興	4	28	4.76	7.00	5.34	4.67	4.25
16【産振】起業振興	2	29	4.24	7.29	5.06	4.05	3.81
21【地域】若者I・U	3	30	4.15	3.29	4.02	4.14	4.38

課題といえる。8位に位置するのが教育部門の「生涯学習の拠点作りの状況」の12件である。次いで2桁の支持理由としては12位に自治体部門「情報公開の状況」の15件，14位に「住民参加の度合い」の62件，16位に「行財政改革の推進度」の42件である。19〜21位に地域活性化部門の「地域活性化のための独自策」の75件，環境部門の「環境教育の充実度」の13件，産業振興部門の「特産品開発と地場産業の振興策」の35件が並ぶ。24位に自治体部門の「自治体職員の人材育成の状況」の16件が続く。25〜30位は政策自己評価が低く学ぶ理由としてあがっていない。

　首長は自治体部門の住民参加，行財政改革，情報公開，職員の人材育成を

学びたい，地域活性化部門では地域活性化のための独自策を学びたい，産業振興部門では特産品開発と地場産業の振興，環境部門の環境教育，教育部門の生涯学習の拠点作りを先進事例として学びたいと考えている。首長たちがこれから取り組んでいかなければならない施策課題としてとらえられているものであり，これからの自治体のあり方を見ていく際にわれわれ住民が注視していかなければならないポイントである。

具体的な自治体の名前があがってきている。あなた方の身近にこれらの自治体はあるのだろうか。調査時点では3204の自治体首長（東京都の区長含む）に依頼した。2004年10月1日に10市13町が誕生し3030の市町村となっている[*5]。ここに政策自己評価を回答いただいたすべての自治体の集計結果を示すことは不可能である。佛教大学の公式ホームページの全国まちづくりアンケート調査結果のサイトを訪ねていただきたい[*6]。あなたの住んでいる自治体や隣接する自治体があるにちがいない。自己評価から首長の考えている自治体像が浮かび上がるだろう。あなた自身の評価と比べることによって理解が深まると期待したい。あなたの暮らしている地域社会の大部分は自治体が占めていることにも気づくかもしれない。さらに深く地域社会について考えるチャンスである。

(2) 質的調査を考えよう

地域社会を計画するためには地域社会とはいかなるものかを調べなければならない。個々人が首長に面談してくわしく地域社会の実情を聞くというのは一番よい方法かもしれないが3000余りの自治体の首長個々に聞いていくというのは手間ひまもかかり，現実には不可能に近い。それを効率的に果たすのは量的調査であるが，これも個人で実行するには数々の困難が伴う。しかしながら調査結果を見てきたように，自治体の首長が自信を持っている政策項目，学ぼうとしている自治体とその理由が浮き彫りにされてきた。ここに量的調査の問題発見的な機能が示されている。

次にはいかなる行動が必要なのか。それは質的な調査である。政策課題全般に平均以上と誇りを持って回答する首長，すべての項目で優れているとは

回答できないが，この政策項目だけは自信を持って先進的に取り組んでいると，回答された首長も多い。また，政策の自己評価は謙虚であっても学びたい自治体として多くの自治体首長からあげられている自治体もある。たとえば，北海道ニセコ町の自己評価は1077位，2位の群馬県太田市は697位，3位の大分県湯布院町は890位の政策自己評価であった。あなたはどの自治体を訪問したいと考えるだろうか。

　先進的な自治体を訪ねる。全国の首長に政策の自己評価をしていただき，学びたい，お手本にしたい自治体をあげ，その理由まで教えていただいている。自分の目で見てみたいという気持ちがわいてくるのは自然のことである。現地を踏むことは，座して思い描くより多くのことを語ってくれるに違いない。身近に自己評価の高い自治体や学びたいとあげられている自治体があればぜひ訪問したい。それがあなたの住む自治体ならくまなく歩いてみることだ。今まで見えてなかったことが見えてくるに違いない。

　しかしながら，訪問したい自治体があなたの住む地域社会のそばに固まって存在しているということはありそうもない。2つの手段が考えられる。自分自身で訪問して調べるという方法である。もうひとつは，訪問して調べられた結果を読むという方法である。前者が望ましいのだがなかなかハードルは高そうである。経験を積み知識も豊富になればハードルは低くなる。それはいつのことなのか。ここでは後者の方法を模索したい。

　訪問したい自治体をリストアップする。自己評価で高い得点を示したトップテンの自治体では，関東地方に1位の江戸川区，2位の川口市，4位の武蔵野市がある。中部地方には3位の佐久間町，8位の四日市市が太平洋側に，6位の朝日村と7位の福井市が日本海側にある。東北地方には5位の碇ヶ関村があり，近畿地方には9位の舞鶴市，四国地方には10位の物部村がある。同様に学びたい自治体を見ると，北海道地方に1位のニセコ町があり，関東地方には2位の太田市，5位の三鷹市，8位の横須賀市，10位の志木市，11位の武蔵野市が並ぶ。九州・沖縄地方には3位の湯布院町，6位の綾町がある。中部地方には4位の掛川市，9位の三重県があり，四国地方には7位の馬路村があるというように，訪問したい自治体は全国に散在している。

佛教大学社会学部公共政策学科では調査は継続するべきものであり，学生もフィールドに飛び出させようとの教育方針をたてている。教員も行動しよう。教員スタッフは質的調査の行動計画を立てた。2004年7月に自治体ヒアリング調査[*7]，訪問自治体は関東地方で，政策自己評価1位の江戸川区，学びたい自治体2位の太田市，10位の志木市，11位の武蔵野市である。5位の三鷹市，8位の横須賀市，政策自己評価の2位の川口市も候補にあがったが今回は見送られた。次いで，9月に第2回自治体ヒアリング調査が計画された。訪問先は学びたい自治体で1位のニセコ町，政策自己評価で5位の碇ヶ関村，両方の10位以内には入らなかったが北海道地方の瀬棚町，政策自己評価36位である。番外として九州・沖縄地方の与論町（政策自己評価1525位）を訪問した。

（3）与論町

　2004年9月4日，与論空港に到着。台風18号（Songda）が沖縄本島に接近中だった。与論島はひとつの島でひとつの自治体を形成している。約6,000人が生活する地域社会である。沖縄本島から28km離れており，鹿児島県の西の端に位置している。大阪・京都で暮らしていると多量の情報が得られ，台風は接近してきて，猛威を振るうと急速に去っていく。台風は上空の風と地球の自転の影響を受ける。低緯度では風に流され西に，自転の影響で北に向かう。中・高緯度では偏西風の影響で東に流される。西に向かっているときの速度は遅く，東に向かうと次第に加速されてスピードは速まる。

　9月5日は台風接近中，沖縄本島を通過すると与論島は台風の東側であるため影響の大きさが懸念された。それと台風の接近スピードの遅さである。時速10〜15kmと遅く，その分長時間にわたって台風の影響下におかれることとなる。1時間ごとに情報は入るが，台風は海上を進んでいるので実態はつかみにくいものであった。朝8時に10時間後通過の予定，午後6時ごろ名護市を通過。6日朝,吹き返しの風が強く，2昼夜台風の影響下にあった。大阪・京都で迎える台風は時速50kmと自動車並みにやってきて猛威を振るい去っていくものであった。自然現象とはいえ現地で体験する台風はいろい

ろなことを考えさせる。この台風とつきあっている地域社会で暮らす人々という観点で見ると平穏な日常生活から想像できない地域との関わりが理解できる。7日午前中，町職員が畜産農家に被害調査をしている光景，被害を受けた観光施設の状況，ホテルや民宿，島内の集落や家屋などのたたずまいなど，台風一過の島の模様の雰囲気をかぎ分けてきた。

昭和30年代サトウキビを栽培し始め，1970年ごろ観光ブームが起こり，最近では畜産に取り組む，人口約6,000人の自治体である。沖永良部島の自治体との合併の話もあったが合併することなく1島1自治体を選択した。

（4）志木市・江戸川区・武蔵野市・太田市

7月26〜28日に東京周辺の自治体を訪ねた。志木市はさいたま市に隣接する人口67,700人の自治体で首都圏近郊25km内のベッドタウンである。首都圏の自治体では住民参加，行財政改革，情報公開，職員の人材育成を中心に学び，地方の自治体ではこれらに加えて地域活性化の独自策，特産品開発と地場産業の振興などを学ぶという方針を立てた。志木市では「地方自立計画」（行政パートナー制度）を中心に市民協働による行財政のスリム化をヒアリング調査した。武蔵野市は東京特別区に接する人口131,657人の全国で1〜2を争う税収の豊かな自治体である。長期計画策定への市民参加としての市民ヒアリングのあり方，行財政改革の取組と人材育成，市民のモビリティ（移動のしやすさ）確保のためのコミュニティバス（ムーバス事業），子育て支援施策などについてヒアリング調査した。

江戸川区は自己評価1位であり，人口650,000人の大規模自治体である。特徴は水に恵まれた自然環境があり，南部埋立地に新興住宅地，中央に農業地帯が残存し，北部には昔ながらの商店街やものづくりの工場があり職住近接の生活が展開し地域ごとに特色を持つ。北部は高齢化が進み南部は若い人の流入があるため，高齢者施策と子育て施策が柱となる。江戸川区のめざす区民との協働（ボランティア立区）と江戸川総合人生大学構想などについてヒアリング調査した。

学びたい自治体の2位である太田市は埼玉県と接する人口147,906人の自

治体である．行財政改革における太田市経営方針・小さな組織で大きなサービスを提供とNPOサポーターズ構想について，ISO9001の導入と職員の意識改革と人材育成，民間委託の進捗状況などについてヒアリング調査した．自治体の先端をゆく事例の探訪であり，現地に身をおいて目で見て，聴く．その他の感覚を総動員してきた．

(5) 碇ヶ関村・瀬棚町・ニセコ町

9月14～16日に東北・北海道地方の自治体を訪ねた．夜行列車を降りると青森県の山間の村，碇ヶ関村である．人口3,426人，宿場町の歴史と林業と湯治で栄えたが，高齢化と過疎化にさらされている．地域課題と行政施策，観光基盤整備と農林業の活性化,中学生海外派遣事業などヒアリング調査し，高齢者世話付住宅「やすらぎの家」，久吉温泉休暇村「たけのこの里」，道の駅いかりがせき「津軽席の庄」を視察した．

北海道渡島半島最北端に位置する瀬棚町は漁業・農業を中心とした人口2,820人の自治体である．酪農を中心とする農業特区，洋上風力発電事業の現状と将来性と作り育てる漁業の取組，荻野吟子記念瀬棚町医療センターを中核とする地域保健医療の取組をヒアリング調査した．

ニセコ町は農業と観光を主体とし，羊蹄山やニセコ連山にかこまれた人口4,553人の自治体である．まちづくり基本条例とその策定過程，住民参加・協働の実践例，情報の共有と行政の透明性，予算説明書「もっと知りたい今年の仕事」についてヒアリング調査し，道の駅「ニセコビュープラザ」，学習交流センター「あそぶっく」を視察した．

3 社会学的アプローチ

(1) 地域社会を見る目，知識と情報

地域計画論では地域社会を見る目を養い，地域社会の身近な事柄から地域社会，自分の関わる自治体を考える．さらには自治体の上位の行政機関である都道府県についても考え，国のあり方が地域社会の計画に影響を与えてい

ることに気づく。地域社会に関わるための知識と情報を集め始めることの大切さを考えた。地域社会の知識が増えれば増えるほど求めている情報が何であり，どこにあるかがわかってくる。

(2) 成長する地域社会の構成員

考え行動する人材を育成するというよりも，この目標に向かって自分で自分を成長させる。自分の生活の場である地域社会をよりよいものにすることができるか否かは，そこに生活する1人1人の肩にかかっているのである。地域社会のことがわかっているのは地域社会の構成員であり，地域社会に関われるのはその地域社会の構成員だけである。地域社会を計画するのはその地域社会で暮らしている，もっともその地域社会にくわしい人々であるのが望ましい。身のまわりの問題は身のまわりの人々の協力で解決していくのが原則であった。その原点に戻って地域社会のために行動することを考えなければならない。

(3) 行動を阻む現状，計画の主体

地域社会の構成員であるわれわれは身のまわりのことまで自治体に解決を任せてきた経緯がある。また，選挙という方法で決めることを議員に委任してきた現実は重い。何もしなくとも日常の生活は日々流れていく。地域計画の主体は誰か。それは首長，議員，行政であろうか，それとも，もっと遠いところで決定され，われわれとは無関係に執行されているのだろうか。主体が誰だか知りたくもないし，知る必要もない。関心などない。そう考えてしまうと，地域計画は地域社会に暮らすわれわれから遠くかけ離れたものになってしまう。地域社会を計画するのは地域社会をよく知っている，そこで生活しているわれわれが考えるべきものである。地域社会の主役はその地域社会に暮らす1人1人なのだと再確認しよう。

(4) 地方分権，これからの方向

2000年4月，地方分権一括法が施行された。機関委任事務制度が廃止され，

自治体は自治事務と法定受託事務を仕事とする。自治体の自主法である条例制定権は質的にも量的にも拡大された。このことは国主導で行なわれていた事務を単純に自治体に移すというものではなく，事務の執行権限とともに政策決定権も自治体に移し，自治体の自己決定権の拡充を意味している。自治体の力が強くなったとしても何がその力を支えるのであろうか。それは地域社会の自治力と自治体の姿勢である。

地域社会の自治力とは何か。ひとつは個々人が地域社会のことをどれだけ自分たちで議論し参加していくかである。行政に意見を述べる，議会に陳情・請願する。個人として参加する道は開かれている。地域社会の課題は多様な領域にまたがり，専門化しているため，個人がすべての領域で知識と情報を持つことは困難である。個々人の地域社会の自治力を補うものは，地域協議会やNPOなどの団体であり，個人ではできにくい日常的な情報収集，学習している団体が地域に育っているかという意味での自治力である。これが育っていれば，情報を得たり，自分の考えに近い団体に寄付をしたり，ボランティアとして活動に参加することをつうじて，個人の地域社会の自治力も団体の自治力も育つ。

地域社会の自治力を生かしてよりよい地域社会を計画するためには自治体の姿勢が重要である。分権化社会の構築をめざして，先進的な自治体で模索されている。コスト意識を高め，行財政改革を進めている。住民との協働をはかり，情報を共有して，住民参加や団体との協働と多様な取組が見られる。先端的な取組は町や村のような小規模な自治体から区のような大規模な自治体まで数々の事例があり，分権化社会ではいろいろな分野で生起する課題を発見し，住民が考え，住民だけでは考えられないことは地域社会の諸団体とともに考え，行政や議会も巻き込んで考えることによって解決の糸口を見つけ出していくことの積み重ねである。関わった人々や団体，行政や議会が学んでいくことこそが，分権化社会の構築であり地域社会の成熟である。

(5) 社会学的アプローチ

分権化社会においては，地域社会を構成するすべての構成員が，あなた自

身，あなたのまわりにいる人々，まわりに存在する諸集団，自治会や町内会やボランティア・グループ，NPO団体，自治体の職員や議員，首長など広くにわたる人々のそれぞれが自治意識に目覚めよりよい地域社会の生活のあり方を考え行動することが必要になる。知識や情報を積極的に探し，咀嚼して地域社会やより広い国レベルの社会の動き，国際社会まで考えに入れて身のまわりの地域社会のことを考えるという姿勢が求められる。まず，身近な地域社会から見始めてほしい。見る目を養うことが大切である。そこで，地域社会をあなたに代わって見て，解説してくれる人々を紹介しよう。社会学を学んだ先達たちが地域社会を見て何が起こっており，何が問題であり，解決の糸口がどこにあるのかを考えさせてくれるだろう。そして，蓄えた知識や情報を武器にあなたができる方法で地域社会に関わる。地域社会を計画するのは，社会学的な視点を学んだあなた自身なのである。

学習の課題
1 あなた自身の地域社会の範域を考えてみよう。
2 地域社会の構成員を考え，その主体は誰かを考えてみよう。
3 あなたが理想とする地域社会はどこか考えてみよう。

注
＊1 2004年9月17日（金）朝日新聞夕刊，埼玉県志木市の事例。
＊2 2004年7月27日（火）日経新聞，千葉県市川市の事例。
＊3 全国市町村まちづくりアンケート調査・概要
　　2003年9月29・30日発送
　　調査期間：10月1日〜11月10日締切，12月31日分まで回収
　　（10月23日までを中間集計，11月1日公共政策学科開設記念シンポジウムで中間発表）。

　　対象者：全国首長3,204名　　有効回収数1,745名，回収率54.4%
　　対象地域：東京23区（区長）ならびに，市町村（市長・町長・村長）
＊4 瀧本佳史・遠州敦子・関谷龍子「政策自己評価と施策課題——全国市町村まちづくり調査報告」『佛教大学社会学部論集』第39号，2004年9月，21頁。
＊5 2004年10月1日（金）朝日新聞，13県で74市町村が再編され10市13町が誕生。
＊6 http://www.bukkyo-u.ac.jp/
＊7 2004年度佛教大学特別研究費による調査である。

第2章 地域計画における共同性と公共性

　本章では,以下の各章での地域計画の具体的な側面の検討に先立って,地域計画の存立基盤をなす人々の根源的な関係のあり方についての概括的な検討を試みる。そもそも計画とは,一般的にいえば,何らかの対象に対してある目標を設定し,その達成に向けて手段や方法,手順などを合理的に考え企てる人間の営みのことである。そして現実に何らかの計画が成立するためには,企ての対象,企てる主体,企ての内容と方向を決める目標が,明確になっていなければならない。ここでは,そもそも地域計画が成り立つ根本的な基盤についての検討を,とりあえずこの3点に焦点を当てながら行なうこととする。

1　地域社会と共同性

　本節ではまず,地域計画の対象について考察する。すなわち地域計画の対象としてどんなものが想定できるのか,さらにはその対象の基本的属性や意味について,やや原理的なところから,考えてみよう。

(1) 地域計画の対象としての「地域」の意味

　さて,地域計画の対象は,言うまでもなく,「地域」である。では地域とは何か。その意味を即物的にとらえる立場からいえば,地域とは地理的な境

界によって特定される範域の土地およびそこに成立する自然的空間のことである。そこには山や川や森や生き物（人も含まれる）という自然の造形物がさまざまに含まれうる。こう考えると地域計画とはまず第1に，そうしたさまざまなものを含んだ自然的空間についての何らかの望ましいあり方を目標として設定し，その実現に向けて何をどのようにすればよいかを，企画することであるということができる。

このような，地域計画の対象をまずは自然的空間としてとらえる視点は，地域計画のもっとも基礎的特性，すなわち地域計画は自然の造形物に働きかけて自然的空間に何らかの程度に改変（人為的保全を含む）を行なおうとする試みであるということを確認する意味では不可欠な視点であるが，それだけでは地域計画が持つ意味を十分明らかにしたことにはならない。というのも，地域計画はそもそも人間が人間のために人間の活動について行なうものであり，それゆえそこで対象となる地域も，なによりもまず人間が関わっているものであるからである。

では人間の地域との関わりはどのようなものと考えればよいのか。まず言えることは地域の基本的要素である土地は人間の存在にとって不可欠の基盤となっているということである。われわれの日々の活動は基本的に土地によって支えられているし，われわれの生存そのものが土地とそこに成立する自然的空間からの恵みによって支えられている。産業化の進展と科学技術の進歩に伴ってその依存の程度は漸減してきているとはいうものの，この土地への依存という基本的事態はおそらく，人類が宇宙空間に生活の拠点を移す日がくるまでは変わらないであろう。加えて，われわれの日々の活動は，土地に基づく自然的空間においてのみならずそこに生成する他の人々との関係によって構成される，その意味で社会的な，空間において展開される。とりわけ現代においては，自然採取や狩猟や農耕のような自然的空間において直接自然の造形物に働きかける活動よりも，家族生活や職業生活のような社会的空間において他者に対して働きかける活動の方が，人間の活動において圧倒的に大きな比重を占めているのである。それゆえ人間にとって地域とは自然的空間であるのみならず，社会的空間でもある。

このように考えると，地域計画の対象としての地域は特定の範域の土地およびそこに成立する自然的空間と，その空間を環境として成立する社会的空間としてとらえることができる。そしてこの社会的空間が地域社会なのである。それゆえ地域計画とは自然的空間としての地域のみならず社会的空間としての地域，すなわち地域社会の，何らかの望ましいあり方を目標として設定し，その実現に向けて何をどのようにすればよいかを企画すること，ということができる。そして地域計画を論じるにあたっては，地域の自然的空間という側面と社会的空間，すなわち，地域社会という側面の存在と，それらの間に成立している相互作用関係の存在を認識し，その上でどのような視点に立ってどこに焦点を当てて論を進めてゆくのかを明らかにすることが重要である。そして，社会学の視点から地域計画について検討するという本書の立場からは，地域社会を中核に据えた形での地域計画のあり方の検討がここでの課題となる。

　では本書における地域計画論の中核となる地域社会とはそもそもどのようなものなのか。その存在はわれわれにとっていかなる意味を持つのか，その基本的性質は何か，そしてそれはどのようにして成立するのか。これらの点について簡単に検討しておこう。「地域」についてはすでに基本的な考え方を述べたので，ここではまず「社会」の意味について筆者なりの考えを述べてみることにする。

(2) 社会とは何か

　前述の地域についての説明の中では社会を「他の人々との関係によって構成される空間」と表現しておいた。その言わんとするところは「他の人々との関係」こそが社会の本質的要素であるということである。では「他の人」とはどんな人なのか。まずそれは「物」ではなく「人」，すなわち自分と同様に人格性を持った存在だということである。それは必ずしも生物学的な意味での人間ではない。現実にわれわれは人間を人格性を持った存在とみなさない場合もある。たとえば脳死状態になった人は，現在では，生命が維持されている状態であっても脳機能の喪失によって人間らしさ，すなわち人格性

が永久に失なわれた存在とみなされ，移植のための臓器摘出の対象，すなわち「物」として扱われる。このように生物学的な人間が「人」であるのはそこに人格性の存在やその可能性が認められるときであり，「他の人」はそのような意味での「人」なのである。さらに「他の人」とは自分とは異なった存在である。そして，自分とは異なるということは，そのままでは了解できない存在であるということとともに，そのままでは自分でコントロールできない存在であるということを意味する。このような人格性を持ち自然には自分では了解もコントロールもできない存在をここでは「他者」という表現でとらえておこう。

このように考えると，社会とは「他者との関係が構成する空間」ということになるが，ではそこでの「関係」とはどんなものか。「自分」（相手から見れば「他者」）とここでいう「他者」とが関係を持つということはどういうことなのか。まずいえることは，そこに人格を持つ存在同士の間での交流があるということである。それは物の交換であったり知識・情報の交換であったりサービスの交換であったり好意や愛情の交換であったり，さまざまな内容の交流でありうる。しかしその交流の共通基盤は意思の疎通，すなわち何らかの程度の相互的な関心を前提とする相互的な了解がそこに成立していることである。この相互的了解こそが自他の行動の相互的コントロールを可能とし，交流を可能とする。このような了解を基礎とする交流をここではコミュニケーションと表現しておくとすると，他者とはコミュニケーションの主体であり，他者関係とはコミュニケーションの集積ないしその可能性として浮かび上がってくる関係であり，社会とはそれらが成立させる空間である。その意味で社会はコミュニケーションの場であるということができる。

では，われわれはこのようなコミュニケーションをそもそもなぜ，何のために行なっているのであろうか。もちろん，われわれが他の人と交流する具体的な理由は状況によってさまざまである。しかしそれらを突き詰めてゆくと，そこには共通する究極の関心事である「生きる」という目的が存在する。ここで「生きる」とは単に生存を意味するものではない。人格を持つ存在としての人間は単なる生存ではなく「人間らしい」あるいは「自分らしい」生

き方を望み，追求しようとする存在である。このような意味での「生きる」活動を「生活」と呼ぶとすると，コミュニケーションの究極の目的は「生活」であり，それゆえコミュニケーションの担い手である自分や他の人々は「生活」の主体であり，その意味で社会は「生活」の場であるといえる。

(3) 社会の生活充足性

もちろん，社会はわれわれの生活の場であるとしても，そのこと自体は社会がわれわれにとって不可欠の存在であることを証明するわけではない。では，そもそもわれわれの生活にとって社会はどの程度，必要なものなのであろうか。われわれの生活行動は必ずしも人に対してのみ行なわれるわけではない。自然の恵みを収穫して生命を維持することは依然としてわれわれの生存の基本であるし，快適な自然環境を維持することも生活にとってきわめて大事なことである。しかし，そうした活動もまったく個人的な営みというよりも，その多くは，社会的な営み，すなわち他者との交流を通した協働の営みとして行なわれている。さらには，社会的な営みは単に生活資源の獲得のための手段としてのみ行なわれるわけではない。それ自体が生活の目的，ないし生活そのものであるという側面がある。現実のわれわれの生活行動の多くは自然ないし「物」に向けてというよりも，「人」に向けて，さらには「他者」や「他者」との交流そのものを目的として行なわれているのである。われわれの日々の生活においては家族との団欒や親しい人々との交流，あるいは近所づきあいや仕事関係のつきあいなどなどの他者との関係をとりあえず良好に取り結ぶこと自体がきわめて重要な生活関心事になっているし，それなしにはわれわれの日常生活はうまく機能しないのみならず，満ち足りたものとはならないのである。その意味で社会はわれわれの「人間らしい」生き方や「自分らしい」生き方の追求にとって不可欠な存在である。

さらに，社会のわれわれにとっての必要性はより根源的な次元で確認することができる。われわれがここでいう「生活」主体でありうるのは先にも述べたように人格性を持つがゆえであるが，その人格性の存在は他者との関係によってはじめて保障される。われわれが自分を「人間」であり「自分らし

さ」を持ちうる存在であると確信できるのは，他者との交流をとおして特定の人格を持った「自己」を確認できるかぎりにおいてである。この意味で生活はわれわれにとってはいわば自己の存在証明活動そのものであり，社会はわれわれにその存在証明を与えてくれる場，アイデンティティの拠り所なのである。

(4) 社会の基礎としての共同性

では，このようなわれわれの存在と生活にとって不可欠な社会を成立させるものは何か。社会がコミュニケーションの可能性によって生成する空間であるとすると，そのコミュニケーションを可能とするものは何か。それは，先にも述べたように，コミュニケーションの当事者間に成立している相互的了解であり，さらにはその相互的了解の基礎となっている何らかの共有関係である。共有の対象は，たとえば血筋，土地，言語，信念，職業的立場，知識，子ども時代の共通体験などなど，われわれの生活において何らかの意味を持つ多様なものでありうる。ただし，ここでいう共有関係とは，単に当事者がそのあるものをともに有しているという表面的な事態を指しているのではない。それは各当事者の少なくともある範囲の生活のあり方が共有関係をとおして他の当事者の生活のあり方と連動するような関係，さらには当事者の誰が欠けてもその関係をそのままでは維持できないような，当事者を不可欠とする関係のことなのである。このような意味での共有関係を基礎とする相互的なコミュニケーション過程の中から生成する特性こそが社会学的探求のひとつの焦点をなす「共同」という言葉でとらえられるものである。すなわち，われわれが何らかの生活をここでいう意味で共有するところから生じる固有の関係特性こそが共同性であり，社会学の立場からすれば，それこそが社会が成立する基本的契機なのである。

(5) 共同的生活空間としての地域社会

このように考えてくると，社会とは何らかの生活に関わる共同性に基づいて成立している他者間のコミュニケーション過程の可能範域として顕われて

くる空間であり，それは共同性の契機の様態に対応した多様な構造を持ちうる生活空間としてとらえられる。ある範囲の生活空間で人々の生活関心が包括的に充足される場合には，そこでは一元的共同性に基づいた自足的で閉じた社会空間が形成されうるし，逆にその範囲の生活空間では人々の生活関心が包括的には充足されない場合には，そこでは多元的共同性に基づいた開放的で複合的な社会空間が形成されうる。そして地域社会とは，特定の地理的範域においてそこに何らかの生活関心を持ち，それに応じた生活充足を求める人々によって生成される，地域への生活関与を契機とする共同性によって基礎づけられた生活空間なのである。そして，地域計画とは，そうした多様な生活関与者を含む共同的生活空間を対象として，そのあるべき姿を提示し，特定の方向に導いてゆこうとする試みなのである。

2　地域社会の多様性と地域計画の課題

では，原理的には前節で述べたようにとらえられる地域社会は，現代日本社会ではどのような具体的姿を示すのであろうか。そしてそこでの地域計画の担い手はどのような人々であり，そこにどのような社会的課題があるのであろうか。本節ではこれらの点について概観しておこう。

（1）近代化と地域社会

われわれが生きている社会はさまざまな歴史的変容を経て現在にいたっているわけであるが，中でも近代化（モダナイゼーション）と総称される歴史的社会変動は現代社会のありように決定的な影響を与えたということができる。近代化は社会のあらゆる側面にさまざまな変容をもたらしたが，その核心となる変動傾向のひとつは人々の生活を支える社会的な生産活動の基本構造が第一次産業優位の産業構造から第二次産業，さらには第三次産業優位の産業構造へと変化してゆくという意味での工業化であった。この変化は，制度や組織や集団の形態から人間関係の様態，さらには文化や精神活動のあり方まで，社会のさまざまな領域や次元における変動と連動しつつ進行して

いったのであり、その結果として社会のありようを大きく変貌させたのである。21世紀を迎えたわれわれの社会生活は、良くも悪くも、こうした変化の結果、その延長上に成り立っている。では、この近代化は地域社会やそこでの人々の生活のあり方にどのような変容をもたらしたのであろうか。そして、それはわれわれの地域における生活のあり方にどのように反映しているのであろうか。ここでは工業化がもたらした社会経済的側面の変化におもに焦点を当てながらこの問題を考えてみよう。

まず、近代化以前の伝統的な地域社会の基本的性格を確認しておこう。近代化以前の、農業を根幹とする第一次産業中心の社会における、多くの人々の地域生活を支える典型的な集合形態は、村落共同体と呼ばれる伝統的な農村地域コミュニティであった。それは土地そのものの生産力を活用して生活の糧を得るという営農が生活の中心である人々が、ある範域の土地への生産的働きかけを行なう際に必要となる土地や水資源などの共同利用や共同管理や共同作業などのさまざまな協働関係を基礎としてつくりあげた社会的結合体であり、それはそこに成立するさまざまな重層的共有関係を契機とする強い共同的紐帯とそうした共有関係を持たない外部の人々との明確な区別によって特徴づけられる自足的で自律的かつ閉鎖的な小規模社会組織であった。近代化以前の社会では、社会の圧倒的多数を占める農業生産に従事する人々がこうした地域性にその成立根拠を持つ自足的で閉鎖的な村落共同体の成員として組織され、そこに成立する社会空間によって生活関心を包括的に充足するという生活形態をとっていたのであり、その意味で地域社会が決定的に重要な生活空間であった。言いかえれば、近代以前では、地縁に基づく組織化によって安定的な生活チャンスを包括的かつ永続的に提供してくれる伝統的コミュニティとしての地域社会が多くの人々の社会生活の主要領域だったのである。そして、そうした生活領域は内部における強固な共同性と外部に対する閉鎖性によって特徴づけられる比較的狭い範囲に明確な境界を持った自己完結性の高いコミュニティが保証する包括的な生活空間として成立していたのである。

（2）都市化と地域社会の変容

　こうした地域社会に近代化がもたらした変容は，しばしば，都市化という言葉で総括的に語られる。近代化による産業構造の変化は多くの人々の土地との関係を根本的に変化させることになった。第二次産業や第三次産業に従事することになった人々は，生産労働の基盤であった土地への拘束からいわば解放され，就業形態にあわせて自由に，あるいは就業チャンスを求めて否応なく，移動するようになる。その結果として生じたのは第二次産業や第三次産業が集積する都市部への人口移動であった。都市化の第1の意味は，こうした人口の非都市地域から都市地域への移動や都市部への集中という人口動態現象なのである。さらに，こうした人口動態は，社会の主要な生活地域が都市的形態をとるという意味での都市社会の形成をもたらす。社会の地域構成が非都市的地域優位から都市的地域優位へとシフトし，都市地域が不断に拡大してゆくのである。そしてこうした変化は，人々の生活のあり方そのものにも大きな変化をもたらす。いわゆる都市的生活様式の浸透である。それは他人とのつきあい方から考え方やパーソナリティのあり方にまで及ぶ生活のあり方の変化であり，しかもこの変化は都市的地域のみならず非都市的地域を生活の主要な場とする人々にも浸透してゆくのである。こうした変容の結果，現代社会においてはほとんどの地域が，少なくとも何らかの程度に，「都市的」な生活空間となっているのである。

（3）地域社会の多様化

　これら諸変化の複合的過程としての都市化の進行が地域社会にもたらした変容とその結果の具体的様相として，ここでは次のような諸点を概略的にあげておこう。

　まず，伝統的コミュニティの解体に伴う地域社会の開放化があげられる。それは閉鎖性の打破や地域社会の範域拡大を意味するとともに自己完結性の喪失や境界性の曖昧化をも意味する。こうした変化を個人の次元から見れば，それは，地域社会のメンバーシップが流動化すること，そしてメンバーの地

域社会への関与の内容と程度が多様化することを意味する。われわれにとって地域社会はもはやそこであらゆる生活関心が充たされうる特定の人々によって構成される完結した宇宙ではない。ある地域はある人にとっては居住の場であり，ある人にとっては消費の場であり，ある人にとっては娯楽の場であり，ある人にとっては就業の場でありうる。またある人にとっては，ある地域は居住の場であり，他のある地域が社交の場であり，さらにある別の地域が就業の場でありうる。要するに現代の地域社会は，多様な人々の，多様な生活関心が交錯する社会空間なのである。

　次に，地域社会の組織的側面を見てみよう。伝統的農村コミュニティにおいては先に述べたような土地に依存して生きるという意味での地縁を契機とする組織化と，同族集団や家連合に見られるような血縁を契機とする組織化が社会組織化の基本であり，それらがメンバーの生活の場を確保するという包括的目標に向けて連係したところに統合的な社会組織が形成されていたとみなすことができる。しかし近代化の帰結として，これらの内在的な組織原理はその効力を失うことになる。替って，地域社会にある種の統合性をもたらした組織原理は，国民国家としての組織原理であった。地域の人々は国民として組織化され，地域社会は国民社会の一領域として統合されたのである。さらに経済的側面においては市場経済の組織原理が地域社会の経済生活の編成原理となる。地域の人々は地域を超えた経済システムの対象，労働者，消費者，出資者などとなったのである。しかし，これらの組織原理は，地域性という要素を組織化の本質的契機として含まないという意味で，地域社会そのものの組織化の原理とはなりえない。それは最終的には，むしろ地域社会の希薄化や解体を促進する要素として作用したのである。結果として地域社会は，今や，明瞭な組織化の原理を内在的に持たない社会領域となっている。地域社会への人々のさまざまな関与はそれに対応する組織化の契機を内包する。現代の地域社会は，多様な生活関心の交錯という状況の必然的帰結として，多様な組織化の動向が交錯する社会空間となっているのである。

(4) 地域計画の担い手と地域計画類型

さて、以上のような現状を踏まえて、地域計画の主体、担い手は誰かという問題を主眼において地域計画のあり方を考えてみよう。この問題を整理するために地域計画の対象と主体を軸として地域計画のタイプを類型的に分類したものが表2-1である。

まず、地域計画の対象について説明しておこう。地域計画の対象は地域であるが、第1節の議論をふまえると、それは自然的空間と社会的空間に、一応、分けて考えることができる。ここで留意しておかなければならないのは自然的空間としての地域と社会的空間としての地域の関係である。ここでは類型的には分けて考えたが、少なくとも地域社会のあり方を考える場合、自然的空間としての地域を考慮することはきわめて重要である。環境破壊が地球的規模で問題化している現在、この2つの対象の関連の具体的様相を明らかにし、それをしっかりと踏まえることは、地域計画にとって不可欠の作業となろう。また、社会的空間とは地域社会のことであるが、地域社会の非包括化や多様化という状況を考え、地域社会全体を対象とするという意味での包括的地域社会空間と地域社会の一部分、あるいは特定の領域を対象とするという意味での非包括的地域社会空間に分けることとした。この2つの関係も注意が必要である。包括的地域社会空間は原理的には非包括的地域社会空

表2-1　地域計画類型

			計画の対象		
			地域		
			自然的空間としての地域	社会的空間としての地域	
				包括的地域社会空間	非包括的地域社会空間
計画の主体		国	A	B	C
	地域社会	地域行政	D	E	F
		住民	G	H	I
		その他の地域生活関与者	J	K	L
	グローバルな関与者		M	N	O

間を含みうるのであって，地域計画としては別個に成立するとしても，たとえばCタイプの地域計画はBタイプの地域計画に統括されうるし，Bタイプの地域計画はCタイプの計画を派生しうる。積み上げ方式の地域計画の総合化や地域計画の精緻化はこの関係の問題である。

次に，地域計画の主体について説明しておこう。そもそも地域計画は行政的ニーズから企画されてきたものであり，その意味では，計画の主体は国ないし地方自治体であることは自明であった。現実的に考えてみても，計画を企画し実行する能力を備えた主体は行政しかないといえる。それゆえ従来の地域計画はAからFのタイプに分類されるものとならざるをえなかった。しかし，社会学の立場から地域計画のあり方を考えるという本書の立場からは，そうした現状に対して根本的な問題提起をする必要がある。それはそもそも地域計画は誰のためにあるのか，そしてそれは本来，だれが考えなければならないものなのか，という問いである。社会的主体性を重視する社会学の立場からは，それは対象となる地域の人々であり地域社会であると答えることになる。では地域社会において主体となるのは誰か。先に見たように現代の地域社会が多様性によって特徴づけられ，メンバーシップも多様化しているとすると，地域社会を全体として代表する主体を安易に想定することは，少なくとも理論的にはできない。そこでここでは地域社会のメンバーを行政と住民とその他の関与者に分けてそれぞれ地域計画の担い手として想定した。したがって，計画主体に地域社会が関係している地域計画はDからLのタイプに分類されるものすべてであるが，ここで理念的なモデルと考えられる地域社会全体が担い手となる地域社会全体を対象とする地域計画は，EタイプとHタイプとKタイプが統合した地域計画となる。

(5) 地域計画に内在する社会的課題

このような理念的モデルを念頭におきながら，ここまでの検討を踏まえて現実の地域計画に関して何がいえるであろうか。地域計画を現実に企画し実行しうるのは国レベルと地域レベルの行政である。さらに，地域レベルの企画といっても，国の立案する国土計画や社会計画の枠組みから外れた企画を

することは困難であるし，いわんや実行となると論外であるというのがこれまでの現実であろう。しかし，昨今の地方分権の趨勢はこうした状況を変える可能性を含んでいるし，地方分権に棹さす立場からいえば，積極的に状況を変える必要があるということもできる。そうした前提の上に，あるべき地域計画の現実の担い手を見出すとすれば，それは，制度的にも現実的にも，地域レベルの行政のリーダーである地方自治体の首長ということになろう。しかし，自治体の首長が地域社会を真に代表しうるためには，地域社会の現実から見て，困難な課題を克服しなければならない。そもそも，首長の権限が及ぶ行政区域がそのまま何らかのまとまりがある生活空間としての地域社会となっている保障はないし，さらに，多様な生活関心に基づいて地域に関与するメンバーの期待や要求や要請を受け止め，調整し，その上で地域計画へとまとめあげてゆかなければならない。あるべき地域計画を追求する首長の前には，現実の地域に内包されている対立関係や緊張関係の調整や処理という課題と，さらにはそこに真に主体たりうる地域社会を形成するという社会的課題が立ちふさがっているのである。

3 地域計画の成立基盤としての「地域公共性」

最後に地域計画の目標に関わる一般的問題について検討しておこう。地域計画の内容を具体的に立案してゆくためには計画を方向づける目標がなければならないことは言うまでもない。地域に関与する人々の生活ニーズに対応してさまざまな施策を立案するにしても，それがまとまりのある地域計画という形をとるためには，さまざまな施策の目標が地域の将来ビジョンという究極の目標に有機的に関連づけられている必要がある。そうした関連づけが明確になされて初めて，地域計画は体系的な形で提示されうるし，その将来ビジョンに賛同する人々の支持を得ることができるのである。そして，ある地域計画が効果的に機能するためにはその地域関係者の大多数によって支持されること，あるいは少なくとも受け入れられること，が基本的な条件となる。しかし，前節で見たように，現代の地域社会においては，人々は異なる

多様な生活関心のもとに地域と関わっているのであり，そうした状況下では特定の将来ビジョンに大多数の地域関係者が真に賛同するということを期待することは困難である場合が多い。その場合，問題は合意や賛同が得られていない地域計画が受け入れられる基本的条件は何かということである。それはつきつめれば，地域計画がどのようにしてその正当性を獲得しうるかという問題にほかならない。そこでここでは，すべての関係者の生活要求を十分に充たす計画を立案することは不可能な状態において，どのようにして地域計画がその正当性を得ることができるかについて，簡単に展望しておこう。

(1) 地域計画の正当性

そもそも地域計画の正当性とは何であろうか。ある地域計画が正当性を持つとはどういう事態を指すのであろうか。分析的に考えると，まずそれはその地域計画の対象に関係する人々が，たとえその内容に満足できないとしても，その計画を何らかの理由で正当なものと承認するということである。その際の正当性承認の一般的根拠としては，伝統や慣例などの既存性に基づくもの，制定規則に準拠しているという意味での合法性に基づくもの，ある個人や集団に特別の資質の存在を認めるカリスマ性に基づくものが理論的には弁別できるが，われわれの社会の基本となっている近代的社会制度においては，まずは合法性こそが正当性承認の一般的根拠とされている。それゆえある地域計画がその正当性を認められるためには，まずそれが法律や条例に準拠していることが条件となる。たとえば首長が提案する地域計画が合法的手続きを経て議会において賛成多数で可決された場合，反対する議員や住民はその内容はさておいても計画そのものにはその正当性をとりあえず認めざるをえないのである。しかしこのような合法性によって承認される正当性はあくまでも形式に関わるものであって，実質に関わるものではない。この場合の正当性は地域計画の形式的根拠として成立しているのであって，地域計画の内実に関わるものではないのである。地域計画の正当性が真に承認されるためには合法性という形式的根拠の奥にある実質的根拠が問題となる。ではそれは何か。

(2) 正当性の実質的根拠としての公共性

　そもそも大規模に組織化されたわれわれの社会では，物事を決定する正統な政治的仕組みは民主的手続きを組織に組み込む形で制度化されており，そこでのさまざまな意思決定は，組織によって効率的に処理されつつもその過程で民主的な手続きを経ることによって確保される合法性によって，その正当性が保証されることになっている。しかし，このような組織化された民主的意思決定システムを社会運営の基本とする現代社会においても，意思決定を社会的に正当化する根拠としての合法性という形式的根拠の奥には，民主主義を基礎づける近代政治思想の根幹である人民主権という実質的根拠が存在するのである。それは消極的には人権の保障であり，積極的には主権者間の関係を調整する一般的原理としての公共性である。人権侵害を含むような意思決定や公共の福利の追求という究極的目標からまったく逸脱した意思決定は，それがいかに合法的であったとしても民主主義的制度のもとではその正当性の実質的根拠を持たないのである。そこでは，何らかの政治的な意味をもった意思決定は，公共性という原理に準拠していることが認められて初めて，真にその正当性が承認されるのである。その意味で公共性は民主的政治秩序の根幹をなす原理であるといえる。では，その公共性という原理を成立させる基礎は何であろうか。

(3) 公共性の基礎としての共同性

　公共性（public）が民主的システムと緊密に結びついた正当性原理であることは，その原義が古代ギリシャのポリスや古代ローマの共和制都市国家の時代にまで遡れることからも推測される。これらの都市国家は，奴隷制度に支えられた私的な生活単位としての家共同体と，それに立脚した政治的主体である自由で平等な都市民による政治的共同体として成立しており，そこでの政治的意思決定は平等な自由市民の合議に基づいてなされていた。publicとはそうした合議の場の特性，さらにはそうした合議の正当性を表現する言葉と考えることができる。すなわち公共性とは，本来，自律性と自立性を備え

た自由で対等な構成単位からなる生活共同体における民主的な政治的意思決定の正当性原理なのである。

このように考えると，公共性という原理を成立させる基礎は，生活共同体としての社会の構成員に政治的な自由と平等な参加が確保されるところに成立する共同性であるということができる。そしてそうした平等な共同性の基礎の上に意見の対立を生み出す差異性と，そうした意見の相違に対する何らかの政治的意思決定の必要が生じた場合，そこに公共性の原理が必要となる条件が整うと考えることができるのである。では，古代ギリシャやローマの都市国家における民主制と公共性原理がそうした諸条件を備えた古代自由市民の政治的共同体の基礎の上に成立したとすると，われわれの社会における公共性原理はどのような共同性の基礎の上に成立するのであろうか。

(4) 現代社会における共同性の多元的構造

われわれの社会と古代ギリシャやローマ社会の基本的な違いのひとつはその構成員の規模である。近代の国民社会は，集会による合議を政治的決定の基本とする古代の都市民共同体とは比較にならないほど巨大な生活共同体である。そして，われわれの社会の政治的仕組みの骨格となっている近代的民主主義体制の基礎には，人権思想を共有することを成立の基本的契機とする政治的共同体が存在する，あるいはその存在が想定されている。そこでは共同体の構成単位としていかなる集団の一部でもない純粋な個としての人間が想定されている。人が人権を持つ存在であるということのひとつの意味は，人が本質的には自律と自立を志向する究極の生活単位，すなわち究極の生活主体としての個人であるということである。近代社会は全体としてそうした自立した個人の生活共同体とみなされ，そこでの諸個人の関係を調整し律する原理として公共性が措定される。この意味での近代的公共性の基礎は人権の担い手という普遍的属性を共有する諸個人の間に成立する共同性であり，それ自体は，理念的には，人類すべてに敷衍しうる普遍的共同性であると考えられる。

しかしながら一方で，近代社会における現実の生活のもっとも重要な自足

的境界は近代国民国家によって設けられたものであった。生活が国民国家によって組織化される傾向をここで生活のナショナル化と呼ぶとするならば，近代の中心的な生活組織化原理はナショナル化であり，われわれの社会も大規模な組織化によって国民国家の単位で統合され，われわれの生活関心の多くはその国民社会の内部で充足されているのである。その意味で国民社会は，マクロな視点から見れば現代におけるもっとも自足的な生活空間であり，それに対応した一元的共同性が生成されうる社会空間なのである。しばしばそれは政治的共同体であるとともに民族性や文化の何らかの共有を契機とする文化的共同体でもあり，また経済的運命を共有する経済的共同体でもあるという，重層的生活共同体であり，それらの共同性の境界が重なりあっている場合には，閉鎖的で包括的かつ一元的な国民共同体という性格を強く帯びてくるのである。

　しかし，この国レベルで見たときの一元的な国民社会の共同性は，国の内部に目を転じた場合，まったく別の様相を呈してくる。人々の現実の具体的な生活活動というミクロな視点から見れば，そこには生活の多様性とそこから生成される多次元的な生活共同性の存在やその生成可能性の存在，という状況が見て取れるのである。職業を契機とする関係や地域を契機とする関係，消費活動を契機とする関係やボランティア活動を契機とする関係，はたまた遊びや趣味活動を契機とする関係や学習を契機とする関係などなど，相対的に自律したさまざまな生活活動を契機とする共有関係とそこからさまざまな程度に生成される多元的な共同性の錯綜する状況がそれである。要するに近代あるいは現代の国民社会の内部では，常に，内部の多様な生活領域からの多元化の力と国民社会の統合をその機能とする国家や全国的組織の包括的一元化の力のせめぎあいが行なわれているのであり，そこには全体としての一元的共同性と個別性としての多次元的な共同性が並存し，相克し，あるいは相互浸透しあっていると考えることができる。

(5) 生活利害の多元的対立と公共性の機能と共同性

　このように，生活が多様化する現代社会においては，その基礎となる共同

性は普遍的共同性によって支えられ一元的共同性によって枠づけられながらも重層的かつ多元的構造を持っており、その当然の帰結として、内部においては多元的な生活利害の対立とその結果としての生活機会をめぐる多元的闘争という状況が常態となっている。そもそも生活主体の基本的単位である個人と個人の間には対立や闘争の契機が原理的に存在しているが、そこに成立する生活共同的関係とそこから生じる個人間の連帯性はそうした対立・闘争を潜在化させる。一方で、生活共同的関係から生じる連帯は、その関係から除外される人々との対立・闘争の可能性を原理的に含んでいるのであり、現実の生活活動においてそれは常に顕在化する。しかし、人々の共同的関係が多元的に輻輳する現代社会では、多くの場合そこでの人々の対立・闘争形態は、一元化された集団や階級間の対立・闘争という単純な構造ではなく、個々人がその多元的な共同的関与に応じて対立・闘争に多元的に関与するという複雑な構造をとるのである。

　そもそも社会生活における対立・闘争の決着や処理は経済的、社会的、政治的の各次元においてなされるが、公共性の原理は、民主的社会制度のもとで対立や闘争が社会的・経済的次元では調整されずに政治的次元において顕在化した場合に、それを制度的に調停する際の正当化の原理であるということができる。そこでは生活をめぐっての対立や闘争は公共性をめぐっての闘争に転化され、公共性に準拠する形で決着がはかられ、そうした形で決着した結果は正当なものとして受容される。その際に重要なことは、公共性の原理が適用されうるのは当事者間にその公共性の基礎となる共同的関係が存在するがゆえである、ということである。社会における対立や闘争を政治的次元で調整するという公共性の役割は、その当該社会の基礎となっている共同性を対立・闘争の当事者が共有することを前提にして初めて機能するのである。それゆえ、共同的関係と対立・闘争の多次元的様相をその特徴とする現代社会においてはとりわけ、個々の対立・闘争関係の根底にその亀裂を架橋しうる共同的関係が、その対立・闘争の場となっている社会的空間において、あらためて発見ないし構築され、関係者すべてがそれを承認するというプロセスの存在が、公共性の原理が真に有効に機能するための前提条件となるの

である。そして，利害の違いや価値の違いを所与のものとする多元的社会において人々が，差異性を前提としつつ生活をともにするという意味での「共生」関係を築くためには，こうしたプロセスこそが不可欠なのである。

(6) 地域社会における「地域的公共性」の形成と地域計画

　これまでの検討を踏まえると，地方分権が緊急の課題とされる現代の地域社会において地域社会を主体とする地域計画を構想するに際して，何が言えるであろうか。まず言えることは，地域計画そのものやその目標が地域社会において承認され受容されうる一般的条件はそこに地域的共同性が成立していなければならない，ということである。地域計画が地域的共同性に立脚しているかぎり，それは当該地域社会から支持を得ることができる。しかし，多様な生活関心を持つ多様な人々によって構成される現代の地域社会においては，共同的関係も細分化され輻輳するとともにさまざまな対立・闘争も生成する。さらにそこにはローカルな共同性のみならず国民社会に志向するナショナルな共同性や，さらには地域や国を超えた志向性を持つグローバルな共同性も交錯する。このように多元的な共同性が輻輳する地域社会において，地域社会を主体とする地域計画が確立されるためにはまずなによりも，多様な生活関与者の間に，共生関係を可能とする地域性を契機とする新たな共同的関係を構築することが，緊急の課題となる。そして，そうした関係を基礎として新たな「地域的公共性」を形成してゆくことが，分権下で地域社会が自律と自立を獲得するためには避けて通れない不可欠な社会的課題なのである。

参考文献────
青井和夫・高橋徹・庄司興吉編　1999『市民性の変容と地域・社会問題』梓出版社。
大塚久雄　2000『共同体の基礎理論』岩波現代文庫。
神谷国弘・中道實　1997『都市的共同性の社会学』ナカニシヤ出版。
北原　淳　1996『共同体の思想』世界思想社。
斎藤純一　2000『公共性』岩波書店。
佐々木毅・金泰昌編　2002『公共哲学5 国家と人間と公共性』東京大学出版会。

佐々木毅・金泰昌編　2002『公共哲学7 中間集団が開く公共性』東京大学出版会。
白川真澄　1997『脱国家の政治学——市民的公共性と自治連邦制の構想』社会評論社。
鈴木栄太郎　1969『都市社会学原理』(著作集6)，未來社。
鈴木　広　1986『都市化の研究』恒星社厚生閣。
地域社会学会編　2002「特集：地域における『公共性』の再編成」『地域社会学会年報』第14集，ハーベスト社。
地域社会学会編　2003「特集：『公共性』の転換と地域社会」『地域社会学会年報』第15集，ハーベスト社。
中　久郎　1991『共同性の社会理論』世界思想社。
バーガー，P他　1997『故郷喪失者たち』新曜社。
ハーバーマス，J　1973『公共性の構造転換』未來社。
花田達朗　1996『公共圏という名の社会空間』木鐸社。
マッキーヴァー，R・M　1975『コミュニティ』ミネルヴァ書房。
メルッチ，A　1997『現在に生きる遊牧民——新しい公共空間の創出に向けて』岩波書店。
山口定・佐藤春吉・中島茂樹・小関素明編　2003『新しい公共性——そのフロンティア』有斐閣。
山本英司編　1982『公共性を考える 2 現代社会と共同社会形成——公共性と共同性の社会学』垣内出版。

学習の課題

1　自分が住んでいる地域と自分の日ごろの関わりを検討し，そこにどのような共同性が成立しているのかを考えてみよう。

2　自分が住んでいる地域の自治体の地域計画を本章で示した地域計画類型を用いて分析してみよう。

3　教員が指示する生活領域においてどのような公共の原理が成立しているのかを考えてみよう。

第3章 地域社会の人材育成

1 地域社会の変容——変わった？ 変わらない？

「地域社会は変わったと思いますか？」と漠然と問いかけられたとしたら，私たちは何と答えるだろうか。自分が長年暮らしてきた家のまわりの風景を思いうかべて，変わらないなあと思うかもしれない。あるいは帰省するたびに増える郊外型店舗を見て，どんどん変わっていくなあと思うかもしれない。さらに，昔訪れたことのある観光地の衰退ぶりを見たときに，あるいは久しぶりに参加した地域のお祭りに知らない人ばかりがあふれていて寂しい思いをしたときに，「変わってしまった……」とあなたはつぶやくかもしれない。「地域社会の変容」というとき，何をもって地域社会の変容を語るのかが重要となる。

(1) 時間軸

同じ地域に住んでいても20歳の青年と80歳の高齢者とでは，地域社会の変容観が異なるのは当然である。年齢と関係するのが，地域社会のみならず日本を揺るがすような社会変動を経験しているかどうかである。たとえば農村社会の場合，第二次世界大戦前と大戦後とでは，農地改革によって農村社会の人間関係のあり方が変わった。また，高度経済成長期には，地方から都市への人口の大移動が起こるとともに，産業構造自体が変動した[*1]。それがいまだに過疎・過密の問題につながっている。そして，バブル経済期には都市

の風景でさえも変わった。とくに郊外都市は，山も田畑も池も住宅地にとってかわり，旧住民と新住民との混住化が進んだ。さらに近年はグローバリゼーションに伴い，「混住」は外国人居住者との間にも築かれるようになった。

(2) 空間軸

地域社会の変容というとき，もっとも用いられるのが都市-村落（農山漁村）という対照軸である。時間軸と重ね合わせて見たとき，都市と農山漁村の変貌ぶりは目を見張るものがある。その「変貌」も，後述する構造軸との関係によって多様なあり方を示す。都市で変わる部分が農山漁村では変わらなかったり，あるいは都市と比較してかなりのタイムラグを伴って農山漁村で変わることもある。

この都市と農山漁村という軸は，中央 - 地方という軸や，大都市 - 地方都市という軸でもとらえなおすことができる。このような軸は，私たち分析する側が何を明らかにしたいのかといった問題意識と関わって設定しなければならない。

大きな空間でとらえられることの多い地域社会変容であるが，対象とする範域によっては「変貌」の印象が異なることはいうまでもない。それは私たちが思いうかべる地域社会の範囲が人によって異なっていることと関わってくる。この「人によって」異なる「地域社会」の範囲というのが，私たちが生活者であるかぎり忘れてはならない要素なのである。

(3) 生活軸

この「人によって」というのは，性別によって，年齢（世代）によって，職業によって，家族形態によって変化するさまざまなライフスタイル（生活様式）によってということを意味する。

たとえば郊外の新興住宅地に住み，朝出勤して深夜帰宅するというようなサラリーマンのライフスタイルにおいて，地域社会とは何を意味するのだろうか。新興住宅地に隣接する場所で長年農業を営んでいる人は，その住宅地の住民とどのように関わっているのだろうか。おとなだけではない。小学校

が統合されたり,廃校になったり,分割されたりといったことは,小学生のライフスタイルをも左右するものである。このようにライフスタイルはライフコースと連動して変化するものであり,ライフスタイルは地域社会観を形成するとともに,地域社会の変容に関して敏感であったり,鈍感であったりといったこととも関係してくるのである。

(4) 構造軸

　時間軸の中に位置し,空間軸の中で生活者として存在している私たちは,さまざまな地位(立場)で,さまざまな領域と関わりつつ役割を果たしている。地域社会と政治構造との関係という脈絡でいえば,一番身近であるのは地方議員や国会議員,地方自治体の首長などの選挙における投票者という立場であろう。「あなたの住む地域に公民館(コミュニティ・センター)を建てます」的公約(利益誘導)に反応したり,マニフェストをとおして主張されるようになってきた環境保護や福祉強化といった政策案に耳を傾けたりする。地域計画の根幹も,ハード事業的展開からソフト事業的展開へと変化してきているのが近年の動向である。

　事業の展開は現実問題とも直結している。経済構造・産業構造の変動とともに高齢化が急速に進み,過疎化に歯止めがかからないといった状況に陥って住民の意識が変わり,真剣に地域活性化を考えるようになった地域がある。平成の大合併政策に抗して,合併をしないと宣言しているいくつかの町村では,先進的なソフト事業の展開を見ることができる(松島・加茂 2003,根本・石井編著 2002)。

　経済・産業構造の変動はいうまでもないが,それらの変動とともに階層構造も変わってきている。今から20年ほど前には「一億総中流化」ということがいわれたが,それもいまや新たな階級社会の到来を告げる声に変わっている(『中央公論』編集部編 2001)。伝統的な階級社会は帰属主義的な価値観が優位な社会であったが,現代における新たな階級は,学歴達成に基づく業績主義的価値観が優位となっている。このような人々の価値観の変容を背景に,議員や自治会役員などの地域社会におけるフォーマル・リーダーの属性も変

わってきつつある。

　価値観や意識構造は，他の社会構造が変化したとしても，変容がわずかであったり，ときとして変容しないことさえある。たとえば「平成13年度国民生活選好度調査」によれば，「長男に特別な役割はない」と答えた人の割合は43.6%となっているが，都市に居をかまえた長男が，週末に田舎で農作業を手伝う（通勤兼業）といったことは，家制度がなくなっている現在でも見られることである。

　しかしながら，生活者たちの意識という基層部分での変化は，たとえゆっくりであっても，太平洋プレートのように大きな力を秘めていよう。本章では，伝統的価値観の残存しやすい農業地域を事例に，現代社会における生活者（とくに女性）の政治参画へのリクルートメント・システムのあり方に焦点をしぼり，成人の政治的社会化の観点から，地域活性化を指向する地域社会の人材育成計画の可能性と限界を見ていくことにする。

2　地域の人材育成システム——「女性」の政治参画のために

（1）成人の社会化

　前節において意識構造や価値観は変容しにくいものであると指摘した。それは当然のことであり，共有される価値観がコロコロ変わるようでは「文化」自体が成り立たなくなる。とはいえ人口構造の変動に加え，環境問題や教育問題などが山積みである現代社会において，それらの問題に私たちが対応していかなければ私たちの生命が脅かされるといっても過言ではない。そのような中にあって，ひとびとの価値観が変わったり，新しい価値観が生まれる場合もあるのではないだろうか。

　そのひとつの例として政治的価値観（政治意識）の変容があげられる。たとえば，政治の世界に女性が増えてきたことは，大きな変化のひとつといっていいであろう。地方議会における女性議員の割合は，たとえば市議会の場合，1976年12月に2.0%であったのが，その約25年後の2002年12月には10.8%になっている。町村議会においても0.5%から4.9%になっているので

ある。男女共同参画事業の展開による成果という意味だけでなく，公選において女性が選ばれているという点からは，投票者側の政治意識に変化があったと考えられよう。

現代社会がかかえる問題を解決する方策を考える政治システムに，女性を組み込みこんでいくことは，閉塞状況にある既存の政治システムを打破する可能性としての意味を持っている。それだけではない。「一定の集団をもともと排除した公共性は，不完全な公共性であるだけでなく，そもそも公共性ではないのである」(Habermas 1990／細谷・山田訳 1994：116) のと同様に，片方の性を排除したシステムに公共性はないという文脈のもとに女性を位置づけることに意味がある。たとえば村落社会の意思決定システムにおいて，制度的に女性が排除されているわけではなくても，実質的に女性の政治参画がなされていない場合がある。そのとき，そのシステムを持つ地域社会に公共性はありえようもない。

私たちが「下からの公共性」を強調するとき，地域社会レベルにおける公共性の担い手として，性別や世代による排除がなされていては，公共性の前提自体成り立たないことになる。しかし，すでに意思決定システムを構成しているメンバーから，はたして女性や若者に意思決定能力があるのかという疑問があげられることもある。男性のみで政治的意思決定の場が構成されるのが当然であるような政治文化を持つ社会において，女性は政治的訓練を受ける場もなければ，そのような機会を得ることさえ思いつかない。若者とて同様である。これらの指摘は，すでにジェンダー・アプローチによって明らかになっている（御巫 1999）。

私たちの価値観は，当該社会の文化が内面化されること（社会化 socialization）によって形成される。したがって，生まれたときから有力な社会化エージェントである家族 (Dawson et al. 1977／加藤・中村他訳 1989：173-174) の中で社会化が始まる。前節で例にあげた長男子の伝統的役割観は，何代も続いた旧家で育った場合に顕著となるといったようなことは，家族形態が社会化のあり方に及ぼす影響の大きさを物語っている。その後，家族とともに仲間集団，学校，マスメディアなどをとおして社会化は進むが，子ど

も時代に育まれた価値観はそうそう変わるものではない。もし成人期において新たな社会化を期待する場合，それは再社会化（re-socialization）することに近い。地域社会の人材育成とは，成人を再社会化していくことを意味するのである。

ただここで注意しなければならないのは，たとえば男性がつくりあげてきたシステムの中で，すなわち男性的支配体系における価値システムの中で女性を社会化しても，「豊かな」価値システムをつくりあげることにつながらないのではないかという問題があることである。それは同化という意味での社会化になってしまうからである。結論を先取りしていえば，女性の参画を進めることは，男性的価値観のコピーをつくることが目的なのではない。政策決定の場に新たな価値観，すなわち既存の価値観にとっては異質な価値観を投入（インプット）すべく参画のルートを開いていくことが重要なのである。つまり女性の政治的参画は，女性の価値観を生かすことにより，閉塞状況にある地域社会の突破口を拓くという意思決定（アウトプット）の可能性を意味している。あとでとりあげる長野県の事例からは，女性の活動における価値指向が，既存の，すなわち男性の価値指向とは異なっている点，またその価値指向は「公共的」である点を指摘できるであろう。そしてよくいわれるように，生活者の視点が「公共性」のあり方を模索させている。共同から公共への垣根が低いのが女性の活動である。男性の共同性は「官」を意味する公共性を指向する傾向にあり，必ずしも「下からの公共性」を模索するものではないことも見てとれるのである。

(2) 社会化エージェント

家族が既存の価値観の再生産の場として有効であるとき，新たな価値観を醸成するエージェントたりうるのは何であろうか。地域社会においては，自治会に代表されるような住民組織がエージェントとして機能することがある。しかしながら，当の自治会が旧態依然としているならば，当該メンバーの価値観もそのように醸成されるであろう。なぜなら，その自治会は既存の論理の上に成り立っているからであり，そこにおけるメンバーは既存の論理

によって社会化されるからである。

　それでは，PTAはどうであろうか。多くの地域リーダーがPTAでの役員経験を語る。意見調整や活動方針の決定，活動の企画・実行などの一連の活動は，地域リーダーの育成母体の第1段階として機能している。しかし日常的な活動を女性が行なっていても，PTA会長には男性がなっているという例に見られるように，対外的地位から女性が排除されてきたという例は少なくない。

　地域社会にはさまざまな組織・集団がある。性別を問わない集団もあれば，地域婦人会（現地域女性会）のように女性のみがメンバーの組織もある。そして若者がリーダー経験をつむ第一歩となる消防団のように，実質的に女性が入ることがまれな集団もある。また，ライフコースとともに関わる社会集団も変化していく。

　このように既存の地域集団を概観したとき，政治的意思決定システムへの女性の参画をうながすように機能するものは，ほとんどないといってよいであろう。ならば，女性の政治的再社会化エージェントとなるのは何であろうか。もちろん都市社会の中では，男女共同参画政策のもとにさまざまな啓蒙的イベントが行なわれた結果，女性市議の誕生を見るなどの成果を出しているところもある。だが，もともと都市社会は混合文化的要素の強い地域であり，伝統的価値観の再生産率は村落社会と比べて相対的に低いと考えられる。問題であるのは，伝統的価値観の残存しやすい村落社会である。

(3) 輩出母体別女性リーダー

　女性の再社会化エージェントとして考えられる農業地域の地域組織・地域集団には何があるかをみてみよう。本章でとりあげる女性地域リーダーとは，みずからが農業に関与し，地域社会を基盤とする実質的な活動を行なう女性のフォーマル・リーダーを指している。

　女性がリーダーになっていると考えられる農業地域における組織・集団は，女性の参加資格によって大きく3つに分けることができる。①女性のみが参加資格を持つ組織やグループ（生活改善グループ〔現「農村生活研究グループ」〕，

農業協同組合〔以下「農協」と略記〕女性部，地域婦人会など），②参加資格に男女の区別のない組織やグループ（加工・直売組合など），③参加資格に男女の区別はないけれども女性がリーダーであることがまれであるような組織やグループ（農業委員会，農協や生産組合，自治会〔町内会など〕，地方議会など）である。

（4）女性リーダーの機能

　以上のリーダーの輩出母体をリーダーの果たす機能別にとらえることも可能である。たとえば，生活改善グループ・農協女性部・地域婦人会のリーダーは，おもに生活リーダーといえるだろう。また，加工・直売組合や農協・生産組織のリーダーは経済リーダーとして，そして農業委員会や農協・生産組織，自治会のリーダーは政治リーダーととらえることもできよう。すると自治会のように参加資格が世帯単位である場合，男性が世帯を代表する傾向にあるという問題もあって，女性リーダーの多くが生活リーダーとして位置づけられていることがわかる。

　そこで，女性地域リーダーが，経済や政治の領域にも進出する契機となるのは何であろうかと考えたときに，人材育成計画の意義が前面に出てくる。地域リーダーは地域独自のリクルートメント・ルートに則って選ばれており，地域役職の兼任とともに段階をふむことによって実績を積むことがある（藤井 1995）。この点は男性リーダーに限らず見られよう。生活リーダーとして活躍していた女性が経済リーダーとなり，政治リーダーとしても活動を積むというとき，生活リーダー，経済リーダー，政治リーダーの類型化は，リーダーのリクルートメント・ルートを構成する機能的要素としても考えることができるかもしれない。そこには，生活リーダーとしての視点を獲得する機会を持たない男性リーダーの存在がある，ということも忘れてはならないだろう。

　もうひとつ，輩出母体別による類型化からははずしたが，「女性農業士」「生活改善士」などの肩書きを持つリーダーがいる。名称は異なるが，後述する長野県の「農村生活マイスター」もこれに該当する。このリーダーは地域女

性リーダーとして行政が公的に選任したリーダーである。役割を見てみると，生活リーダーであるとともに経営・技術リーダーでもあり，後継者の育成リーダーでもある。政策決定過程への参画資格はないが，提言をとおして女性の声を反映させることができる可能性に満ちた役職である。

3　長野県の女性地域リーダー——人材育成システムの事例

(1) 女性登用施策のターゲット

　それでは，女性地域リーダーの育成システムが効果的に機能している長野県の農村社会の事例を手がかりに，地域社会の人材育成計画を模索してみることにしよう。

　前節であげた女性リーダーのうち，農業地域あるいは地域農業関連のフォーマル・リーダーとして女性登用促進のターゲットとしてあげられるのが，農業委員や農協の役員である。農業委員の場合，1980年の全65,940人のうち女性は41人（0.06％）であったが，2002年には全58,483人のうち女性は2,297人（3.76％）にのぼった。また，農協役員では，1980年の全81,059人のうち女性は29人（0.04％）であったが，2002年には全26,076人のうち女性は266人（1.02％）となった。女性農業委員や農協の女性役員が増加したのは，男女共同参画推進のための施策を背景としていることは否めないが，農業地域における内発的理由があってこその数字であると思われる。いくら上から制度を被せたとしても，男性と異なり農業委員や農協役員になることが「普通」ではない女性にとって，心理的・環境的ハードルの高さは想像に難くない。そんな中，施策と強い内発的希求がうまくかみあったときに，女性リーダーの誕生を見ることになる。

　農業委員の都道府県別の数字を見たとき，そんな事例が長野県にあるのではないかということがうかがえる。2002年10月1日現在の女性農業委員数の割合は，全国平均が3.8％の中，長野県の10.8％（全2,167人のうち235人）をトップに，鳥取県の8.2％，鹿児島県の7.9％とつづく。ちなみに0.6％が最低割合（千葉県）である。長野県の女性農業委員割合は，もう10年近くも

トップにあり，その数字も着実にのばしてきた。どんな仕組みが働いたのだろうか。

(2)「農村生活マイスター」

長野県の女性農業委員の増加は，長野県における独自の女性農業士制度である「農村生活マイスター」(以下，マイスターと略記) 制度 (1992年設置) によるものと考えられる。この制度が，女性リーダー育成施策として機能している。

マイスター制度は長野県の「農村女性リーダー設置事業」を基礎にして制定され，1992年度に111人の女性が認定された (長野県農政部農政課編・発行 2001: 41)。その後2002年度までに，累計619人が認定されている。2002年度末現在の全国の女性農業士などの数が7,219人 (農林水産省普及課調べ) であることを考えると，認定者数の割合も少なくはない。[*8]

このマイスター制度の背景には，長野県の農村女性プランの存在がある。長野県では，1991年度に全国で初めて「長野県農村女性プラン」を策定した。その後，「新長野県農村女性プラン」を経て，1999年度の「男女共同参画社会基本法」や「食料・農業・農村基本法」や長野県の長期構想や中期総合計画を背景に，2001年度に「農に生きる男女共同参画プラン」が策定された。「個性が活きる農業経営の確立」「豊かで夢のある農家のくらしづくり」「みんなで支えるふるさとづくり」といったことがうたわれているが，具体的に認定農業者数や起業女性経営者数，家族経営協定締結農家数をはじめマイスターの認定者数，農業委員や農協総代への女性の登用数などの達成目標がかかげられていることも特徴である。そのようなプランの中で柱となっているのが，女性組織の育成や関係機関・女性団体との連携とともに，プランの推進役として位置づけられている農村生活マイスターの育成なのである (長野県農政部農業技術課編・発行 2001)。

長野県ではすでにマイスターであることが，女性が農業委員となるための暗黙の条件となっている。すなわちマイスターとなることが，農業委員などの公職に女性が就任していく第1段階であると位置づけることができる。

その理由としてマイスターは，①1982年開始の農村婦人学校（1987年に「女性農業者セミナー」に改名）により農業・農家経営などの専門的学習をしている。②生活改善グループなどのグループづくりのリーダー経験がある。③その結果，地域から期待される人物となっている。④マイスターという「肩書き」としての効力がある。⑤農業委員としての活動にグループ活動経験をふまえた独自性が認められる（農業改良普及センター聞き取り 1998），という点があげられる。このように，マイスター制度には女性の政策決定（政治）参画能力のトレーニング効果があり，その結果として農業委員へのルートが拓かれていると考えられるのである。このルートは，さらに農業委員から地方議会に進出するマイスターが増えつつあることからも[*9]，女性地域リーダーのリクルートメント・ルートとして確立しつつあるといえる。

　農村女性たちが，農村婦人学校での学習やグループ活動の経験によって生活リーダー，経済リーダーの力をつけ，その上で政治リーダーとなっていく。つまり，農村婦人学校と各種のグループが再社会化エージェントとして機能していることになる。男性以上の付加価値を女性につけ，女性の政治参画をうながしているマイスター制度は，地域リーダーのリクルートメント・システムとして機能しつつあるのである。

（3）マイスターの認定

　それでは，具体的にどのような女性がマイスターとして認定されるのだろうか。認定は農業改良普及センター所長が推薦した上で，推薦された女性が農村女性リーダー事前研修を受講することによってなされる。「長野県農村女性リーダー認定要領」によると「農村女性リーダーの認定要件」には，「(1)農業経営・農家生活の向上及び地域振興に意欲的に取り組み，地域の信望が厚いこと。(2)農業又は生活等の実践集団に所属し，積極的に活動していること。(3)年齢がおおむね40歳から60歳であること。」とある。そして，「農村女性リーダーの称号を，農村生活マイスターとして個人に附与し，終身称号とする。」と規定されている。

　マイスターという称号は，農業委員に選ばれる際には「肩書き」としての

効力を発揮する。また「地域の信望の厚い者」といった内容は，男女を問わず，地域代表として選ばれる農業委員の基本的条件であることはいうまでもない。そしてその信望は，「農業または生活などの実践集団」における日々の活動によって得られている。具体的には「生活改善グループ」におけるリーダー経験がマイスターの活動の基礎となっているのである。

(4) 生活改善グループと生活改良普及員

　長野県では 1945（昭和 20）年に，農業改良普及員が県内各市町村に配置されるとともに，生活改善グループ活動を支える生活改良普及員（以下「普及員」と略記）が 7 人採用された。そして 1948 年に生活改善事業が始まり，改良かまどの普及とともに生活改善グループの組織化が進んだ（記念誌編集委員会編 2002: 12-14，長野県普及職員協議会生活部会そよかぜ会編・発行 1986）。1955 年には県内に 296 グループが結成されており，4,484 人がメンバーとなっていた。そして 1970 年には，生活改善グループの統括組織である長野県生活改善グループ連絡協議会（現「農村女性ネットワークながの」）ができ，リーダー研修会も始まる。その後 1980 年に農村婦人学校が開かれ，リーダー育成の基礎が築かれることになるのである。マイスターの育成事業が短期間でリーダーのリクルートメント・ルート効果を発揮したのは，長野県における生活改善グループの活動という母体が，レディネス効果を発揮したからであるといえよう。

　生活改善グループの活動の流れも，共同活動，組織の広域化，問題解決学習という方法の実践，そしてあとで事例としてとりあげる I 町のハーブセンターの基礎となっている味の商品化事業，消費者交流，さらに現在の団体連携・地域リーダーによる社会参画へと続く。もちろん女性の地位向上施策や長野農業の動向も背景としてあるが，上からの施策はあくまでも女性たちの形式的参加を促進するものであって，機能的参加にいたるかどうかは女性たち自身の意識・価値観によっていよう。そんなとき社会化エージェントとしての役割を果たしたのが生活改善グループなのである。

　しかしおのずと生活改善グループが社会化エージェントとして機能したの

ではなく，普及員の背後からの支援が大きい。マイスターが農業委員への道を拓いたのも普及員の人材育成活動によるところが大きい。これは人材育成協働システムと位置づけることができるのではないだろうか。マイスターの中に，「普及員さんこそ影のリーダー」という評価もある。

(5) I町のマイスターの活動

その普及員の人材育成活動が実を結んでいる事例が，長野県北西部に位置するI町にある。I町のマイスターは2人。その2人ともが農業委員となっている。その中のひとりS氏によるI町の活性化をめぐる活動の母体は生活改善グループ協議会である。[*10] 1986年に発足し，その協議会を母体に翌年「ふるさとの味開発事業」により特産品開発が始まる。そして1988年には町おこし事業である「花とハーブの里づくり」が提唱され，S氏はハーブ苗の育苗やハーブの加工・販売を行なうハーブセンターの設置に関わる。生活改善グループがハーブセンターの活動の基層をなしており，ハーブ染めなどを研究してきた。また，ハーブまんじゅうをはじめハーブを利用した数々の商品開発も行なっている。

そして注目されるのは，生活改善グループでの活動経験をもとにハーブをコンセプトとした起業グループを設立した点である。ハーブを近隣自治体にあるホテルに売り込むとともにファックスによる注文受付によって，町の活性化と農村女性の経済的自立への道を指向した活動を展開している。単に行政施策を上から被せられているのみならず，下からの内発的希求による活動の展開事例といえよう。

(6) S氏の活動指向

S氏の活動をとおして見られるのは内発的希求の様態だけではない。彼女の活動に見られる価値指向のあり方は，今後の地域社会のあり方に，ある方向性を与えるものになるかもしれない。またそれは地域リーダーが，生活リーダーを基礎としていることの意義を示唆している。

まず注目したいのは，S氏の活動母体が生活改善グループの活動を基礎と

するネットワーク活動にある点である。彼女の属しているのは「農村いきいきネットワークI」といい，範域としてはI町と重なるが，この団体は単なる枠組みにすぎない。そこでの交流を基盤としたさらなる活動が次々と生み出されている点は，このネットワークが機能的意義を持っていることを意味している。

ネットワーク活動は，もともと集落を母体とするものではない。その範囲は全町に広がるのみならず，ときには全国に広がることもある。男性のフォーマル・リーダーが，集落の中や，ある一定の活動で完結する既存の組織を母体とすることが多いのに対して，S氏のみならず女性地域リーダーの活動は，ネットワークを母体とすることが多い。またネットワークの活動は固定化されていない。ときとしてS氏が属しているネットワークを一構成単位とするI町女性団体連絡協議会のように，それが女性農業委員を誕生させるための運動団体として機能したり，女性町議の支援団体となることもある。この町議選では，血縁・地縁原理をこえた選挙活動が展開された。集落単位とは違う母体がS氏の活動母体となっているだけに，一定の地域を対象とした利益誘導的発想は生まれていない。

次に注目されるのは，S氏の地域活性化に向けた活動における価値指向のあり方である。興味深いのは，利潤追求のみではなく，「ハーブ」という町のシンボルが町内外で使用されるという点に重要性を見出している点である（聞き取り 2002）。さらにS氏は，商業との連携をはかり，商店街活性化のために60人のメンバーとともに野菜市を行なうという活動も始めている。これらの活動は，集落のみを活動の基盤としていたならば出てこなかった活動であるといえよう。

4 地域文化の創出計画──創って，変えて，変わる

（1）伝統的価値観の維持

集落を単位とする既存のリーダーシップのあり方とは一線を画するS氏の活動であるが，伝統的価値観の残存もうかがえる。

たとえばS氏は、農地の継承といった側面では、現在サラリーマンであり、しかも結婚後他出している「長男」に期待している。I町でも農業・農地の継承問題が深刻である点は全国的傾向と変わらない。遊休荒廃農地の問題は農業委員会でも主要テーマとなっている。そのような中にあって、他出した子どもに将来的蓋然性のみで継承を期待することは、先のS氏の活動指向とは相容れないような違和感がある。

　このイエ的価値観と関わるものとして家族経営協定の問題がある[*11]。長野県の家族経営協定学習が始まったのが、1993年である。マイスターの育成ほどの勢いで家族経営協定の締結が進んでいるわけではないが、近年、マイスターと普及員との協働作業により締結数は増加傾向にある[*12]。とくに世代間協定就農農家数の増加を意識している長野県であるが、元普及員は家族経営協定を女性の地位向上のためと位置づけると同時に、「農地や財産が根底にある農業経営体としてのイエを永続的に発展させるひとつの手段」（聞き取り2002）といっている。女性の地位向上の問題を施策のターゲットとするのみでなく、男性の家産・経営権の移譲という問題もターゲットに入れている。彼女は、協定を結ぶことによって、前もって家産・経営権の移譲を決めてしまうことがイエの永続性をはかるのだという認識を語る。

　このことは、女性の地位向上（近代的価値観）とイエの永続性（伝統的価値観）という相身違う価値観を同時にはたすことを意味している。これは家族経営協定という装置をもって価値観の融合がなされるというよりも、家族経営協定における女性のメリット（女性の地位向上）と男性のメリット（家産・経営権の確定）とを併行させて考えることが、次のような可能性にあることを意味する。すなわち女性の地位向上は、実は男性にとってもメリットになりうる普遍的価値観であるにも関わらず、個別的価値観として位置づけられてしまう可能性があること。そして家産・経営権の確定を男性の役割とする伝統的ジェンダーの問題を固定化してしまうという可能性があることを意味するのである。

　さらに普及センター支所長の認識によれば、日本の農業は文化的背景もあって大規模化にそぐわないという（聞き取り2003）。この「文化的背景」

の内容がイエなのである。もちろん個を大事にしたイエであるというが，先のS氏の長男への期待感ともつうじる認識である。しかしイエ的価値観が純粋に機能しているならば，農業後継者の問題はこれほど深刻にはなっていないはずである。

(2) 再社会化される部分とされない部分

普及員との連携のもと，生活改善グループやネットワークを社会化エージェントとして再社会化されているのがマイスターであった。これは，長野県の「上から」の，つまり施策による再社会化の可能性を示すものである。しかしながら，他方で上からの限界があるのも事実である。それは再社会化や社会化エージェントの限界ないし危険性といった方がいいかもしれない。すなわち上からの価値観が，絶対的なものとして社会化されてしまう危険性もある。

S氏の活動は，必ずしもマイスターという身分ゆえのものばかりではない。みずから必要であるという結論にいたれば，新たにグループをつくって活動を展開している。これは結果として見れば再社会化の成果であると同時に，内発的動機に基づく，つまり「下から」の主体的変革がなされた結果であるともいえよう。集落を単位としない価値指向による「下から」の活動契機は，地域活性化に新たな展開をもたらす。マイスターという人づくり的事業は，下からの主体的変革をうながすものであり，集落や狭い限られた範域を単位とするハード事業が，事業が終了した時点で機能低下するのとは異なる。

(3) 共同性による公共性から公共性による共同性へ

ここでマイスター育成事業とS氏の活動および活動指向とを参考に，地域計画（本章においては具体的には女性地域リーダーの育成を対象とした人材育成計画）と共同性・公共性の関係について考えてみよう。

結論から述べると，地域計画は共同性（独立変数）と公共性（従属変数）との媒介変数として位置づけられる側面もあるが，先行変数として位置づけることもできるのではないだろうか。S氏の活動における共同性は，従来の

集落を単位とするものではなかった。これは，マイスターの育成が生活改善グループという，必ずしも集落を単位とするものではない社会化エージェントによってなされたことによる。マイスターの意図する共同性は，機能的メンバーを主体とする。そしてこのような共同性によって生まれる公共性は，いわゆる官を主体とする公共性・公共事業というような意味の個別具体的な公共性ではなく，普遍的価値観としての公共性であると考えられる。それの具体的主体がマイスターとなる。すなわち，価値としての公共性を担う人材の育成を地域計画が意図したわけである。

そしてさらに，価値としての公共性の担い手を主体とする公共性からは，新たな形の共同性が生まれる可能性も持っているのである。共同性から公共性が創出されることはよくいわれることであり，また共同性から公共性へのプロセスに地域計画を位置づけることも理解できる。しかしながら，地域計画が共同性のあり方を変える側面を否定できないし，同時に公共性のあり方を地域計画が創出していく側面も見られる。人材育成計画としての地域計画は，共同性と公共性そのものに働きかけるというより，共同性と公共性の担い手（主体）の価値観を変えることによって，新たな共同性と公共性とを創出していくととらえることができるのではないだろうか。そしてその結果，地域社会が創発的に変容していくと考えられる。

(4) これからの課題

長野県の生活改善グループも1974年度の476グループ，6,219人をピークに2001年度には，360グループ，2,636人に減少している。農家数が減少している現在，当然の帰結といえるのかもしれないが，単に数のみでなくメンバーの高齢化も進んでおり，活動内容が沈滞化するという質的問題も生じている。これは長野県のみならず全国的傾向である。生活改善グループがマイスターの活動指向のレディネス効果を持っていたとすれば，今後の人材育成システムに何らかの影響があると考えられる。

そしてまだまだ普及員のリーダー育成手腕が必要であると思われる現在，長野県では普及員の新規採用を止めている。普及員の数減らしは全国的傾向

であり，あちこちの普及センターにおいて「昔のような活動（農家にあがりこんで農村女性の悩み相談にのるといったきめ細かな活動）ができなくなっている」という声をきく。マイスターに，今まで普及員がやっていたような仕事の一部，つまり次世代のリーダーの育成などの役割も肩代わりさせようという方針も出ている。だが実際には，農業が生業であるかぎり，無給のマイスターを新たな仕事で拘束するわけにもいかないであろう。また人材育成計画の主体が普及員から，共同性と公共性との主体であるマイスターへと交代することは，社会化の内容を固定化することになるかもしれない。地域計画主体は，地域計画の対象から外在してこそ意義があるのではないだろうか。

注――――
* 1　都道府県別の人口増減率の推移については，総務省統計局統計データ「国勢調査・日本統計地図（1960〔昭和35〕～2000〔平成12〕年）」(http://www.stat.go.jp/data/chiri/map/c_koku/index2.htm) を参照。
* 2　産業（大分類）別15歳以上就業者数の全国における推移（1950〔昭和25〕～2000〔平成12〕年）については，総務省統計局統計データの「国勢調査結果の時系列データ」(http://www.stat.go.jp/data/kokusei/2000/6.htm) のうち第9表 (http://www.stat.go.jp/data/kokusei/2000/zuhyou/21eh09.xls) を参照。
* 3　『平成13年度国民生活選好度調査――家族と生活に関する国民意識――平成14年4月』（内閣府国民生活局）の第4章1．「家意識」(http://www5.cao.go.jp/seikatsu/2002/0405senkoudo/4-1.html) による。
* 4　数字は総務省自治行政局選挙部資料による。「地方議会における女性議員数の推移」については，第6表 (http://www.gender.go.jp/whitepaper/h15/danjyo/html/honpen/chap04_07.html) を参照。
* 5　農業委員には公選で選ばれる選挙委員と，市町村議会の推薦などによる選任委員がいる。選挙委員には，女性が立候補すること自体珍しい。多くの地域では大字などの一定の範囲の地域代表という形で候補者をたて，無投票に持ち込むというのが通例である。農業委員の仕事は，従来，農地法第3条（農地又は採草放牧地の権利移動の制限），第4条（農地の転用の制限），第5条（農地又は採草放牧地の転用のための権利移動の制限）に関わる審議が大半を占めていたが，近年は担い手の育成や地域ビジョンの策定などにも及んでいる。
* 6　農業委員会や農協などにおける女性役員数の推移については，農業就業人口に占める女性割合の推移とともに，農林水産省女性就農課「農山漁村男女共同参画のページの調査・統計」の「女性に関するデータ」(http://www.maff.go.jp/danjo/chosa.html) を参照。農協役員総数や農業委員総数が近年減少しているが，それは，農協の合併

や市町村合併の進行による。
* 7 「農業委員数（速報：平成14年10月1日現在）」（第18回農業委員統一選挙後の速報値。全国農業会議所調べ）（http://www.maff.go.jp/danjo/nogyoiin2.html）による。
* 8 農林水産省普及課調べの「指導農業士・青年農業士・女性農業士の認定状況（平成14年度）」（http://www.maff.go.jp/danjo/jyoseinougyousi14.pdf）による。
* 9 2003年4月の統一地方選挙における長野県議会議員選挙の候補者の女性率は，前回の選挙時よりも5ポイント以上アップしている。そして女性率が14.7％という数字は，全国平均が9.9％という中にあって第5位を占める（『朝日新聞（2003年4月5日）』13版，5頁より）。女性候補者のすべてがマイスターというわけではないが，長野県における女性リーダー育成施策の効果の一端を見ることができるのではないだろうか。
* 10 長野県の事例で使用しているデータは，1998年8月から2003年9月現在にいたるまで継続している資料収集および聞き取り調査に基づく。I町のマイスターS氏の活動の詳細に関しては，長野県のマイスター制度の詳細ともども藤井（2002）を参照されたい。
* 11 文書による家族経営協定締結農家数は，2003年3月31日現在，全国で25,151戸であり，前年に比べ3,576戸（17％）増加している。7割弱が単一経営農家である。また取り決め範囲は，経営主とその配偶者によるものが全体の51.2％であり，残り5割弱が経営主と父・母，あるいは経営主と息子・娘などとの2世代および3世代の世代間協定となる。協定内容としては，労働時間・休日，農業経営の方針決定に関するものが約8割であり，農業面の役割分担，労働報酬と続く（農林水産省経営政策課，普及課，女性・就農課調べ）。
* 12 長野県の家族経営協定の締結数は，2000年度末の見込みで1,085組である（長野県農政部農業技術課編・発行 2001）。注目されるのは，この農村女性プランでは2005年度の締結総数の達成目標値2,500組をあげているが，その数値のほかに，別途「世代間就業協定農家」数として500組という数値もかかげていることである。

参考文献――――
記念誌編集委員会編 2002『農村女性ネットワークながの30周年記念誌　未来を拓く』農村女性ネットワークながの。
『中央公論』編集部編 2001『論争・中流崩壊』中央公論新社。
ドーソン，R／プルウィット，K／ドーソン，K 1989『政治的社会化――市民形成と政治教育』加藤秀治郎・中村昭雄他訳，芦書房（Richard E. Dawson, Kenneth Prewitt, Karen S. Dawson 1977 *Political Socialization, 2nd Edition*, Little, Brown and Company）
長野県農政部農業技術課編・発行 2001『わたしも　あなたも　地域も輝く――農に生きる男女共同参画プランから』。
長野県農政部農政課編・発行 2001『長野県農業の主要動向』。

長野県普及職員協議会生活部会そよかぜ会編・発行　1986『みどりのむらに輝きを』。
根本良一・石井一男編著　2002『合併しない宣言の町・矢祭』自治体研究社。
ハーバーマス，J　1994『公共性の構造転換——市民社会の一カテゴリーについての探求（第2版）』細谷貞雄・山田正行訳，未來社（Jürgen Habermas 1990 *Strukturwandel der Öffentlichkeit: Untersuchungen zu einer Kategorie*, Suhrkamp Verlag Frankfurt am Main）。
藤井和佐　1995「地域役職者のリクルートメント——三重県阿山郡阿山町S区を事例として」『村落社会研究』（日本村落研究学会）第3号。
藤井和佐　2002「女性地域リーダーにみる『構造転換』その後——長野県池田町の事例から」日本村落研究学会編『年報　村落社会研究38 日本農村の構造転換を問う——1980年代以降を中心として』農山漁村文化協会。
松島貞治・加茂利男　2003『「安心の村」は自律の村——平成の大合併と小規模町村の未来（長野・泰阜村）』自治体研究社。
御巫由美子　1999『女性と政治』新評論。

学習の課題

1　あなたの住んでいる地域で取り組んでいる活動（公園や溝の清掃，広報の回覧，防犯パトロールなど何でもよい）とその担い手をあげてみよう。また，それらの活動の中で必要ないと思う活動とその理由をあげてみよう。

2　地域社会で取り組むべきだと思う活動をあげ，必要だと思う理由をあげてみよう。

3　2であげた活動について，行政の支援が必要なものとそうでないものとを分け，行政の支援が必要なものについてその理由を述べよう。

4　地域社会がこうなったらいいなあという理想像を具体的に描き，その実現のための要因をあげてみよう。

第4章 国土計画と地域計画

1 はじめに

　国土計画は，素朴には自然資源としての大地に意図的な手を加えること，すなわち地勢的な領土の合理的活用に関する計画だろうということが想起される。とくに日本のように周囲を海に囲まれ，平野部が狭小でただちに急峻な山地になる地形であれば，治山，治水，埋立あるいは干拓によって国土利用の高度化を図るという政策は当然のものとなろう。中央政府の基本政策は，国家百年の計という言葉があるように，長期的な視野の下に国民生活の水準や人口規模を想定し，国民生活の安寧を図る制度設計つまりは国民経済的な観点からの利用可能な資本と労働力を配分する経済計画の策定である。そこで，国土に関する諸政策はそこでつくられた目標に対する土地という資源の制度的な整備であるということができる。

　すなわち，国土計画とは「経済計画の地域への翻訳」であり，「特定地域に民間資本と公共財源を重点投資する開発計画」である（西尾 1990）。それは地下資源，農林水産資源の利用開発，ダムなど電源の開発から農業や工業の生産施設の整備，商業の立地，空港や港湾の施設整備，道路網・鉄道網などの交通機関の新設・高速化・電化・複線化，さらに電話などの高速通信化にいたるまで多岐にわたる土台（インフラ・ストラクチャ）の整備であり，必然的に土地利用，人口配分，産業配置，都市農村配置などと関連する。したがって，中央政府による国土政策は，国家の経済政策と連動した社会資本の

計画的な配置と整備であるので，必然的にそれぞれの地域社会における自然環境と居住環境の変化と連動し，またそれによって創出された雇用機会が人口移動や職業移動をも惹き起こし，地域間，地域内における所得格差や階層分化が生じる。その意味では，国土の開発計画の波及する影響力はきわめて大きい。

2　国土計画の歴史的背景

　国土計画という用語を自覚的に用いたわけではないが，それに類した初めての概念を探そうとすれば，それは明治政府による都市政策からであろう。江戸をパリやロンドンのような近代都市に造り変えようとして首都東京に煉瓦街の銀座通りが建設されたのは1877（明治10）年であった。さらに，1896年河川法の制定に続いて，翌97年には砂防法と森林法というように，いわゆる治水三法が制定された。そして，すでに東京府知事による公共投資の優先順位に関する上申書（「道路・河川・橋梁ハ本ナリ，水道・家屋・下水ハ末ナリ」）を受けて，1888（明治21）年に東京市区改正条例が定められた。その後，本格的な都市計画が，内務省に都市計画課が設置され，1919年都市計画法および市街地建築物法が公布されたことから始まる。都市計画の基本は都市地域を産業用，商業用，宅地用といったように，用途別に規制と開発を行なうことであるが，これを地域計画と呼ぶには限定的でありすぎる。そこで，1910（明治43）年に始まる北海道の拓殖事業計画は長期的な国土利用の視点が見られるという意味で，国土開発にふさわしくその先駆としてもよいだろう。また，かなり遅れて1920年代昭和の初頭に東北振興五ヵ年計画が策定される。いずれにおいても，こうした計画は農業振興や鉱工業の発展をつうじて，国民経済の発展を図るとともに中央と地方との格差是正をめざした開発計画であり，国土利用に関する計画行政前史というべきものである。

　日本における計画行政の著しい展開は1950年代の半ばごろから始まる。その源流は第二次大戦直前の1939年に，高度国防国家の実現と自給自足的な東亜新秩序の確立という課題に対して，限られた物的人的資源の有効利用

という発想の下に一部の官僚，知識人たちが提起したことにある。1940年，ナチス・ドイツの国土計画に倣って，戦争遂行に向けて大規模な人口移動と食料計画の必要性に鑑み，日本で最初の国土利用計画が構想され，「国土計画設定要綱」が閣議決定された。43年，戦時の中，新たに設置された企画院は防空態勢を固めるべく首都改造計画を発表した。やがて，国土計画策定の仕事は内務省国土局が担うことになるが，日本における国土計画の観念は戦争の終了後も継承されるのである。

　敗戦後，国土計画策定の直接的な契機は，終戦の翌年1946年に「復興国土計画要綱」を内務省が策定したことであった。廃墟と化した都市の再興，壊滅した産業の復興，民間人・兵士など海外からの大量の帰還者対策，食料事情の逼迫，防災のための治山治水といった切迫した課題があったのである。つまり戦後の日本の地域開発は復興という課題解決から始まった。内務省は1947年末に解体され，国土利用に関する施策権限は後の建設省や経済安定本部（内閣の外局として設置，後の経済企画庁）に継承されたが，経済安定本部は経済の再建をめざして「復興五ヵ年計画」（1949～53）を策定し，国土復興，産業投資，資源開発をつうじて長期的な再建を図りながらも，当面の対策としての荒廃した国土の保全，食料供給の確保，エネルギー供給の確保，そして台風災害などによる洪水の防止などをめざした。そうした中で，食料・鉄鋼・石炭に始まり電力や鉄道などへとまず特定分野に資金を優先的に集中し，それをつうじて全体としての産業再興を図るといういわゆる傾斜生産方式によって戦後の経済復興はスタートダッシュした。これをいっそう飛躍させるジャンプ台の役割を果たしたのが朝鮮戦争による需要増大であったが，これを契機に日本経済は高度成長に向けて重化学工業化へと転換する段階を迎える。「復興五ヵ年計画」に見られる国土の開発計画の考え方は，その後1950年，地域開発に関して今日においても重要な「国土総合開発法」となって結実した。これは国土開発に関する全体構想であり，この法に基づいて，計画策定の担当する経済企画庁が省庁間の調整を経てつくる最初の「全国総合開発計画」（通称「全総」）はかなり遅れて1962年であったが，国土開発の基本法というものになったのである。

3　全国総合開発計画

　この国土総合開発法によると，地域開発は，国が全国を一定の「区域」に分類して長期的な指針としての全国計画を策定し，これを頂点として地域における地域計画が策定され，さらに府県計画につながるというピラミッド型の構造を持っている。つまり，この法律が国または地方自治体の開発施策の「総合的かつ基本的な計画」であると規定し，その全国計画の下に地方計画，都道府県計画，特定地域計画がぶら下がるという構造をつくりだしている。それは，①密接な関係を有する地域が2つ以上の都府県にわたる地域開発としての地方総合開発計画，②資源開発が不十分な地域，とくにひとつの水系を計画地域として災害防除の治水をはじめ農業用水やダムなどを建設する計画で内閣総理大臣が指定した都府県の特定地域総合開発計画（1951年に北上川，木曽川など19地域が指定された），そして③個別都府県ごとの都府県総合開発計画という3つの開発計画である。そして，このような開発計画法に基づいてつくられるのがピラミッドの最下位に位置する各市町村の開発計画ということになる。

　しかし，そういう構造だからといって，その下に国や地方の開発に関する各種の法律や計画がひとつの図式の中で整除された相互連関関係にあって，これによって予算措置がとられるというわけではない。地方がそれぞれの地域計画を策定する際の基本ないし目安としてのはたらきがある。つまり，地方の計画策定は国の計画との整合性を図ることという程度の制約はある。こうして，たとえ「全国総合開発計画」が国の開発の長期的展望とでも呼びうるものであったとしても，これに基づいて各府県の地域開発計画が策定され，やがて戦後日本の地域開発ブームを惹き起こしたのである。

　1962年，最初の全国総合開発計画が策定されるが，それとの関連で低開発地域工業開発促進法（1961年），新産業都市建設促進法（1962年），工業整備特別地域整備促進法（1964年）などが制定されている。また，それらとは別途の政策観点からいくつかの広域的な計画法が施行された。まず，3つの

大都市圏の整備法として，イギリスの新都市建設法に倣ったといわれる首都圏整備法（1956年，その前身は50年の首都建設法），近畿圏整備法（1963年），中部圏整備法（1966年）が公布されたが，さらに，地方圏の開発法として，北海道開発法（1950年），東北開発促進法（1957年），北陸地方開発促進法（1960年），中国地方開発促進法（1960年），四国地方開発促進法（1960年），九州地方開発促進法（1959年）が制定された。また，ずっと遅れて1971年，沖縄返還を前にして沖縄振興開発特別措置法が公布されるが，沖縄と北海道の開発計画は日本の地域開発の中では特殊な位置を占め，前者は先の大戦による戦後処理，後者は明治以降の開発継続といった意味合いがあった。しかしそれを除いて，東北地方をはじめとする他の地方圏の開発計画は首都圏整備法に刺激され，いわば先進地域に対する後進地域の不遇意識に対する配慮から構想されたといわれ，ほとんど同時期の制定となっている。いずれにしても，1950年代から60年代は地域開発計画のゴールドラッシュであった。

4 「基盤整備」としての地域開発

国土総合開発法の第1条には，この法律の目的が「国土の自然的条件を考慮して，経済，社会，文化等に関する施策の総合的見地から，国土を総合的に利用し，開発し，および保全し，ならびに産業立地の適正化を図り，あわせて社会福祉の向上に資すること」とある。第2条はその開発分野を示したものと考えられ，以下のように記述されている。①土地，水その他の天然資源の利用に関する事項，②水害，風害その他の災害の防除に関する事項，③都市および農村の規模および配置の調整に関する事項，④産業の適正な立地に関する事項，⑤電力，運輸，通信その他の重要な公共的施設の規模および配置ならびに文化，厚生および観光に関する資源の保護，施設の規模および配置に関する事項。

こうした文言からわかるように，全国の開発であれ地方の開発であれ，開発計画が具体的に扱うものは自然資源開発，自然災害防除，都市農村間格差，産業立地，生活基盤整備，社会福祉，文化など実に多様な分野にわたる政策

を掲げている。こうした計画を「総合」開発計画と称するのは，開発事業は当然ながら公共事業であり，その関連事業計画とそれに必要な土地利用計画との調整，および公共事業諸計画の相互間関係の調整，土地利用においても全国レベルから市町村レベルまでの利用計画間の調整，そうした調整を経て「総合」開発計画となるからであり，また開発の対象が多面的であることもあるだろう。すなわち，条文からも明らかなように経済開発のみならず，社会，文化などの開発にいたるまで輻輳した課題の解決が求められ，政策の総合性を当初から想定していることが見て取れるからである。その意味でも「地域」の開発といえども国家的な観点よりする開発計画に基づくということである。

　それでは何を「開発」するのか。1960年代の中ごろまでの諸計画に見られる開発目的を標語風に並べてみよう。農業地域の開発と工場適地の造成，大都市から農山漁村までの全国土の各種の開発，工場の分散と人口の分散，大都市の過密問題の解消と地域間所得格差の是正，過大都市の抑制と後進地域の開発，農業近代化と地方都市化などとなる。すなわち産業化の進展する社会における農業と工業，農村と都市の関係に関する均衡の形成と維持の問題ということができる。その具体的な中身は何かというと，①産業振興のための基盤整備として次の2点がある。まず，工業生産の拡大に向けて輸送能力の増大としての道路，鉄道，港湾の整備である。次いで産業活動の基盤確保のために治山・治水，利水（工業の用地・用水）に加えて，電源資源，地下資源の開発を欠くことができない。また②土地改良，開拓・干拓，魚田・漁港，造林などに対する開発整備，すなわち農産，林産，水産，畜産の諸資源の開発は農水産林業生産基盤の拡充強化につながる。さらにこうした分野の開発整備内容は以下のものである。

　河川（改修，維持，開発など）
　道路（自動車輸送に向けて国道・地方道の改修，舗装，新設など）
　鉄道（鉄道輸送の高速化に向けて改修，新設など）
　漁港（修築，水域外郭施設，繋留施設，輸送施設，通信施設，魚田開発など）
　港湾（船舶の大型化に向けて水深などの改修，改良，新設など）

空港（整備，新設など）

農地（耕地整備として暗渠排水，客土，区画整理，農道開設，土地改良として灌漑排水，開拓，開墾など）

林業（造林，奥地林など）

こうした基盤整備は産業開発行政として行なわれるが，その結果として生じた生活環境の変化，すなわち住宅，道路交通，上下水道，公害（工業用水の汲み上げによる地盤沈下，産業活動による大気汚染と水質汚濁など），地価の高騰，学校新造設など産業化と都市化に伴う新しい問題が生じた。国土総合開発法に想定されたもうひとつの開発分野である住民福祉が新たな行政需要となってきたのである。1973年は「福祉元年」と呼ばれたように，こうした分野に関する開発観念が行政の中で本格化し始めるのは70年代に入ってからである。

それと並んで，もうひとつ，国土開発に関する基本法として国土総合開発法とともに重要な法律は1974年の「国土利用計画法」である。この法律がめざしたものは，国土利用に関する構想を示す利用計画，土地の投機的取引の規制，遊休土地の取り扱いなどである。これはさすがに高度成長一本槍でやってきた反省の気配も感じさせるもので，開発と環境とのバランスという観点が計画行政において初めて覚醒したといってよい。その第2条に，「国土の利用は，国土が現在および将来における国民のための限られた資源であるとともに，生活および生産を通ずる諸活動の共通の基盤であることにかんがみ，公共の福祉を優先させ，自然環境の保全を図りつつ，地域の自然的，社会的，経済的および文化的条件に配慮して，健康で文化的な生活環境の確保と国土の均衡ある発展を図ることを基本理念として行なうものとする」と宣言するにいたったのである。これには当時の総理大臣田中角栄による「日本列島改造論」が土地高騰を招いたことも想起されよう。

全国総合開発計画がいわば「ペーパープラン」であるのに対し，この法によって策定された国土利用計画全国計画は，将来の人口動態，産業規模，土地需要，食料供給などを勘案する国土全体の利用（農地，森林，原野，道路，宅地，河川などの区域）に関する基本計画で，地方自治体の土地利用計画と

連動するようになっている。すなわち都道府県計画は全国計画を市町村計画に媒介させ，全国計画との連携の下に市町村の利用計画が策定されるのである。とりわけ，市町村は地域という土地利用の最前線に位置するので，市町村計画は国土利用の実効性の観点から重要な役割を担うようになった。

5　地域開発計画の政治過程

　すでに見たように，戦後の国土開発計画は，敗戦からの復興をめざした地域開発から始まった。爆撃で灰燼と化した既存の工業地帯や旧陸海軍工廠を中心とした地域整備に集中する段階から，朝鮮戦争を契機として高度の経済成長という新たな産業発展に向かう段階へとシフトする中で，1962年の「新産業都市」の指定において見られたように，中央政府による地域開発計画は地方政府を巻き込んで大きくさまざまに展開していく。行政の計画化は事業の予算化であり，予算の分捕り合戦化である。この展開が日本の政治過程と行政過程にもたらした現象は，中央行政におけるセクショナリズムの深化であり，国政レベルの政治家の行政への介入，また中央地方関係の縦割り行政化である。そしてまた政治的意思決定過程にさまざまなアクターが参加するという政治の多元主義化である。そこには，地域開発が政府の公共投資を伴うのであり，それは政治家の利益誘導政策として現象するため，政治家の圧力が介在すること，すなわち国家的な開発計画には常に政治が絡むという戦後政治の本質がみられる。また，計画立案を担当する経済企画庁は省庁間のセクショナリズムの力学の下で草案し，結果的にすべての利害関係部局を満足させるような「作文」となる。計画実施に関しては建設省，運輸省，農林省，通産省の所管となり，のみならず上下水道や公園などに関して厚生省までが関与することができるというのが全国の総合開発というものだからである。

（1）開発計画と地方自治体

　全国総合開発計画には，その五次にわたる策定過程において次第に見られるようになったいわば通奏低音がある。それは工業化をとおして「国土の均

衡ある発展」と「地域間の格差の是正」を達成するというものである。この共通主題が国土開発計画に重奏するがゆえに，「全総」は常に政治との関わりから乖離することがなく，地域開発プロジェクトと絶えずリンクしていく運命にあったのである。

　地域の経済的な発展が中央政府の開発計画にリンクするようになると，都道府県においては，開発行政を担当する部署，つまり企画部門の格上げと機構強化（独立化）を図り始める。1960年ごろから各府県は企画調整機能を重視し始め，企画関係の課（企画課）を室（企画室）や局（企画局）に昇格させ，各部課間の行政の調整にあたらせ，地域開発が自治行政の重要な柱となっていった。国に対しては開発予算の獲得をめざして各地方からの霞ヶ関詣でが激しくなり，自治体間の競争が始まる。人口流出する農業自治体も後進のままに安住しなかった。生産性の低い農業依存の財政から脱却しようと工場誘致によって地域格差の是正をもくろみ，同様な状況にある自治体の間で，拠点となる開発地域の選定に関して工場誘致合戦が激化した。

　こうして，自治体はみずからの地域開発の計画を策定するとき，開発の手法として国家プロジェクトに依存する姿勢，すなわち国土計画の構想が示されるたびに，全国からわれもわれもと名乗り上げるこのような地方自治体の横並びのメンタリティが身につくようになったのである。これはその後の国家プロジェクトである「テクノポリス」（第三次全総），「リゾート地域」（第四次全総）の指定に際しても，同様な陳情合戦を繰り広げるというお馴染みの光景を見ることになった。すなわち土建業など関連の業界と地元出身国会議員と建設・運輸・農水などの各省官僚との間の利権をめぐる固い結合の原型がここにある。知事や市町村長ら首長は再選がかかり，国会議員は地盤強化のために狂奔するという構図ができあがる。こうなると当初もくろんだ開発計画は大きく修正され，いずれの地域をも満足させようとして産業分散政策を策定するようになる。

　しかし，計画案の策定や誘導は中央政府が行なうものの現実に工場設立を行なうのは民間企業であるから，採算性のある企画でなければ企業は資本投下を避けるだろう。私企業にとっては負担が少なく有利な立地は臨海地帯で

あるから，中央政府はそうした工業地帯の整備に集中するとともに，格差に悩む後進地域の不満を緩和するような計画を策定しなければならないから，結果として私企業による設備投資が見込めない地域にも図面を引くということになる。こうしてさまざまなアクター間のときに相矛盾する利害の調整，これが政策の合理性を奪い，公共投資は総花的に行なわれるということになる。また，自治体側としても最終的に財政に貢献してくれればよいが，場合によっては土地の造成費や地方税の優遇税制などによって財政赤字をいっそう促進するという結果にならないとも限らない。

そうしたパタンの政策決定がなぜ繰り返されるのか。これは自治体としては国家プロジェクトに連繋することが名誉であるばかりではない，指定を受けることは整備事業の建設に要する費用を補助金として受け取り，またその他の起債や地方交付税などの財政支援を期待することができるからである。そこには地域の特性に応じた開発を独自に進めるという視点が見られない。こうして，自治体は土木事業を果てしなく継続し大規模な公共事業の実現こそがみずからの地域のアイデンティティを示す事業であるという誤解が始まる。他方，中央政府の側においても，地方がどのような要望を持つのか地方の方から積極的に名乗りあげるほうがプロジェクトづくりに役立つということになる。それだけでない，中央政府から県などの開発部局に天下った方がもっと地域の事情に明るくなる。霞ヶ関において47都道府県の開発部長会議を開くと「半分以上が自治省か建設省」の出向役人であったという報告があるくらいである。

そうではあったにせよ，1970年代以降における政府の長期的な開発計画に大きな変化が生じる。全総をはじめとして，ほとんどの開発計画は霞ヶ関の官僚と永田町の自民党政治家とによって草案されてきたが，公害問題・都市問題をめぐって住民運動や市民運動の高まりは政府が市民団体との協議を避けるわけにはいかないことを知らしめた。すなわち，立法過程に対する政治的影響力に関してマスメディアのほかに新たなアクターが登場するという局面が常態化するようになるのである。第三次全国総合開発計画（1977年）の作成においては，地域住民による諮問委員会への積極的な関与が見られた。

地方自治体においても政府案の実施に際して，当該計画の作成段階からアンケート調査などによって地域住民の参加を求めるというほどに，開発計画の策定における住民参加の意義が当然視されるようにもなった。

(2) 地域開発と民間企業

地域開発は主として民間資本による何らかの産業の導入をもって始まる。そこにヒト，モノ，カネを集中させるのである。雇用を生み，自治体財政が豊かになり，地域が活性化する。それにはまず道路，港湾などの関連施設の整備という先行投資が必要となる。政府資金による公共投資が先行し，さらに地方政府に対する財政措置（たとえば，県に対しては地方債の利子補給や起債への配慮，市町村に対しては事業費の国庫負担や補助率の嵩上げなど）が伴わなければならない。こうした措置が私益追求の資本を刺激するのである。

民間資本が地域に進出したくなるような何らかの誘因を与えるのが中央政府であるとともに，地方政府である。社会主義国家における計画経済の場合なら，何を開発するかどこに資金を投下するか，この決定は政府の仕事である。しかし，自由主義経済国家の政府はそうはいかない。国家の経済活動のほとんどは私的な利潤を追及する民間企業によって行なわれ，政府は民間企業に対して仕事を発注するが，企業は受注の採算性を基準に仕事を請け負うかどうかを決定する。これが公共事業である。

したがって，企業活動の自由を基本とする経済体制の国においては，馬に水を飲ませるのに鞭による強制や統制は使えない，馬の喉が渇くのを待ち，指定した水場で馬に水を飲ませるように誘導するのである。水場の指定とは，すなわち予算措置のなされた行政諸計画である。行政計画の策定によって民間部門や地方自治体などの行動をうながすのだが，それには2つの政策手段がある。ひとつは政府資金の直接的な投下つまり公共投資であり，もうひとつは民間部門や地方自治体などにその気にさせる優遇を行なうことである。前者は開発拠点を政府が指定し，国家予算による長期的な財政措置が行なわれる場合であり，きわめて水飲み場も大規模で魅力的である。それに対して後者の方法はこの飲み場の水は美味しいですよと，政府が待ちの態勢で手招

きするような政策で，とくに地方自治体に対しては地方交付税への配慮，地方債の起債条件への配慮，一定の補助率による補助金支給など何らかの優遇措置を設けることである。また民間企業に対しては税制上の特別措置の活用，財政措置としての助成金の交付などである。いずれの場合も，その事業計画に参入してもいいなと思わせるという協力の自発性を最大限にすることが計画の実効性を担保する上で必要である。つまり，そうした計画に参与することはあなたの利益になりますよという説得がなされるのである。

具体的には，民間企業に対する誘導手段は，第1に政府の金融機関を用いた開発資金の融資である。それは郵便貯金や簡易保険などを原資とした財政投融資計画を用いた特別金融制度で，公庫・事業団による長期かつ低利の投融資がある。かつて日本開発銀行は1959年九州と四国を対象とした融資を始め，翌60年には北陸，中国を融資対象とした政府金融を行なったが，それは一般的には10年以上の長期的かつ低利の融資であった。最初の政府金融は，1956年の「北海道開発公庫」（翌年「北海道東北開発公庫」と改称）をつうじた融資であった。この政府の財政投融資計画をつうじた政策金融の中で地方開発融資の占める割合が次第に拡大していく。そのほかにも中小企業，輸出入，農業開発，産業開発に向けた政策金融があった。

第2は税制による誘引である。地方自治体が行政計画の主体となるときには，工場誘致条例などを設け，やってくる企業に対して地方税の減税や免税など税制上の特別措置をとることである。道路や上下水道の整備を行なって企業団地を造成し，事業税を5年間無税にするとか，固定資産税の減免をするとかの優遇措置がとられたりする。

そのほか，産業都市など大規模な地域開発は放っておいても民間企業の方から勝手にやってくるだろうが，わずかな地場産業以外には産業などほとんどない低開発地域の地方自治体にとっては，中小の地場産業に対してさまざまな誘引を設け，相互連関的な政策手段を用いなければならないという事情がある。税制や金融など開発資金に関して十分な措置がとられたとしても，誘致された工場を稼動させ生産までこぎつけるには，道路や港湾などの輸送手段，その地域の産業に合致した職業教育，進出した企業に関連した下請工

業の育成やその近代化，雇用された従業員がそこに喜んで居住しようとする生活環境など，こうした観点からの整備もついてこなくては完結しないのである。

6　公共事業と補助金

　社会資本の計画的な整備は必ずしも政府による財政支出によってのみ行なわれるというわけではない。鉄道，電力，ガスなどのサービスが，中には地域独占の企業であっても，民間資本によっても提供されることがある。しかし，社会資本の大部分は国と地方自治体などによる整備である。それはそれぞれの予算によって行なわれるので,「公共投資」と呼ばれ，その事業は「公共事業」となる。なぜ，公共投資が必要なのか。ひとつには，私的な利益の追求を原則とする民間資本によっては財やサービスが不十分な提供しかなされないか，もしくは，まったくなされえないかすることがあるからだ。すなわち市場原理に任せては適切な提供がなされないものに対しては国が中心になって出動しなくてはならないからである。さらに，こうした投資は政策として行なうので，内需の拡大という景気対策の手段としても行なわれるという側面を持つ。

　公共事業を政策として行なう四つのタイプがある。①国が事業主体となって行なう事業（直轄事業），次いで②国が地方自治体に国庫から資金を提供して，自治体が行なう事業（補助事業）で，この事業分野は多様でかつ金額も大きい。③政府の特殊法人（公団，事業団など）が行なう事業で，日本道路公団などが代表的である。④地方自治体が国の資金とは関係なく単独で行なう事業（地方単独事業）である。このすべての公共事業のうち，事業費全体の中では地方単独事業費は4割であるが,地方自治体は事業全体の8割（補助事業と単独事業の総額）を担っている。社会資本の整備に関して地方自治体の役割がいかに大きいかが，わかろうというものである。

　こうした公共事業に必要な資金はどのように調達されるのであろうか。国の予算（一般会計）は歳入と歳出から構成される。近年の動向に限っていえば，

歳入に占める税収の割合は 6 割前後でしかなく，国の借金である公債金が 34 〜 38％である。政府の歳出は大きく 2 つに分けられ，ひとつは固定費と呼ぶべき支出で政府の裁量の働かない部分である。それは借金返済である償還費および利払い費に充てられる国債費（2 割程度）と，地方自治体間の財政不均衡を調整するための地方交付税交付金（2 割程度）からなる。もうひとつは政府が当該年度の政策として支出する経費で「一般歳出」（6 割程度）と呼ばれる。

　予算はこのように構成されるが，政府支出の内訳は社会保障費，公共事業費，文教費，防衛費などが大きい割合を占める。とくに，社会保障費の割合は高く，高齢社会に向けて年々上昇する傾向にある。次いで大きな比重を占める項目は社会資本の整備のための公共事業費である。この費用を国がみずから計画し図面を引いて用いる場合が直轄事業，地方自治体に行なわせる場合が補助事業であるが，この地方が行なう事業に対して国が交付する資金が「補助金」と呼ばれるものである。補助金のすべてが公共事業に対する資金に充てられるわけではない。社会保障関係（4 割）や文教関係（2 割）などの比重が高く，公共事業には 2 割程度とされるが，そうであっても，こうした補助金の交付によって地方自治体が中央官庁によって統制される状況が生まれる。多くの場合，補助事業として公共事業を行なわせることに自治体が必ずしも消極的であるわけでない。すでに述べたように，地元の政治家を動員して，あるいは首長がみずから霞ヶ関に出張して補助金を得ようとするのである。

　こうした構造は補助金による公共事業に対する社会的評価を貶めてきた。税金の無駄遣いだ，バラ播きだ，非効率だという批判の背景には，公共事業の必要性に対する疑念がある。それは各省庁間の権益の維持のための手段ではないかと疑うからだ。時代の変化にも関わらず，省庁別の公共事業予算と公共事業の種目別（治山治水，道路，住宅，港湾，農道など）の割合が毎年ほとんど変化しないから，予算消化のために新たに公共事業を考え出し，国道と平行して同じ幅の農道がつくられたりする。

　補助金は国と地方との間の財源移転のひとつである。これは地域間の財源

過不足を按配する財政調整と呼ばれる地方交付税とともに、これらをつうじて財やサービス提供の地方間格差がなくなるとしてきた。国と地方との間の税徴収の割合がおおよそ7対3であるのに対し、税配分が3対7で行なわれている。中央政府による地方への補助金による公共投資は地域間の再分配政策という側面を持っていて、公共投資によって地域経済を活性化させ、地域の所得水準を上げることに貢献してきたといえるだろう。この公共投資は1人あたりについていえば、日本経済の高度成長期の終了する1970年前後までは関東、近畿、中部の大都市圏が地方圏よりも勝っていたが、それ以降は次第に地方圏の比重が増大し、1980年前後には両者の割合はほぼ拮抗するようになった。これが地方圏の所得形成に貢献したことはいうまでもないが、それとともに都市と農村との間での国会議員輩出の有権者人口あたりの割合が著しく不均衡であり、その結果、公共投資を地方へと向かわせる政治勢力の影響力が働いたのである。都市部の税収が農村部の財源として移転する傾向は、1990年代のデフレ脱却としてとられた公共事業中心の景気対策によっていっそう促進され、これが2000年の総選挙に見た都市部自民党の大敗の理由であるといわれた。

7　経済開発から「社会開発」へ

地域開発の展開段階に、その助走期から離陸期、そして上昇期、さらに相対的安定期（これを開発内容の質的転換という意味でソフト・ランディング期とも呼ぼう）というものがあるとすると、電源（水力発電建設）や地下資源の開発や農業生産力の向上（食料増産）を目指した資源開発型の地域開発の段階は助走期で、これは戦後復興の需要喚起の時期と重なるだろう。1950年から53年の朝鮮戦争を経て、これを契機に始まる経済の高度成長は、災害復旧や国土保全を目指すとともに経済の近代化のための産業基盤の整備を促進した離陸期と呼んでよいだろう。急速な経済成長はそれに見合う生産条件に支障をきたし、大企業の新たな工業立地造成の必要を生んだ。それは一段の工業社会の段階への基盤整備の要請であり、また対外的には経済の開放体制

に向かった。地下資源などは国内開発から脱却し，安価な海外資源の輸入に依存するようになり，「もはや戦後ではない」と書いた1956（昭和31）年の政府白書は巡航期のはしりである。政府は国民所得のいっそうの発展をめざして成長の恩恵の行き届かない部分に配慮しなければならなかった。なぜなら，パイ一切れの大きさは，ナイフの切り方によって決まるばかりでない。パイそれ自体の大きさに依存するからである。そこで工業の適正配置（地方分散）による地域開発をつうじて全体としての地域間の格差是正を図る，これがこの段階の目標であった。

しかし1960年代後半から70年代に入ると，過疎，過密，公害，人口流出など工業化のもたらす負の遺産の大きさに慌てるとともに，産業社会の成熟へ向けて開発の重点が第二次から第三次へと産業構造は転換していく。地域開発の焦点はモノからココロへ，すなわち工業化による地域開発といういわば「経済開発」から「地方」や「コミュニティ」などその地域の歴史や文化，さらに公園，街路，上下水道，そして清掃，教育，福祉など生活環境を重視した「社会開発」へと向かうのである。まさに成熟社会のソフト・ランディングである。ここから地域計画という発想の下に新しい地域開発の段階を迎えることになる（町づくり，村づくりなどについては他の章を参照のこと）。

「開発」論はこれまで経済発展をつうじた生産や所得の増大化や労働条件の改善など，経済開発が中心であったが，1960年代の半ばから「社会開発」の重要性が叫ばれ始めた。その源流は，50年代半ばの国連社会局による資料の中で，社会の経済発展とともに社会保障は言うに及ばず地域社会の開発も図らねばならないと提起し，これを厚生省の人口問題審議会などが紹介したことから始まる。そこで地域開発としての社会開発は，住宅，保健，医療，公衆衛生，社会福祉，教育，余暇などの開発であるとされたのである。この意味での社会開発が，従来の「社会政策」概念と異なるのは，社会政策が資本主義的な経済発展の病理としての貧困，失業，疾病などに対する対策であるのに対し，国民経済の発展による富の増大を社会の福祉増殖に計画的に用いる政策であるということだ。疾病は治療しなければならないが，健康は増進させるものであるという観点が「社会開発」という新しい概念を生んだの

である。いわば経済的な物的開発から教育や文化を通じた人間開発への転換であった。件の人口問題審議会は，「地域開発の理念ないし窮極の目標は，人口すなわち国民あるいは地域住民の真の福祉の向上にある。……開発の主体が人間であり，開発の目的もまた人間であるという考え方で地域開発を進めなければ」福祉国家を実現できないだろうとの意見書を提出した。

　主として経済計画によって規定される所得，雇用，労働，あるいは社会保障などの公共政策の主体は国であり，地方はそうした国の政策に依存する。しかし，社会開発は地方が主体になる以外にない。社会開発計画の策定と実施において地方自治体の行政が果たす役割はきわめて大きく，住宅，保健，医療，公衆衛生，社会福祉，教育，そして環境などに関する諸計画の具体化を図るとき，国はその政策主体の役割を交替せざるをえない。「地域医療」や「地域福祉」など地域において完結する行政サービスに関して，社会開発の計画主体が地方自治体となるのは，どこに行政需要があるのか見通しが利くからだ。しかし，見通しが利くからといって，自治体がそうした需要に十分応えられるかどうかはまた別の問題である。そこから行政需要の外部委託が始まるにしても，こうした展開の背景にあるのは，「開発」の視点が，雇用や労働条件や所得など物質的な生活の充足から，生活の質の向上へと転換したという事実である。年金や医療などの社会保障制度ばかりではなく，健康，教育，余暇，消費，住居，環境などに対する質的な関心の増大である。健康食品，ダイエット，フィットネス，社会教育，生涯教育などあげていけば際限がないが，「豊かな社会」の人々は尽きることのない欲求の開発に遭遇させられ，自治体はそうした欲求充足のいくつかの担い手として期待され，かつまた期待されることでみずからの存在理由を得ようとする。

参考文献————
　五十嵐敬喜・小川明雄　1997『公共事業をどうするか』岩波新書。
　井堀利宏　2001『公共事業の正しい考え方』中公新書。
　佐藤　竺　1965『日本の地域開発』未来社。
　塩野　宏　1976「国土開発」『未来社会と法』筑摩書房。
　下河辺淳　1994『戦後国土計画への証言』日本経済評論社。

庄司興吉　1985「社会計画から地域社会計画へ」『地域社会計画と住民自治』梓出版社。
西尾　勝　1990『行政学の基礎概念』東京大学出版会。
ポランニー　1975『大転換』東洋経済新報社。
松原治郎　1968『日本の社会開発』福村出版。
御厨　貴　1996『政策の総合と権力』東京大学出版会。

学習の課題
1　最新の全国総合開発計画の名称は，1998年に閣議決定された「21世紀の国土のグランドデザイン」というものであるが，これがどのような開発計画であるのか調べてみよう。
2　国は地域の整備や活性化のために「テクノポリス」や「リゾート」などさまざまな総合的施策を行なってきたが，自分の住む都道府県のそうした計画について調べてみよう。

第5章 地方自治体の地域社会計画

1 はじめに

　地方自治法の改正によって地方自治体の中で市町村においても行政運営の計画化が始まったのは1969年である。この計画行政化の動きには戦後の自治行政の経験蓄積の下に，中央政府の出先機関的な行政とは異なった固有の自治を模索する中で，地方自治のいっそうの充実と促進という観点，また諸資源の有効な利用をつうじて行政の効率的な運営といった観点もはたらいたと思われる。改正法には「総合的かつ計画的な行政の運営を図るための基本構想を定め，これに即して行なうようにしなければならない」とある。行政の計画化によってより合理的，長期的な視点を行政運営に持たせようとしたのである。つまり，「どこの自治体でも，場当たり的な行政ではなく，できるかぎり行政課題を客観的に把握し，自治体として責任を持って取り組むべき政策・施策・事務事業を体系化し，達成すべき目標とその手段・手順を明確にした長期的な総合計画をつくり，それを行動指針として行政を展開する必要があるとされたからである」（大森 2002：10）。
　市町村が自前の計画を策定する，これはこれまでの地域計画が国の計画との整合性を重視して策定され，地域住民はその客体としての位置づけしか与えられていなかったことからすると，このような70年代における市町村における行政計画の策定義務化は，たとえばこれを「開発」か「環境」かといったような価値選択，つまり物質的な生活重視か心の安らぎ重視かといった二

者択一を住民に任したのだというように積極的に解釈すれば，画期的であったとさえいえよう。

2 市町村の計画行政

1969年の自治法の改正によって初めて市町村が計画行政を行なったというわけではない。すでに，昭和の大合併と称される2つの合併法，町村合併促進法（1953～56年）および新市町村建設促進法（1956～65年）において自治体行政の計画化が謳われていたが，それらは合併に伴って必要となる諸施設の統廃合や道路・灌漑などの施設整備あるいは財政措置など，要するに新しく誕生した市町村の建設計画に関する規定であって，長期的な計画行政そのものをめざすというものではなかった。また，都市計画法に基づく地域計画，災害対策基本法に基づく市町村地域防災計画も，たしかに行政計画ではあるが，それらは個々の部門別の計画であったり，アドホックな計画であったりして決して「総合」計画というものではなかったのである。求められ期待される総合的な計画というものは，当該市町村が行政サービスの内容において将来どのような自治体をめざすのかという理念であり規範ともなるものである。これは従来，計画といえば産業基盤の整備が想定される段階から，主要には地域社会の市街地のあり方，生活環境の整備，交通網の整備，保健や福祉の設備とサービス提供など，住民生活のアメニティー重視の計画段階への変化となるもので，総合計画とは地域社会計画であるといいかえることのできるものである。

このような市町村の計画行政は，基本構想・基本計画・実施計画という3段階からなる「総合計画」として言及されるようになった。まず，基本構想は市町村の将来の振興や発展を展望して，それに基づいて長期的な自治行政が行なわれるという経営の根幹となるものであること，したがってそれはそれぞれの市町村における総合的な振興計画，都市計画，農業振興地域整備計画などの分野に関する計画策定，すなわち「少なくとも土地利用，産業振興，基盤整備の基本方向等，当該市町村の基本的方向を明らかにするもの」であ

ること，かつ具体的な個々の施策がすべてこの構想に基づいて策定され実施されること，つまり施策の大綱なのである（野崎 1990）。

「計画」というからにはどの程度の期間を想定しているのだろうか。計画行政の根幹をなす基本構想の期間は，一般には10年程度の展望において構想するものとしていて，それに基づいて作成される基本計画は前期5年，後期5年という構成をとる。基本計画に基づく具体的な事項の実施が実施計画で，これはおおむね3年の期間を見込んで策定される。基本構想の下での具体的な計画策定と実施までを，それぞれの市町村において予算編成に対して効果的に結合させるという手法は，実施計画段階における「ローリング」方式と呼ばれる。つまり，まず3年程度の事業計画を策定し，毎年度の見直しの上で実施計画が改定され，さらに3年の事業計画が策定されるとする方式で，毎年その実施計画が改訂される方式である。したがって，構成の上では3段階の形をとるものであるが，基本計画が基本構想と一体となって策定され，議会に提示されるから，実際の行動の上では構想から実施へといわば2段階の形態と映る。

ところで，市町村における行政の計画化は，1969年の総合計画の導入以前から相当に進行していた。自治省の調査によれば，1966年5月現在で，560市のうち278市（49.6％），2809町村のうち876町村（31.2％）が，長期的な行政計画をすでに策定したか策定を検討中であったという（松本 1969）。法改正によって計画行政が義務的となった20余年後の1990年の調査によれば，655市のうち649市（99.1％），2000町のうち1900町（95.0％），590村のうち534村（90.5％）が基本構想を策定した。つまり，全国の市町村の95％が何らかの長期的な視野の下に行政を運営していることになる（野崎 1990：69）。

また，市町村が自前の基本構想を単独で策定できればよいが，未策定の自治体もあり，それは町村に多く，計画行政が定着化した中にあって全市町村の5％が何らかの理由でそれにいたっていない。そこで都道府県の「指導」や「助言」が必要となる。市町村と都道府県との事務配分に関しては，従来，都道府県事務は①広範囲にわたる事務，②統一的処理を必要とする事務，③

市町村に関する連絡調整に関する事務,④市町村による処理を補完する事務,という4カテゴリーがあるとされてきたが,2001年地方自治法の改正によって統一的処理を必要とする事務は削除された。なぜなら,機関委任事務制度が廃止され,それに伴って従来の国の出先機関化した都道府県知事の役割としての市町村への関与も消滅したのであって,市町村と都道府県とは上下関係の階層構造ではなくなったからである。しかし,市町村に対する都道府県の関与一般がすべて消滅したわけではない。とくに法定受託事務に関しては依然として続いている（人見 2002）。また,残る3カテゴリーのうち連絡調整とされる事務は,市町村に対する何らかの形での関与であり,それが「指導」や「助言」に類した関与の形態がなお存続している。改正された地方自治法には,都道府県知事が市町村に対してその組織や運営の合理化に関して助言,勧告,情報提供をすることができるとはしている（地方自治法第252条の17の5）。

　自治体計画の策定に関して,そうした「指導」や「助言」は未策定の市町村だけに限られない。なぜなら市町村の行政計画はその実効性を確保するために国や都道府県の計画との整合性が無視できないからである。都道府県の長期的な総合計画は,より上位の全国計画,首都圏・近畿圏の整備計画,各地方開発促進計画などの計画との整合性を前提としたものであるから,市町村と都道府県との間で相互の計画に整合性を持たせるための調整は施策の総合化や広域行政の推進の上においても必要となる。それは,両者の計画策定における役割分化のためである。

　一般に都道府県計画は,基幹的な交通施設の整備,産業の振興と基盤整備,広域にわたる土地利用といったような地域経営であるのに対し,市町村計画は,生活環境施設の整備,社会福祉,保健衛生など住民の日常的な生活に関する地域経営であるので,相互補完する関係にある（松本 1969：16）。しかし近年そうした役割分担に変化が生じているのも確かである。福祉,教育,環境といった行政サービスの長期計画は市町村のみならず都道府県においても関わりのある計画として描かれるようになった。その意味では,両者の総合計画が「収斂」しつつあるように見える（新川 1995）。

3 市町村計画の策定過程

　基本構想は，その自治体の将来像であり，自治体の主体性と自立性，あるいはアイデンティティを象徴するものであるから，そうした理念やアイデンティティづくりは市長室，知事公室，政策室，調査室など，名称は何であれ企画部門の機能である（田村 1989）。基本計画は，個々の具体的な計画を策定することであるから，構想実現に向けて土地をどのように利用するか，どのような施設をどこに建設するかといった計画となる。こうした策定は役所の企画部門が担当し，他の部門との調節に当たる。総合計画のその総合性を確保するためには，他の個別的な諸計画との整合性を図らねばならない。なぜなら，自治体行政においては，国の各省庁が所管する個別法によって義務づけられたさまざまな計画を別途もっていて（これはしばしば「縦割り行政」として言及されてきた），国の政令，省令，告示，指導や助言などによって策定され予算が組まれているので，そのような行政計画との離齬の解消を図る企画部門はしばしば難しい仕事に直面する。自治体の個別計画を担当する各部門は国の計画を優先するため総合性への配慮に欠けるからである（大森 2002：12-13）。さらにまた，計画実現には予算を必要とするから財政部門を外すわけにはいかない。基本計画を実現する個別事業計画を予算編成過程に反映させなければならないからである。

　計画に関する素案そのものを丸投げ，つまり外部委託する自治体はさすがに少ないといわれているが，計画策定の基礎となる人口動態の推計や資料の収集と分析などを民間コンサルタントやシンクタンクに調査委託することは珍しくない。できあがった計画案に手を加え，これを基本構想策定委員会に諮り，形だけの審議を経て成案とするので全体としての構成が他の自治体のそれと，個々の用語を入れ替えただけで，よく似ているという場合が出てきたりする。基本構想は議会の議決を経なければならないことと規定されているので，予算執行に関する経過報告に合わせて，年度ごとに事業の進捗状況が報告される。さらに基本構想は住民の総意を反映したものであり，その実

効性を確保するためにも負託を受けた住民に対しても公表する必要がある。

　それでは，どのように住民意思が計画策定に反映されるのであろうか。多くの場合，それは審議会の設置をつうじて，あるいはアンケート調査の実施によって住民参加にかえているようである。審議会は専門家など特定の住民であるので，幅広い住民意思を反映させるべく懇談会，公聴会といった形式にする自治体もあるという。また計画が広範な影響を及ぼすものである場合にはなおさら住民集会を設定する必要も出てくるだろう。1991 年自治省調査によれば，基本構想および基本計画の策定ないし改定に関して，8 割以上の市町村が審議会の設置を行ない，ほぼ七割がアンケート調査を実施している。住民集会などの開催は 2 割強，公聴会などの開催は 2 割弱といったものであったが (野崎 1990:76)，審議会とアンケート調査をつうじて何らかの「参加」を得たとするのである。計画策定に必要な地域情報の収集をアンケート調査で事足りるとするのは自治体の「怠慢」であると大森弥はいう。こうした調査の経費は相当多額であり，そもそも行政職員が日常的に地域住民との接触を図り，対話を重ねておけばアンケート調査などは不必要なのである (大森 2002：17)。

　さて，このような住民参加による地域社会の計画策定のやり方の評価に関して 2 つの見方が可能だろう。ひとつは概して住民は無関心で，行政のアリバイづくりにすぎないとするもの，もうひとつはこの計画をつうじて行政が勝手な振る舞いをすることができなくなったとするものである。前者の根拠は，都道府県レベルの地域計画が国の総合計画と連動し，常に地域利害をめぐって政治的争点化するのに対し，市町村の地域計画には政治的アクターが必ずしも介入せず，大きな影響力を持つ形跡がないし，一般住民の関心も高くないということである。また後者に関しては，この総合計画の策定過程は，住民に対する一種の政治教育の側面もあり，これをつうじて行政に対する監視態度が形成されるだろうということが考えられる。かつまた，こうした計画の存在が行政を推進する首長の采配を抑制的にするであろうこともあげることができる。

4 「総合計画」の構成

　市町村の基本構想において用いられる用語は，それが地域社会の振興発展と長期的な経営を展望するとともに，当該市町村のアイデンティティを象徴するのであるから，独自な個性を窺わせるようなターミノロジーであると考えられる。しかし概して「抽象的な地域像と政策理念を美文調の文章で綴る」（大森 2002:2）といった按配なのである。ほとんどの市町村はその構想の中で，キャッチフレーズを掲げるが，その用語たるや個性を表すというよりは横並びそのものだ。件の 1990 年自治省調査によれば，使用頻度の高い用語の順に，「ゆたか」（41.6％），「自然・緑・水」（40.1％），「活力」（31.2％），「住みよい・暮らしよい・快適」（29.0％）であった。その他，「うるおい」「健やか・健康」「ふれあい・連帯」「人間・ひと・心」などの言葉が続く（野崎 1990：77-78）。

　2001 年に全国 3,200 以上の地方自治体に対して，筆者の研究グループは総合計画に関する諸資料の提供を送付するよう問い合わせてみた。2000 に達する自治体からの回答があったが，人口規模の大小を問わずほとんどが上質紙を用い，カラー写真をふんだんに使用した美装の計画書であって相当な経費を要したことがただちに見て取れるほどのものであった。日本の地方自治体はその 8 割以上が人口規模 5 万人未満の市町村であり，自治体の人口規模によってその総合計画書もおのずから異なっていることが予想されたが，規模に関わらず，基本計画に関する計画部門の骨格は概して似ている（図 5-1）。

　まず，人口規模 5 万人以下の自治体の総合計画書を開いてみよう。目次がほほどの自治体においても同様な構成になっていることに気づく。「総合計画の策定に当たって」から始まり，「基本構想」，「基本計画」という三部構成であるが，基本構想では，「まちづくりの基本目標」において，自治体のまちとしての将来像がこもごも語られ，続いて「施策の大綱」が 6 本程度の柱からなる。基本計画では，その柱が具体的に「まちづくり」として 6 章構成で説明される。資料が届いた市町村を人口規模別に分類し，恣意的ではあるがそのいくつかの計画書の表紙に現れた標語を示すと，「やさしさで育む

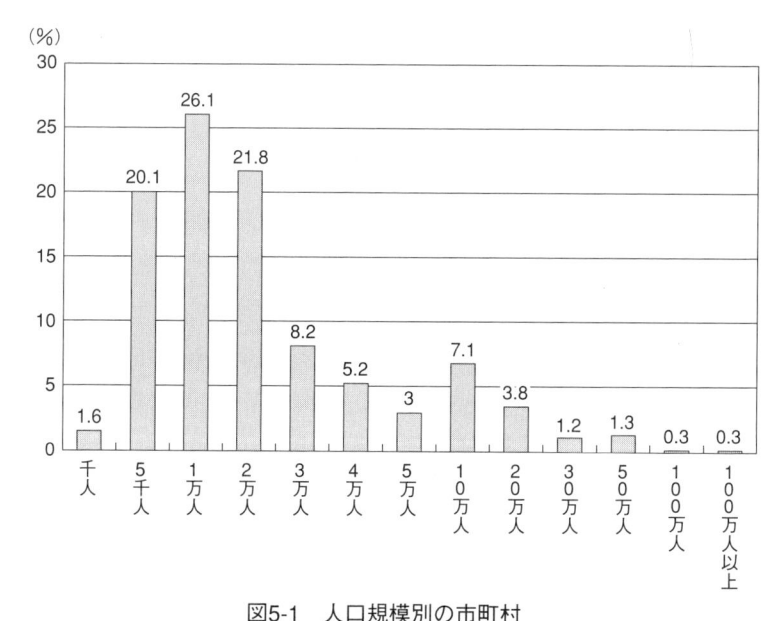

```
(%)
30

         26.1
25
    20.1     21.8
20

15

10       8.2
             7.1
 5   5.2
    1.6    3  3.8
              1.2 1.3 0.3 0.3
 0
   千 5 1 2 3 4 5 1 2 3 5 1 1
   人 千 万 万 万 万 万 0 0 0 0 0 0
     人 人 人 人 人 人 万 万 万 万 万 万
                人 人 人 人 人 人
                          以
                          上
```

図5-1　人口規模別の市町村

（注）2002年4月1日現在の市町村数を，2001年3月31日の住民基本台帳によって集計。総務省のホームページから作成。横軸の単位は，「100万以上」を除いて，すべて「未満」を省略している。

まちづくり」「やさしさが実感できる故郷をめざして」「やさしさあふれる，やすらぎの故郷をめざして」「人が輝き　まちがときめく　ふれあう交流都市」といったどこの市町村でも通用するフレーズもあれば，その地域の特徴を示そうとする苦心の用語もある。たとえば，「はまなす薫る十万都市」（北海道），「森林と大地と人が輝くまち」（北海道），「森と匠のむら建設をめざして」（北海道），「月夜間とロマンの里」（長崎県），「海が光る緑が燃える」（長崎県），「水と緑ゆたかな複合機能都市」（北海道），「水と緑の人間都市」（福岡県）などである。

「施策の大綱」としての柱は，たとえばこんなふうだ。「1. 元気で働き活力みなぎるまちづくり」「2. 健康で安心して暮らせるまちづくり」「3. 安全で快適なまちづくり」「4. 生き生きと学び創造性豊かなまちづくり」「5. 豊かな自然と共生するまちづくり」「6. 町民とともに歩むまちづくり」。そして，これらの柱は市町村が自治体として取り組まねばならない分野を網羅してお

り，それぞれ基本計画で実現しようとするプロジェクトを標語風に述べたものである。それでは基本計画としてはどのような具体的な施策があげられているのだろうか。

①地域社会の基盤整備に関するもの

　　土地利用，道路・交通・通信体系，交通安全，防犯・防災・消防，治山治水などの対策であり，「安全」を確保することで「活力を生み出す」まちづくりである。

②生活環境の整備に関するもの

　　上下水道施設，住宅・宅地，公園・緑地，河川，廃棄物・衛生・環境などへの対策で，「人と自然にやさしい」もしくは「自然と共生する」まちづくりである。

③産業振興に関するもの

　　農業，林業，水産業，商工業，観光，雇用・労働環境への対策で，「元気で働き活力みなぎる」まちづくりをめざすとある。

④保健・医療・福祉に関するもの

　　保健事業，医療体制，地域福祉，高齢者福祉，障害者（児）福祉，社会保障の充実などに関する対策によって「思いやりとやすらぎ」のまちづくりを行なう。

⑤教育・文化・レクリエーションに関する対策

　　生涯学習，幼児教育，学校教育，スポーツ推進・振興，歴史・文化・芸術活動などの施策であるが，自治体によっては，この部門に国際交流が課題となることがある。

⑥「コミュニティ」もしくは「アイデンティティ」の形成についての対策

　　住民参加，男女共同参画，広報・公聴，住民の交流活動などをつうじて地域連帯感を涵養する「みんなでつくるふるさと」づくりである。

さて，各自治行政が以上のようなほぼ共通した基本目標を設定しているということは，自治体の基本的な機能がそうしたものであることを表していると考えることができる。社会学における AGIL という分析図式を用いて整理してみよう。地方自治行政が一個の自立した単位として存続するためには

AGILという集団の基本的機能が満たされねばならないということである。まず，AとGであるが，これは集団機能の道具的側面に関するもので，環境適応と目標達成の機能である。集団は環境へ適応していくために集団成員に便益と用具を配分することによって環境からさまざまなものを継続的に獲得する活動（A機能）を行なっている。農林水産業や商工業の振興などの地域の産業振興に関する諸策がこれに相当するであろう。あるいは地場産業の活性化対策，雇用の安定，地域金融対策，開発要綱の作成など民間企業との間の諸策も含まれよう。具体的には，農道・潅漑排水施設を整備することで生産性を高めること，工業用水の整備によって企業誘致を図ること，産業センター・商品展示センターなどの整備をつうじて，一村一品運動を行なったり，商品見本市を開催したり，商店街の活性化や経営の近代化に向けて助成金や税制の措置をとったりすることなどが考えられる。また基盤整備としての土地利用に関するものとしては，都市計画事業，土地の区画整理事業，圃場設備，工業用地の造成などがあるだろうし，これとの関連で鉄道や道路網の整備もある。防災関連の施設として避難場所の指定と整備，救急自動車の配備や稼動態勢づくりなども考えられる。

　集団としての自治体が目標とするものは住民生活の安寧である。その長期的で継続的な目標達成（G機能）のために，首長の補助機関における地位役割配分が行なわれるとともに，首長と地方議会と有権者との間での目標形成に向けての合意形成の活動，すなわちそれぞれの相互における目標価値の認知と了解への操作が必要である。それは住宅や公園の建設，下水道やごみ処理施設など生活環境の整備，保健・医療・福祉に関する諸施策といってよい。ここでは市民税や固定資産税など地方税の納税が住民にとって十分に見返りのあることを示すことが重要となるだろう。それゆえにこそ，保健や医療や福祉関連の施策が注目される。保健センター・特別養護老人ホーム・福祉センターなどの設置や整備とともに，がん定期健診体制づくりや健康診断の呼びかけなど健康維持に向けてのキャンペーン活動などが行なわれるだろう。

　集団に対して個人が積極的な帰属意識を持つとき，個人は集団に対して愛着を抱く。また，集団所属，集団のメンバーであること，それ自体が安らぎ

を与えることもある。集団は個人にそうした感情を持たせるための表出的な機能を備えていなければならない。それはIとLの機能で，集団の統合・連帯と個人の社会化である。

まず，成員の統合を図り，連帯のエネルギーを維持し回復する施策は近年の自治体のもっとも力を入れるところであるように見受けられる。祭りなどの伝統行事，市民交流集会，何らかのスポーツ・レクリエーションの催事などは，住民間のコミュニケーションの密度を高め，連帯や統合を維持し促進するだろう。したがって運動公園や体育館の建設と整備，青少年に対する社会教育などの政策が考えられる。

次いで，成員の要求を満足させ，動機付けることも集団に不可欠の機能である。これは個人に対して集団所属の意味付与と集団価値の内面化を図ることによってなされる。町や村のメンバーであるという認識と意識を深めるための「ふるさと」づくりの諸施策はこれにピッタリかもしれない。あるいは公民館，文化会館，図書館などのハコモノづくりもこの機能に貢献するだろう。その意味では，歴史的町並み保存運動やそれと関連した博物館や美術館も相当に役立つに違いない。地域によってはナショナル・トラスト運動もこれに加わるだろう。そうした施策はまた観光資源としての価値を持つので二重三重の機能を果たすことになる。

以上の記述は人口5万人未満の自治体が作成した総合計画のいくつかを整理したものであった。同じ市町村でも，人口規模の大きい自治体の場合はどのような総合計画を持っているのだろうか。総合計画書の送付を受けた政令市は9市であった。それに加えて大規模人口市を上位から5市を選択して14の市の総合計画書を検討した。基本的発想は小規模市町村と同様である。すなわち産業基盤整備，生活基盤整備，健康・福祉，まちづくりという政策が，人口規模を問わず自治体の課題なのである。そうした中でやや異なった施策を探すとすれば，自治体の個性を現すものとして歴史的かつ伝統的な背景を持つ催事であったり，近隣諸国と比較的近いということから国際化をとくに強調して，その違いを際立たせようとしたりする自治体である。

それでは，小規模自治体との相違はどこに見ることができるのか。人口規

模と財政規模とは比例すると考えられるから，基本的発想は同様であっても，大規模自治体の場合，各論に相当する基本計画がそれぞれ細分化され，政策課題が多いことが読み取れる。分野別の基本計画のそれぞれの標題は多様，多彩であって実に苦心の跡が窺えるものである。たとえば，「緑と水辺に恵まれた多自然都市を創る」「地球とともに生きる循環型都市を創る」「都市の機能と表情を豊かにする」，「豊かな人間性をはぐくみ，人が輝く社会の形成」「自律し優しさを共有する市民の都市」「やさしさと健やかさに満ちた市民のまちをめざして」「地球環境時代を先導する悠久の杜の都をめざして」などと尽きるところがない。

そうした大規模自治体の計画であっても，何をどこまで実現しようとするのか，これについて目標を提示する計画書が少ない。各論における具体策の課題の提示は多様ではあるが，小規模自治体の場合と同様に，何々の計画を「図ります」「整備します」「努めます」「進めます」という表現の多用が実に多い。そうした中で，各論の事業計画の記述において，何をどこまで実施するかその数値を明らかにした政令市もあったが，きわめて例外的であった。

5 市町村総合計画と「社会開発」と「文化行政」

このように「総合計画」は，「総合」とあるように集団の存続要件を網羅する計画であるが，その中でも注目すべき計画はⅠ（連帯），L（価値維持と社会化）における諸施策である。「開発」概念の本来の含意が「潜在的な人間能力の開発」であるように，開発計画とは産業や生活の基盤整備に限られるのではないという意味では，総合計画は本来の意味での「開発計画」に立ち返ったともいうことができる。換言すれば，物質的開発とともに，あるいはそれ以上に非物質的開発への転換を，この総合計画の策定はもたらしたのではないかということである。

「社会開発」の概念は，実は今日に始まるものではない。すでに，1960年代の高度経済成長をめざしたさまざまな総合開発計画の策定過程の中で，経済開発とともに社会開発の重要性は叫ばれていた。地域開発（Community

Development) という言葉も，地域のインフラ・ストラクチャ整備の語感があるが，社会福祉の領域でコミュニティ・オーガニゼイションやグループ・ワーク，あるいは社会教育の概念が用いられてきたように，これも社会開発に属する概念であろう。地方分権の標語の下に自治体職員はいうにおよばず，地域住民の「自己決定」と「自己責任」の意識を涵養することが求められているが，「自助」の自覚と助長も地域開発の問題である。今日，地方自治体の行政サービスの提供に NPO との連携がますます重要になってきたが，これもまた「社会開発」の観点から説明できる現象である。すなわち，眠れる人的資源の開発と組織的資源の創造・開発をつうじて集団連帯と価値維持を図る，これが自治体総合開発の隠された側面であるということができる。その意味で，今日の「文化行政」ないし行政の「文化化」という論点は 60 年代の社会開発の現代版ないし社会開発の再発見であると読み替えてよい。もちろん，その用語の第一義的意味は施策の「文化水準の上昇」(松下 1995：168) である。下世話な例をあげれば，公共施設の塀はブロック塀や金網塀でよいという行政職員の発想，その塀建築の結果としての陰鬱な地域景観に対する行政職員の無頓着，この反省として生垣や公園用フェンスに取り替えることにようやく気づくといったものである。

　要するに地域アメニティに対する鋭意な感覚に基づく政策づくりが，総合計画の策定に際して重要になったのである。行政政策におけるシビル・ミニマムの「量的充足」から「質的整備」への発展をめざすというこのような認識段階に達したのが 1980 年代であった（松下 1995：267）。文化行政の課題のひとつは，それぞれの自治体がその地域の風土や歴史の個性を生かすような地域づくりを自覚化した「自治体基本条例」や「自治体計画」を定め，市民文化の個性化，多様化をめざすことだという（松下 1995：68）。先に述べた収集された市町村総合計画を相互比較すると，やや画一的な部分を見ないわけではないが，個性を競い合うさまざまなフレーズの中にそうした認識の存在を多少とも見ることもできる。1969 年の市町村総合計画の策定義務は，自治体政策の地域独自性・総合性・先導性（松下 1995：56）の認識を生み出し，国に対する政策自立，すなわち自前の政策立案の意識を多少とも促したとい

うことができる。

6 　国土総合開発計画と地方自治体

　地方自治体における総合計画は，その計画内容によっては地域に留まらず，より上位の計画と連動することがある。とりわけ国土開発計画と地域開発計画との事務区分をすることは実質的に難しい。たとえば，公共事業の場合，市町村道，都市公園，下水道などは基礎的な自治体である市町村が担当する事務であるが，その充実いかんは国の目標とするナショナル・ミニマムの問題とも連関するので，国も無関心でいるわけにはいかない。また，国土縦貫道のような国道や国際空港などは国が担当すべき事務であっても，それが地域社会に及ぼす影響を鑑みると，地方自治体の重要な関心事となろう。その他，国土保全としての治山治水や地盤沈下対策なども両者の関わるべき問題である。同様に，都市計画における土地利用に関する計画は市町村の自主性に任されるべきとも考えられるが，これを全体として国の事務かつ国の責務とし，国の関与も認められている（塩野 1976：245）。このように，国の開発計画の地方自体に与える影響はきわめて大きいので，地方自治の立場から計画策定における相互関係を明らかにすることが必要である。

　1950年に制定された国土総合開発計画法には，4種の総合計画の策定を定めている。全国総合開発計画，都府県総合開発計画，地方総合開発計画，および特定地域総合開発計画，すなわち国，広域圏，都府県，市町村の4レベルの総合計画である。この場合，上位計画に対して下位計画者がどのように関与しうるのかという観点が重要である。全国総合開発計画の策定権者は内閣総理大臣であるが，この策定過程において地方自治体の意見が反映するようには始めから想定されていない。たとえば，第五次の全国総合開発計画の国土審議会（1998年）は，国会議員15名と学識経験者30名からなるが，そのうち地方自治関係者は知事，市長，町長それぞれ1名にすぎない。また，都府県が策定する都府県総合開発計画は内閣総理大臣に対する報告義務はあるが，都府県内の市町村が関与する制度的措置は講じられていない。

このような開発計画とは異なって，過疎や山村など自治体の特殊性を考慮して，内閣総理大臣が指定した特定地域の総合開発計画においては，当該都道府県の知事が大きな役割を果たすようになっている。山村振興法に基づく開発計画では，知事を策定権者とし，内閣総理大臣が計画承認した上で，市町村の意見が聴取される。過疎地域対策緊急措置法においては，知事が過疎地域振興に関する方針を作成し，知事と協議しながら市町村が振興計画を策定することとなっている。また，国の施策として特定地域の開発計画である奄美群島振興開発特別措置法や小笠原諸島復興特別措置法においては，知事が作成した原案を内閣総理大臣が決定するものとしている（塩野 1976：253）。

　また，2つ以上の都府県が自然，経済，社会，文化などに関して相互に密接に関係する地域開発としての地方総合開発計画（東北開発促進計画などのブロック別の開発計画）では，関係都府県が開発区域の設定を協議し，議会の議決を経て，開発計画を作成し，内閣総理大臣に報告しなければならないとなっている。

　このように，国と都道府県と市町村との三者関係において計画策定に関して知事の役割に比重を置き，国の法規には概して上位計画が下位計画に優越すると定めている。とくに，都市計画法においては，一般に都市計画の上位計画に対する適合義務を定め，地域の都市計画は国の計画に適合すること，また都道府県知事が定めた都市計画が市町村の都市計画に優先するとして，計画相互間の衝突の回避や計画間の整合性を担保しようとしている。とはいえ，策定者たる知事も市町村の意見や意思を確かめずには策定できない場合もある。とりわけ近年のように，自治体の自己決定を尊重しようとする流れがあればいっそうそうだろう。2003年4月に施行された改正離島振興法によれば，国が作成した「基本方針」にしたがって，市町村が先ず計画原案を作成し，それを基に都道府県が振興計画を定めるとされた。市町村は意見を都道府県から求められるのではなく，都道府県が市町村にお伺いを立てなければならないと大きく変化してきたことに注目しよう。

参考文献————

大森　弥　2002「自治体計画の課題転換」松下圭一・西尾勝・新藤宗幸編『岩波講座自治体の構想』第3巻，岩波書店。
木村　仁　1969「企画と実施――基本構想と実現状の問題」『都市問題』60巻8号。
塩野　宏　1976「国土開発」「未来社会と法」現代法学全集第54巻。
武川正吾　1992『地域社会計画と住民生活』中央大学出版部。
田村　明　1989「自治体における企画調整機能のあり方」『自治体の政策形成』学陽書房。
新川達郎　1995「自治体計画の策定」『講座行政学』第4巻，有斐閣。
野崎喜義　1990「市町村の基本構想等の策定状況等について」『地方自治』510号。
人見　剛　2002「都道府県と市町村の関係」佐藤英善編著『新地方自治の思想』敬文堂。
松下圭一　1995『現代政治の基礎理論』東京大学出版会。
松本和雄　1969「都道府県計画と市町村計画との調整」『地方自治』260号。
宮田三郎　1984『行政計画法』ぎょうせい。

学習の課題

1　市町村の「総合計画」はどこでも誰にでも無料で配布されているので，自分が住む町や村の計画の特徴について考えてみよう。
2　自分が住む町や村の行政の「文化化」について考えてみよう。
3　自分が住む町や村の行政組織図を手に入れて，「総合計画」策定の担当者にインタビューしてみよう。

第6章 まちづくりとコミュニティの政策

1 コミュニティとは何か

 「コミュニティとは何かというとき,理想的概念,現実的概念,実践的概念の3種類がある」と菊地美代志はいう(菊地 2003:33)。菊地は,それぞれの概念を次のように理解している。
 理想的概念:「生活の場において,市民としての自主性と責任を自覚した個人および家庭を構成主体として,地域性と各種の共通目標を持った,開放的でしかも構成員相互に信頼性のある集団をわれわれはコミュニティと呼ぶことにしよう」という国民生活審議会コミュニティ問題小委員会の報告(1969年9月)に述べられた規定に見られるように,この概念は自由な個人が集まって自発的にコミュニティをつくるという,望ましい地域のイメージや期待される地域のあり方を指摘したものである。
 現実的概念:コミュニティを,地域性と共同性とを備えた社会と規定するもので,地域で生活する人々の間に何らかの共同の営みや絆が存在すると見なす。具体的には,町内会・自治会活動や学区協議会活動などが行なわれている地域をコミュニティと見なし,そこにおける地域のあり方を考えるもので,地域の実態を分析するだけでなく,現状から出発して望ましい地域をつくる方途を検討するという,日本の現実に立脚して理解しようとしたものである。
 実践的概念:地域住民,専門家,行政担当者から実践的意味で用いられて

いるものである。それは，ありのままの地域をさすだけでなく，活動目標と一体となって使われるもので，理想の地域と現実の地域との掛け橋となるような，実際に手の届く範囲にある「住みよい地域」「住みたくなる地域」をつくるという目標をめざして活動することを意味内容として含んでいるものである（菊地 2003：33-34）。

　もともと，コミュニティを社会科学の基礎概念としたのはマッキーバー（MacIver, R. M.）である。マッキーバーは，アソシエーションとの対置においてコミュニティを次のように定義している。①コミュニティは，社会全体の，つまり社会的存在の共同生活の焦点である（マッキーバー 1917=1975：47）。②コミュニティは，本来的にみずからの内部から発し（自己のつくる法則の規定する諸条件のもとに），活発かつ自発的で自由に相互に関係し合い，社会的統一体の複雑な網を自己のために織りなすところの人間存在の共同生活のことである（マッキーバー 1917-1975：56-57）。③コミュニティとは，共同生活の相互行為を十分に保障するような共同関心が，その成員によって認められているところの社会的統一体である（マッキーバー 1917=1975：135）。④コミュニティは，いかなる国家の確定した枠組をも超えて拡がり，その枠組の中でただ部分的に統制を受ける不確定な絶えず進化する体系である（マッキーバー 1917=1975：57-58）。⑤コミュニティは有機的統一体でなく，精神的統一体である。コミュニティは複数の連合の心であるため，それ自体一個の心であることはない（マッキーバー 1917=1975：101）。⑥「共同社会」（コミュニティ）は，村とか都会とか，国とかひとつの社会生活の全領域を意味するものとするのが正当だ。それはひとつの共同生活の行なわれる圏だ。人々は多少自由に種々多様な生活の様式でもって相互に交わり，共通の諸社会的特質を示すのである。時間の長さを問わず，社会関係に自由に入り込む人々は，必然的に社会的相似性を発達せしめ，共通の社会観念，共通の習慣，共通の伝統，および相互従属の観念を持つ。共同社会には大なるもの小なるものもある。民族のごとき大なる共同社会は，その中に，より緊密なより多くの共通性を持つところの地方とか集団などの無数の小なる共同社会を包括している（マッキーバー 1921=1928：13-14）。

このように，マッキーバーのコミュニティ概念は，「地域性」(人間の共同生活が営まれている一定の地域。たとえば，村，都会，国など)，「共同性」(共同目的，共同関心，共通の社会的特質：社会観念，習慣，伝統など)，「包括性」[*1]という特性を具備したものである。このマッキーバー的コミュニティ概念は，Sein としてのそれ，すなわち現実的概念である。1970年代にわが国に登場し，今日にいたっている「新しいコミュニティ形成」運動の目標とするものの中に，マッキーバー的コミュニティ概念の構成要素が多分に内包されている。古典的なコミュニティ概念が，あらためて政策次元の概念として再登場するにいたったのである（神谷 1997：3）。すなわち，「都市化の波の中で失われていく地域的連帯を復権し，近隣社会における人間的結合の再構築を目指す」[*2]実践的概念として，古典的なコミュニティ概念がよみがえったのである。

2　新しいコミュニティ形成の歴史的・社会的背景

では，なぜ新しいコミュニティ形成が，1960年代後半以降国家的な政策課題として位置づけられるようになったのか。その歴史的・社会的背景を概観しておこう。

端的にいえば，60年代の高度経済成長政策の推進によって，技術革新の進展を動因とした「産業化」および「都市化」といった形での急激な社会変動がその主因をなしている。この社会変動の過程は，主として次のような現象を結果した。

第1に，都市部においては，都市への激しい人口集中と「群化社会」[*3]あるいは「地域性を喪失した人々の雑居体」（松原 1981：44）を結果し，他方で，農村部においては人口流出に伴う過疎化現象と伝統的な地域共同体秩序の崩壊を結果した。とりわけ，都市規模の拡大，人々の生態学的な日常移動範囲の拡がりが，個々人の生活行動の分極化と対人関係の非人間化および人間疎外状況を深化させた（松原 1981：44）。

第2に，産業優先主義に立った成長政策が産業基盤整備を先行させ，生活関連社会資本投資を立ち遅らせたため，生活環境の破壊を放置し，住民の変

動社会での生活的適応を困難化してきた。中道實が指摘しているように，都市化社会の形成は，都市住民の生活を「共同性と地域性を軸とした生活から私生活を軸とした生活へ」移行させたが，それは同時に彼らの社会的必需を高め，「生活の社会化」（＝住民の日常消費生活が社会の依存する度合を強めざるをえない生活。それは，都市の「生活拠点化」の必然的産物である）を招来して，日常生活の場における社会的な関連を緊密化する「新たな共同性」の性格を付与せずにおかない過程でもあった（中道 1997：19-20）。

第3に，都市化過程は，問題処理システムを「共助システム」から「専門処理システム」へ移行させた。すなわち，「お互いに素人が知恵とか時間，労力，技術，物，金，そのようなあらゆる社会的な資源を出し合って処理するシステム」から，行政サービス，商業サービスを含めて専門家や専門機関が専門的に処理するようなシステムへと移行したのである。このような専門処理システムは，効率性や社会の人的資源の活用の点において，また，一定の方向で解決されるべき問題であるという社会的合意が定着している問題については適切な処理をすることができるという点でメリットがあるが，反面で，福祉のように心の通い合いを必要とする領域においては「心が届かない」という問題点や新しく発生する問題の処理能力に乏しい（＝即応困難）という問題点を内包している。ここから，高度な都市化社会においてあらためて専門処理システムに全面的に依存してよいかどうかという問題が生じてきたのである（倉沢 1981：156-160）。

このように 1960 年代以降の産業化，都市化は，生活環境条件を悪化させ，共同社会生活条件を阻害し，さらにその阻害を深化させた。それは同時に，都市住民をして居住地域を精神的な，かつみずからの生活を維持し防衛する拠点として認識させ，自覚させもした。都市に「生産（労働）の場」とともに生活拠点＝「生活の場」としての機能を期待し，それを志向する都市住民は，生起する諸問題を解決するための新しい形の地域結合を提起したり，問題解決ルートの開発をとおして自治体改革を視野に入れたコミュニティ意識の形成を促していった。この新しい住民意識は，社会の構造的変化を背景とする人間疎外状況と生活破壊に対処する新しい「生活価値」を創出すること

に関わるものであって，ここに，都市という社会変動の過程で「地域性」と「共同性」が新しい意味を付与され，「新しいコミュニティ形成」が志向されてくることになる。[*4]

3 地域コミュニティ論における住民自治論

1970年代以降施行されたコミュニティ政策には次のようなものがある。①コミュニティの指針の策定（コミュニティ問題小委員会の報告「コミュニティ——生活の場における人間性の復活」1969年，自治省の「コミュニティ〔近隣社会〕に関する対策要綱」1971年など），②モデル地区の指定（「モデルコミュニティ地区」1971年，「コミュニティ推進地区」1983年，「コミュニティ活動活性化地区」1990年，「まちづくり・文化イベント等地区」1992年など），③コミュニティ施設の建設（コミュニティセンター，公園，生活道路など），④各種コミュニティ施策（コミュニティ白書づくり，地区づくり計画の策定，地域活動の公私分担制，地域担当制，地域予算制，地縁団体の法人認可など）。これらは，国や自治体主導の地域の生活環境改善と連帯の強化を目的とした「地域振興型」コミュニティ政策である。[*5]このような官製型のコミュニティ政策に対して住民主体のコミュニティ論をいくつか紹介しておこう。

(1) 中田実の地域共同管理論

コミュニティを自覚的な「管理主体」ととらえ，そして，「共同社会的消費手段」の整備とその住民的管理の体制づくり，および，町内会・部落会の規模では対応しきれなくなった末端地域管理主体のより広域的な再編に「コミュニティづくり」の意義を見出す中田実は，コミュニティ政策を，「住民による地方自治を支え発展させるために，住民および住民組織の中に自治の力（地域共同管理能力）を育て蓄積していくことを目指すひとつの政策である」（中田 1993：168）と規定し，行政サイドの「地域振興型」コミュニティ観に対して，住民サイドの「地域共同管理型」コミュニティ観を提示している。

中田は，「地域共同管理」という概念の基本的な特徴を，次のように指摘

表6-1　地域共同管理の領域と主体

領　　域	公共(public)	共同(communal)	団体(corporative)	個人(individual)
環境保全	地域環境計画	町並み保全	公害防止協定	環境に優しい暮らし
土地利用	土地利用計画	地区計画	建築協定	塀の生け垣化
生産基盤管理	生産基盤整備	共有竹，共同漁場	商店街振興	住民へのサービス
生活基盤管理	交通規制	コミュニティ施設	共同駐車場	浄化槽整備
生活協同	ごみ処理，水道	自主防災・防犯	生協・PTA	近隣親睦
地域福祉	ホームヘルパー	学童保育	子供会・老人会	在宅看護
地域文化	公民館事業	伝統行事継承	サークル活動	生涯学習活動

（出所）中田 1998：28。

する。「地域社会における住民としての暮らし（それを含む多様な行動）は，一方で既存の地域秩序を維持，再統合する意味を持つとともに，同時にその同じ行動が住民の共同と自治の実践という面も持つことが認められる。『上からの地域統合』と『下からの住民自治・参加』との葛藤や対立は，ふつうは別々の行動があるのではなく，同じ地域，同じ住民のひとつの生活が同時に2つの意味をもって展開されているのである。こうした相反する2側面を持つ現象を，事象としてはひとつのものとして統一的に把握するための概念が『地域共同管理』である。『管理』という言葉は『自治』と対比されて権力的な行為（control）として理解されることもあるが，管理ということは本来はそれだけではなく，社会的な共同事務の処理（management）という意味ももっている」（中田 1998：17）。

「地域共同管理」という概念を，このような意味内容を持つものとして理解する中田は，地域共同管理の具体的な領域とそれに関わる主体とを関連させて，表6-1のような具体的事例を示し，「地域共同管理は，住民と住民組織，住民組織と自治体（行政）という，地域社会をめぐる諸主体の確立と相互協力（パートナーシップ）によって，初めて成り立つものである」（中田 1998：28）と結論づけている。

このように，住民サイドの観点に立つコミュニティ論である地域共同管理論は，地域社会を，人間の能動的行為を個別化した現代の生活営為を計画的な共同行為へと転換するための「独自の意味を持つ領域」[*6]として実体的にとらえると同時に，地域を代表する組織（単位自治組織），一部の住民グループや事業体，住民個人，さらには自治体行政をも地域の管理主体と位置づける

ところに最大の特徴がある。[*7]

　しかし，山崎仁朗は，地域共同管理についての中田の議論は，住民レベルから地方自治体レベルにいたるまで重層的にとらえられていて，住民が「私」で地方自治体が「公」であるといった，公私の区別がアプリオリに存在するのではなく，個々の地域共同管理の内容や性格との関わりで，それが公共性としての性格を持つかどうかが規定されることになる（山崎 1998：72-73），と指摘して，次のように批判している。

　　「こうした中田の議論では，他方で，地域の共同性のレベルとは相対的に区別される公共性とは何かが，逆に不明瞭になっている。……，地域を共同で管理していく上で，住民の私的利害の背景にある共同性について住民全体で確認し，合意を作り上げていくのはいかにして可能か，そして，地方自治体レベルの制度的な意思決定のなかでこの合意にどう効力をもたせるのかが明らかでない。共同性の論理は，必ずしもこれについての合意を保証するものではなく，また，この合意にもとづく住民の意思決定を制度的に保証する，言い換えれば，一定の拘束力をもった決定として認知するためには，相対的に独自なレベルを設定する必要がある。なぜなら，一方で住民の多様な私的利害・意思に対してある程度の普遍性をもった合意を作り上げ，他方で，これを住民の意思決定として地方行政に反映させるためには，住民と地方自治体の双方からの代表性の認知が要求されるからである。したがって，少なくとも，住民の内的関係から公共性をどう構築するのかという問いを前提にした場合，共同性レベルの組織論とは別に，上述の意味での代表制を担保する組織や制度についての議論が必要である」（山崎 1998：73）。

(2) 奥田道大のコミュニティ形成論

　奥田道大は，地域社会をコミュニティというタームにおきかえた場合，都市社会学の研究領域では，少なくとも次の2つの含意が理論的前提をなしているという。

　そのひとつは，コミュニティは，都市化現象の全体社会的規模の拡大と深

化の過程にあって，積極的・肯定的意味合いを持つ概念であること。その2つは，コミュニティは，特定の地理的範域とか生活環境施設の体系というフィジカルな領域にとどまらず，地域住民の価値にふれあう意識や行動の体系を意味するものである。すなわち，住民の意識や行動の準拠枠組となる，価値の次元に関わりを持つ基礎的な概念である。

　そして，コミュニティを理論的・実践的に取り上げる際の主要なポイントとして，「主体化」と「普遍化」の2つの与件を提示する。前者は，コミュニティは，体制との構造的緊張関係の実践過程にあって，住民自身に内在化され，相互に共有される価値として認識されるものであって，その意味で，住民の主体化が主要な与件となる。いわば，住民自身に主体化された価値の創出が，コミュニティの主体化につながることになる，というものである。後者は，コミュニティに関わりあう住民の価値が普遍主義的価値 (universalistic value) に支えられることを意味する。そして，特定のコミュニティが他のコミュニティと交流し，連帯しうる価値を共有するという意味合いを持つ，コミュニティの価値が普遍的な広がりを持ちうるところにコミュニティの現代的意義があるとする。これが奥田の「コミュニティ」モデルである（奥田 1971：135-139）。

　このようなコミュニティモデルを前提にして，奥田は，「コミュニティ形成は，都市，都市行政体と住民とを媒介する，中間集団・組織体として位置づけられる」と述べている。このような位置づけには，そもそもコミュニティの形成には，公と私，提供者と利用者といった分解を，あるレベルで統合化の方向へ転化させる可能性が期待され，そして，共有的・基盤的なものを含むことによって，都市の内部により確からしい安定した組織体が期待できるとの思いがある（奥田 1980：374）。

　ところで，奥田のいう「公と私の分解を架橋するメディア」としての「中間集団・組織体」（あるいは「中間領域」）とは「コミュニティ施設」のことであり，「公と私に加えて共とも名づけられる」ものと規定している（奥田 1980：388）。具体的には，日常生活圏施設としての〈カントリー・パーク〉を傘下とする〈市民センター〉である。それは，ある意味で行政と地域（住

民）を媒介する「中間」施設としての位置にある。[*8]

このように，中間領域を「共同性の契機」（奥田 1982：297）と位置づける奥田の見解に対して，山崎仁朗は，「これは，『公』＝行政と『私』＝地域（運動）とを媒介する『共』＝コミュニティという図式であり，共同性を前提としたオルタナティヴな公共性の構築という論理はない」とか，「奥田は，この種の『施設・装置』を，『地域の私的領域を超えるという意味で』，また，『住民の私的領域と行政の公的領域との境界にあたる』という意味で，『中間』施設と名づけている。こうして，コミュニティとネットワークとの接点という問題関心から，中間領域に関する議論は，組織論や制度論としては展開されず，施設に関する議論に限定されている」と批判する（山崎 1998：74-75）。

(3) 山崎仁朗の住民自治組織論

では，山崎は今日の分権化時代において，公共性を構築する担い手として，何を位置づけているのであろうか。「分権化という概念には，地方自治体レベルにとどまらず，個々の市民あるいは住民が，そもそも何が公共性に価するのかということそれ自体をみずから決定するという意味合いが含まれている」と述べて，「市民（住民）レベルの自己決定を保証する組織，制度の構築」，すなわち「公共性が重層性をもつことを承認すること」が分権化の議論の中心にすえられなければならないと主張する。

こうした観点から，山崎は「住民自治組織」を「住民の内的関係から公共性を構築する際の担い手」と位置づけ，その具体例としてドイツ諸州の都市末端代議機構（Stadtteilvertretungen）をあげている。これは，市内の各市区（Stadtbezirk）ごとにある組織で，①構造的には，市区内で活動するさまざまなボランタリー団体と市行政とを媒介する位置にあり，②機能的には，個々のボランタリー団体が取り上げる争点（そのかぎりでは私的な性格にとどまる）を市行政へ反映させる際に，これらを審議し，地域性を考慮した上で個々の争点を序列化する（この場合，地域を代表する性格を持った意思決定となるため，公共性としての性格を持つことになる）。そして，この意思決定が，法制度の中で認められた諸権限を根拠に，市行政に対して一定程度の効力を持つこと

になる。したがって，この〈媒介審級 Vermittlungsinstanz〉のレベルこそが，オルタナティヴな公共性を制度的に担保するレベルなのだ，ということなのである（山崎 1998：76-77）。

　山崎自身は，この媒介審級に該当する日本の組織体・制度については言及していないが，加茂利男は，東京都中野区の住区協議会を「分権＝自治型の住民参加制度」のひとつの具体例としてあげている（加茂 1988）。

4　コミュニティ活動としてのまちづくり

　すでに見たように，実践的概念としてのコミュニティは，地域住民にとって実際に手の届く範囲にある「住みよい地域」「住みたくなる地域」をつくるという目標を目指して活動することを意味内容として含んでいる。ここにいう「地域」が，都市の中の一住区や学校区といった，住民にとって身近で，実感として把握できる範域であると理解するならば，それは「まち」という概念とほぼ同義であるといってよいであろう。

　田村明は，「まちづくり」とは，一定の地域に住む人々が，自分たちの生活を支え，便利に，より人間らしく生活していくための「共同の場」をいかにつくるかということであり，その「共同の場」こそが「まち」なのだという。[*9] この「まちづくり」という言葉の中には，「自分たちの住み生活している場を再認識し，地域に合った住みやすい生き生きした魅力あるものにしてゆきたいという意図がこめられている」（田村 1987：23）ともいう。

　また，田村は，「平仮名の『まちづくり』は，従来の価値観を変える挑戦をしようというものである」と述べて，そこには次のような意味が含まれているという。①官主導から市民主導へ，②ハードだけでなくソフトを含めた総合的な「まち」へ，③個性的で主体性ある「まち」へ，④すべての人々が安心して生活できる人間尊重の「住むに値する」まちへ，⑤マチ社会とその仕組みづくり，⑥「まちづくり」を担うヒトづくり，⑦環境的に良質なストックとなる積み上げ，⑧小さな身近な次元の「まち」に目を向ける，⑨広域的に考え，世界の「まち」と繋がる，⑩理念や建前だけでなく実践的なものへ。

つまり,「まちづくり」は都市や地域をよりよくしていこうとする行動を,包括的に含んだ言葉であるというのが田村の理解なのである(田村 1999：33-37)。

では,「つくる」という言葉は,どういう意味を持っているのであろうか。①「つくる」とは,新しくつくるだけでなく,風土と歴史の上に立ってこれを修復したり,守ることも含まれる。②「つくる」には「見えるまちづくり」と「見えないまちづくり」の両面があり,それらが不即不離で働くのが,「まちづくり」である。③「つくる」には,逆に「つくらないこと」「つくらせないこと」も含む(田村 1999：87)。田村はこのように指摘する。そして,まちをつくっていく対象要素として,モノづくり,シゴトづくり,クラシづくり,シクミづくり,ルールづくり,ヒトづくり,コトおこしを,また,まちをつくっていく効果やねらいとして,機能づくり,個性づくり,魅力づくり,活力づくり,意識づくり,イメージづくりをあげている(田村 1999：54)。

以上が,「まちづくり」に関する田村の見解である。要するに,「まちづくり」という言葉は,本来,行政主体の「都市計画」に対抗して始まった,市民・住民主体で都市問題の解決策を模索していこうという活動に冠せられたスローガンで,包括的な都市政策に関わる取り組みを指している(北川 2003：201),と基本的にはいえるであろう。しかし,実際の「まちづくり」においては,自治体(行政)と住民との協働は当然であり,自治体主導よりも住民主導の協力がイメージされる。とはいうものの,決定主体は依然として自治体(行政)である。この場合,住民は住区協議会,まちづくり協議会[*10],まちづくりセンター[*11]などの「中間集団・組織体」に依拠して,住民自身が討論し,個別的で総花的な要望の妥当性や優先順位を議論し,提案するという形で住民活動を行なう。それを,自治体が施策の内容や水準およびその費用負担に関する住民の意向などによって設置した地域最適水準(local optimum)を勘案しながら,権限委譲をも含めて,住民活動への支援を行なうという形での協働が求められる(江藤 2000：220-230)。この場合の協働とは,単なる主体間の協力関係あるいは協力作業を意味するパートナーシップ

(partnership)※12 ではなく，生産や結果をも含み込んだ「生産的効果」を視野に入れた概念としてのコプロダクション（coproduction※13）のことである。

　地方分権改革の進展とともに，「決定主体＝自治体」像からの脱却，「公共サービス供給主体＝自治体」像からの脱却といった2つの方向から，政策形成過程と政策施行過程での協働を位置づけた自治体改革が求められている（江藤 2000：227）。これに対して，江藤は3つの方向から自治体改革が打ち出されていると指摘しているが，そのうちの第3の改革の方向が，「共同性を前提としたオルタナティヴな公共性の構築という論理」に基づくものであると考えられる。第3の改革である「新しい管理主義モデル」は，自治体の内部改革を重視する。ここでは，主体が住民の側に大きくシフトするという形での権力バランスの転換はないが，住民は新顧客として想定され，行政は住民を無視しては政策形成や政策執行はできないことが前提になっている※14。

　ここにいう，「新しい管理主義モデル」の具体的なもののひとつが，「都市内分権化」である。都市内分権化は，都市自治体をいくつかの地域に区分し，一方では，それぞれにある程度の権限・財源を有する「ミニ市役所」的なものを設置し，それぞれの地域適合的な施策を行なうことを可能とする試みであり，他方では，それぞれの地域の自主的な住民組織の意向を自治体の意思決定に取り入れ，地域ニーズに即した施策を推進しようとする試みである（江藤 2000：224）。

　具体的な事例を，東京都中野区の地域センター・住区協議会および世田谷区の総合支所に見ておこう。中野区は地域を15に区分し，それぞれの地域に事務局的な機能も有している下位行政機関である地域センターを設置（1975年から）するとともに，住民の意思を集約する場として位置づけられている住区協議会（任意団体）を設置している。住区協議会のあり方は地域によって異なるが，町内会・自治会などの役員とともに，公募によって選出された人々で構成されているのが一般である。機能的な面においては，住区協議会は基本計画や実施計画策定にあたって，地域の要望を区に提出したり，公共施設の建設といった持続しているテーマ，および施設の跡地利用といった争点化されているテーマについて，その要望が区に出されている。つまり，

住区協議会は，地域の個別的な要望を区に提出する場として機能している。と同時に，都市計画マスタープラン作成にあたっては，白紙から討論し，地域全体の計画をつくる役割を担い（その意味で住区協議会は審議機関として機能している），自治体は，縦割り行政を地域という場で総合化する際のコーディネーターの役割を担う総合的な窓口機関として地域センターを設置し，物的・人的・情報的資源の提供などによって住民参加を支援している（江藤 2000：245-246）。

　また，世田谷区は，一方で，地域を5つに区分し，それぞれに権限・財源を委譲したミニ区役所としての総合支所を設置し，そこに住民参加の制度を張りつけ，さらに出張所をまちづくりの拠点として，住民参加を制度化するという，地域行政制度を実施した。他方で，行政から財政的・人的援助を受けてはいるものの，行政から離れた組織が，さまざまな住民の活動を支援するという，いわば仲介組織の確立という形での住民参加の制度である。まちづくりセンターや公益信託世田谷まちづくりファンドがそれである。中野区の場合も世田谷区の場合も，ともに地域適合的施策の充実や住民参加の充実といった2つの視点から試みられている都市内分権化のひとつの事例として位置づけられる（江藤 2000：224, 253-254）。

5　今後の課題と展望

　江藤の指摘にもあるように，時間軸を設定して協働を考えた場合，地方分権時代の次は，住民が決定主体となってガバナンスの主役に位置づけられる，シティズン・ガバナンス時代が想定される。権限は住民の側に大きくシフトし，住民は市民委員会や市民会議などの参加制度によって実質的に政策形成に参加する。これに対して自治体行政は，それを支援する援助者の役割を担うことになる。このような形での協働を確立するためには，自治体が持つ3つの原則，すなわち，代表制民主主義，階統制，専門性の長所（長期的展望，効率性・公平性，真の知識・関与）を生かし，短所（住民参加の制限，セクショナリズム，理論的硬直性と権威への依存）を是正するシステムを構築しなけれ

ばならない。これらの課題に対して，恒常的で身近な住民参加制度の設置，住民参加組織の事務局機能を有する総合的窓口機関の設置，住民の側に立った専門家の育成と自由な活用の制度化といった改革が必要である（江藤 2000：230-231，250）。

中野区や世田谷区の事例は，その先駆的なものであるが，それがより住民サイドで機能する組織として全国的な規模で展開されるには，まだ多くの時間を要するであろう。

注————
* 1　このことに関して，マッキーバーは次のように述べている。「コミュニティは社会的存在の共同目的と相互依存の目的とに依拠している」（1917=1975：101）。「多数の心には共同の目的があり，しかもこれらの目的は共同の制度を作る場合に，協働活動として自己を表すといわれる。……これらの共同目的はあらゆる社会の第一の基礎である」（1917=1975：106）。
* 2　神谷・瀧本 1997：55。なお「近隣社会」という用語は，1971年4月の自治省事務次官通達「コミュニティ（近隣社会）対策の推進について」の中で，「地域的な連帯感に支えられた人間らしい近隣生活を営む基盤」とか，「住民の社会生活の基礎的な単位」という意味合いで用いられている。
* 3　見田宗介は，この用語を「〈出郷者〉の群れの形成する都会」という意味内容を持つものとして用いている（1971：7）。
* 4　中道 1997：20-21。また，見田は，帰るべき〈家郷〉を失った家郷喪失者（ハイマート・ロス）が，その不安から可能性としてとりうる対応様式を3つ指摘している。a．絶望の相互的な増幅による，アノミー状況の二次的な昂進。b．普遍としての新しい〈家郷〉の創造による体制のトータルな変革。c．普遍としてのアノミーのシニカルな肯定を背景とする，個別としての〈ささやかな家郷〉の創設（「生活の物質的な拠点としての〈家産〉の形成」，「生活の精神的な拠点としての愛情共同体の形成」）。これらのうちのbが「新しいコミュニティの形成」に対応すると考えられるが，見田は次のように述べている。「われわれにとって〈家郷〉はもはや否応なしに，人間がそこから出発しいつでもそこに還ることのできる所与の自然としてでなく，構築すべき未知の世界としてしか存在することがない。このような日本人の心情の全構造の『コペルニクス的』転回の過程として60年代はあった」（1971：15-16）。
* 5　菊池 2003：36。北川洋一は，「コミュニティ施策」を推進させた最大の契機として，次の2点を指摘している。①住民の個別化，要求の争点化傾向が，結果として行政の守備範囲の拡大，予算の肥大化を生んだため，住民を束ね利害調整を行なう組織を再構築することで，予算抑制を図ることが行政側に喫緊の課題としてあったこと。

②従来の町内会・自治会が組織的に弱体化し，地域代表としての正統性が希薄になることによって，従来これらが担ってきた行政末端機構としての機能を期待できなくなったこと（2003：198-199）。

*6　小木曽 1998：30。地域社会をこのような実体概念としてとらえる考え方に対して，倉沢進は，「伝統的にはコミュニティと呼ばれたものは……，一定の地域的な空間とそのコミュニティを形成する一定の人々という実体を含んだものです。しかしながら，都市化社会における新しいコミュニティというのは，どっからどこまでがその領域である，あるいはまただれがそのメンバーであるのかということが，かなり流動的な地域社会ということにならざるをえない」と述べて，「実体から活動へ」を，自主性，自発性，個性，開放性とともに「新しいコミュニティ」の内実としている（1981：163）。

*7　中田の次の言葉は，そのことを端的に示している。「地域社会とは，人々の生産と生活に関わる，さまざまな範域（領域）と程度における地域共同管理組織である。地域社会は多様な範域のものの重層によって成り立つが，それぞれの層において相対的にまとまった共同（自治）の単位をなして地域を管理し，そのことによって構成員の生活の再生産を保障するとともに自己の組織化をはかっている」（1993：38）。

*8　このことについて，奥田は次のように述べている。「都市自治体はコミュニティ計画を新しい定式とする現在において，一方ではコミュニティ施設，またコミュニティ施設のネットワークをつうじて住民との接点をさぐり，他方では住民──コミュニティ施設──コミュニティ計画の連鎖化において，『都市』の全体像を構想している」（1980：387）。

*9　田村 1987：52-53。田村はまた，「まち」を「市民が確認できる生活の場」とか，「身近な血のかよった心情的な単位である」ともいっている（1987：48-49）。

*10　まちづくり協議会とは，町内会・自治会などの既存の組織に加え，地域を代表する団体，企業，個人などによって構成され，住民みずからが住みよいまちづくりを推進することを目的とする組織である。この協議会は自治体の条例などで位置づけられているものと，任意のものとがあるが，ともに住民と行政の橋渡し的存在として，まちづくりの中心的な役割を担っている。まちづくり協議会方式は，神戸市真野地区，東京都世田谷区などから始まり，その後全国に広がった（齋藤 1998：211）。

*11　まちづくりセンターとは，多様な市民の自主的なまちづくり活動に対して，まちづくりに関する情報・技術提供，助言，コーディネート，協議や合意形成の場の提供といった技術的・人的支援を積極的に展開することを目的とするものであり，行政と市民の間の中間・中立的な立場で，まちづくりをバックアップしている組織である。まちづくりセンターには，設立主体によって行政セクターと市民セクターの2つがあり，前者には，「世田谷区まちづくりセンター」「こうべまちづくりセンター」などが，また，後者には，「奈良まちづくりセンター」「まちづく

り情報センターかながわ」などがある（齋藤 1998：213）。
* 12 これには次の要素が含まれている。①2つ以上のアクターの存在，②アクターそれぞれが主体性を持つ，③継続した共同関係の形成，④アクターそれぞれによる何らかの資源の提供，⑤責任の共有（Peters 1998：11-33）。
* 13 江藤 2000：216-218。コプロダクションとしての協働を日本にいち早く紹介した荒木昭次郎は，その要素として，①市民の積極的関与をつうじての生産が自治体政府だけの判断によるそれよりも生産性効果が高いこと，②その生産過程への住民の参加とエネルギー投入が可能となるような住民と行政の関係環境を創造していくこと，をあげている（1990：13）。
* 14 江藤 2000：223。ちなみに，第1の改革の方向は「市場の拡大モデル」である。ここでは住民は，行政に積極的に参加することによって政策を変更させるというよりは，経済理論合理的な「退出の権力」を有し，他者の選好にはほとんど関心を示さない個人主義的な消費者として想定されている。第2の方向は「民主主義の拡大モデル」である。ここでは住民は，政策形成に直接参加する契機を強調する（「発言権の拡大」）市民として想定されている。これら2つのモデルは，「外側からの圧力」によって，権力バランスの根本的改革をめざしている点で共通項を有している（2000：222-223）。

参考文献――――
荒木昭次郎　1990『参加と協働――新しい市民＝行政関係の創造』ぎょうせい。
江藤俊昭　2000「地域事業の決定・実施をめぐる協働のための条件整備――〈住民－住民〉関係の構築を目指して」人見剛他編著『協働型制度づくりと政策形成』（市民・住民と自治体のパートナーシップ，第2巻），ぎょうせい。
小木曽洋司　1998「地域共同管理論の位置と課題」中田実・板倉達文・黒田由彦編著『地域共同管理の現在』東信堂。
奥田道大　1971「コミュニティ形成の論理と住民意識」磯村英一・鵜飼信成・川野重任編『都市形成の論理と住民』東京大学出版会。
奥田道大　1980「地域自治の課題と展望」蓮見音彦・奥田道大編『地域社会論』有斐閣。
奥田道大　1982『都市コミュニティの理論』東京大学出版会。
神谷国弘　1997「都市的共同性の論理」神谷国弘・中道實編『都市的共同性の社会学――コミュニティ形成の主体要件』ナカニシヤ出版。
神谷国弘・瀧本佳史　1997「伝統型地域組織とコミュニティの形成」神谷・中道編『前掲書』。
加茂利男　1988『都市の政治学』自治体研究社。
菊池美代志　2003「コミュニティづくりの展開に関する考察――社会学の境域から」コミュニティ政策学会・研究フォーラム編『コミュニティ政策1』東信堂。
北川洋一　2003「地方分権がもたらす行政マネージメント化とパートナーシップ化――NPMとパートナーシップ論の合流による『第3の道』型改革」村松岐夫・稲継裕

昭編著『包括的地方自治ガバナンス改革』東洋経済新報社。
倉沢　進　1981「マイタウンの原点としてのコミュニティ」磯村英一監修・坂田期雄編集『明日の都市 第10巻 都市とコミュニティ』中央法規出版。
齋藤友之　1998『分権型のまちづくり――環境・制度・手法』日本加除出版。
田村　明　1987『まちづくりの発想』岩波書店。
田村　明　1999『まちづくりの実践』岩波書店。
中田　実　1993『地域共同管理の社会学』東信堂。
中田　実　1998「地域共同管理の主体と対象」中田・板倉・黒田編著『前掲書』。
中道　實　1997「市民意識研究の社会的背景と課題」神谷・中道編『前掲書』。
マッキーバー，R. M.　1975『コミュニティ――社会学的研究：社会生活の性質と基本法則に関する一試論』中久郎・松本通晴監訳，ミネルヴァ書房。
マッキーバー，R. M.　1928『共同社会・結社・国家』原實訳説，社会評論社。
松原治郎　1981「都市の時代のコミュニティ形成」磯村監修・坂田編集『前掲書』。
見田宗介　1971『現代日本の心情と論理』筑摩書房。
山崎仁朗　1998「地域コミュニティと公共性」中田・板倉・黒田編著『前掲書』。
B. G. Peters, 1998, With a Little Help from Our Friend: Public- Private Partnerships as Institutions and Instruments, J. Pirre ed., *Partnerships in Urban Governance*, St. Martins Press.

学習の課題

1　日本において新しいコミュニティの形成が，1960年代後半以降国家的な政策課題として位置づけられるようになった歴史的・社会的背景を考えてみよう。

2　「まちづくり」における行政と住民との関係性の視点から，「都市内分権化」について考えてみよう。

3　自分が住まいする地域社会の「まちづくり」について研究してみよう。

第7章

地域デザインとその課題

1　都市再開発——都市再生の最後にして最大の問題

(1) 地域計画における国際比較研究の視点と方法

　ヨーロッパからの帰国の飛行便が日本の空港に近づいて，上空から日本の都市を眺望したとき，まず，はじめにわれわれが気づくことは，日本の都市の町並みがまるで玩具箱をひっくり返したような雑然たる風景であることだろう。最近，私はドイツ人都市社会学者ホイサーマン，H. から「日本には都市計画はあるのか」と質問された。日本においては，都市の建物の高さ・色・外観（ファッサード）のデザイン，それらすべてにおいて統一と調和が著しく欠如している。他方，ヨーロッパの諸都市，とくにドイツにおいては，美しく整然とした町並み，整備された車道，歩道，自転車道などの区別，公園，公共施設などの高水準のインフラ整備など，日本との落差に瞠目する（難波 2003：65）。

　1980年，日本の都市再開発法は，ドイツの地区詳細計画（B-plan, Bebaunngsplan）を参照して大幅に改正された。これは，街区の街並み形成を狙いとしていて，地区単位の土地利用，公共施設，建築物の整備に関して，詳細な計画を定めるものである（地区計画）。また，この法によって，初めて再開発への住民参加が義務づけられた（都市再開発研究会 1996：21-23）。そして1992年の同法改正では，長期的な街並みの将来像を定め，都市マスタープランが導入された。だが，法改正後10数年を経て，日本において都市マ

スタープランが順調に実現してきているとはいいがたい（難波 2003：65）。

　日本の都市再生について考えるとき，大都市のインナーシティにあるいは都市周辺部のスプロール現象によって形成された老朽密集住宅地区は，20世紀から残された最大の負の遺産であるといってもよい。しかし，これらの老朽密集住宅地区の再開発は，その着手が急務であるといわれながら進展は遅く，とくに大阪府下においては，すべての再開発が完了するまでに，あと1世紀の歳月が必要であるとさえいわれている。

　このように都市再開発が進展しない理由には，経済的要因，都市計画的・法的要因，政治的要因など数多くの要因が考えられる。中でも，もっとも大きな阻害要因のひとつが，再開発に対する関係者の合意形成が非常に困難をきわめていることである。つまり，都市再開発に関係するアクターたちの都市計画に対する利害がいかに調整され，合意に達するかを社会学的に研究・分析し，その結果を現場に反映することこそが，地域計画を社会学的に学ぶものにとって，都市再生に貢献できるもっとも大きな課題のひとつではなかろうか。

　日本における近代都市計画制度は，欧米先進国からの輸入によって形づくられ，今日にいたっている（渡辺 2003：5）。そして，それは，「ややもすると，欧米でうまく機能している制度を原型のまま（ないし近い形で）機能すれば成功であって，逆に制度化されない場合，制度化されても変形された場合，変形されず制度化されても機能しない場合は，失敗だ」と考えられてきた。しかし，制度の輸入における成功と失敗は，そのように単純なものではない。「むしろ，機能しないものを輸入したら『誤り』であって，そもそも機能しない制度を拒否するのは『正解』だ」とは考えられないだろうか（渡辺 2003：7-8）。このように都市再開発研究においては，原型となった（あるいはなる）計画制度とその現実，そして輸入され制度化された計画とその現実を比較することが不可避である。ここに地域計画における国際比較研究の意義を見出すことができる。

　本章では，ドイツにおける事例として，ベルリン市プレンツラウアーベルク（Prenzlauer Berg）地区を取り上げる。また，日本の事例としては，大阪府

豊中市庄内地区の再開発を素材として取り上げる。それぞれの地区再開発事例は，ドイツと日本のすべての再開発を代表するものではないが，これらの事例から多くの日独再開発の共通点と相違点を見出すことができる。

比較都市社会学の立場で都市再開発を考えるとき，比較対象に対して3つの比較レベルから把握しなければならない。すなわち，普遍レベル，特殊レベル，個別レベルの3つのレベルである。まず第1の普遍レベルは，国際的な地域の軸に影響を受けず，世界のいずこにも存在する普遍的な共通性を見出すことのできるレベルである。第2が，特殊レベルである。特殊レベルとは，ヨーロッパ的，ドイツ的，日本的状況といった類的な特性を抽出するレベルである。今回，独日2つの都市再開発事例を比較検討するが，それぞれの国における相違点の特性がそれにあたる。第3が，個別の事例まで降り，対象の具体的比較を行うレベルである。このレベルは，個別事例ごとの特質，差異点を見出す（神谷 1997：126）。

(2) ドイツにおける老朽密集住宅地区形成

都市再開発はいかなる地区で必要か。また，都市建設的欠陥を持ち都市再開発必要地区としての老朽密集住宅地区とはいかなる地区であるか。まずは，ドイツにおける事例を検討してみよう。

2001年から3年間，私はベルリン市プレンツラウアーベルク地区における再開発について調べてきた。プレンツラウアーベルク地区は，ベルリン市の中央（Mitte）に位置し，旧東ベルリンの一部であった。ベルリン市の交通の要衝であるアレクサンダー広場（Alexanderplaz）やフリードリッヒ通り（Friedrichstraße）まで，路面電車やバスで10分程度であり，交通至便な地区である（図7-1, 図7-2）。

1920年代以前，この地区においては，ベルリン市への大量の流入労働者に対応するために，大量の労働者向け住宅が建築された。当時建設された住宅は，いわゆる兵舎式賃貸住宅（Mietskasernen）と呼ばれる低質な住宅群であり，共同トイレ，バスなしなどの劣悪な内装設備であった。その数は，現在ある地区全体の住宅建築の70％にも達する（Grubitzsch 1995：12）。

旧東ドイツ時代，旧東ドイツ政府は，これら戦前住宅群をブルジョア社会の負の遺産として敵視し，その修復，改良，保全のいっさいに投資しなかった（神谷 2004：4-5）。また，ベルリンの壁にもっとも近いという悪条件の下，地区内にある住宅の荒廃がもっとも進んだ。かくして，ベルリン市プレンツラウアーベルク地区に，ほとんど人の住むに値しない，巨大な面積の老朽密集住宅地区が形成されていったのである。

ドイツ再統一後 10 数年を経て，プレンツラウアーベルク地区では，急激な速度で再開発が進行している。地区内には，多くのレストラン，ブティック，映画館，ビアホールなどが建ち並び，急速な発展をとげている。

他方，1970 年代，当時の西ドイツ都市においては，これら兵舎式賃貸住宅の再開発（Sanierung）がさかんに行われ，すでにこれらの住宅の劣悪な住環境の改善を克服している。日本の都市再開発制度が，その手本として一部輸入したのは，この時期の兵舎式賃貸住宅の再開発によって培われ熟成された制度であった。

(3) 日本における老朽密集住宅地区の類型化

次に，日本における老朽密集住宅地区とはいかなる地区であるか。それを明らかにすることは，老朽密集住宅地区の類型化によって可能となるであろう。ここでは，日本の大都市およびその周辺都市における老朽密集住宅地区の建物の形態・密集形態および発生時期に準拠して，次のごとく類型化する。

まず老朽密集住宅地区を，その形成時期と建物の形態，居住者の属性に基づき，大きく「インナーシティ型（戦前長屋型）」と「スプロール型（戦後木賃型）」の2つに類型化する（難波 2000b：95-96）。さらに，「スプロール型」を「分散型（東京型）」「集中型（大阪型）」に類型化する。

「インナーシティ型（戦前長屋型）」老朽密集住宅地区

「インナーシティ型」は，主に大都市の既成市街地の周辺部において，第二次大戦前に建築された木造長屋建て住宅が集積する老朽密集住宅地区である。この地域は，戦前すでに木造長屋建て住宅地として市街化され 1944 年

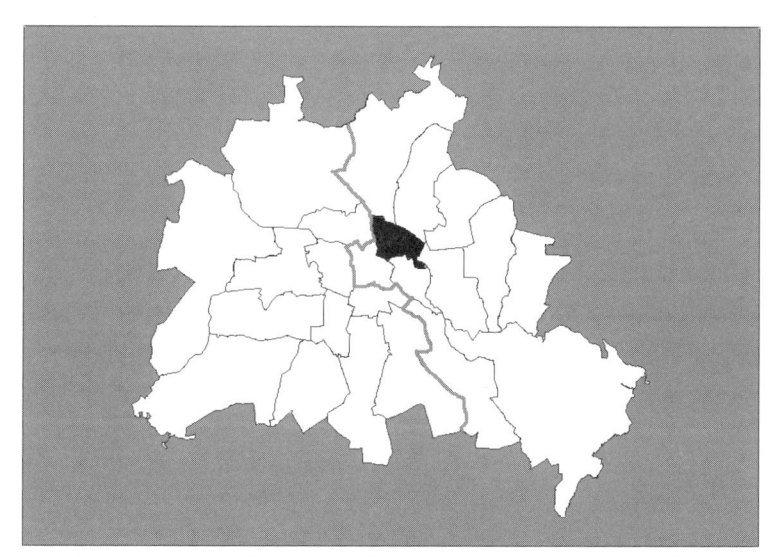

図7-1　ベルリン市におけるプレンツラウアーベルク地区の位置
（注）太線は旧ベルリンの壁。

図7-2　プレンツラウアーベルク地区の拡大地図

暮れから始まった焼夷弾による都市攻撃に遭うこともなく，幸い焼け残った地域である。ところが，戦後もすでに60年，さらに戦前からの時代をも加えれば70年あまりが経過した。したがって，これら長屋住宅は老朽化が著しく，周りの発展からも取り残され，多くの問題を露呈しつつある（住田1982：131，難波 2000a：113）。

　この類型は，東京においては比較的少なく，大阪市内のJR大阪環状線の外周部や堺市のかつての環濠の周辺部に分布している。また，この地域では，2代3代にわたっての長期居住者が多く，近所づきあいや地域活動がさかんであり，地域的結合も存続している。また，長期居住に伴い居住者が長屋住宅の1住戸部分を買い取っている場合も多く，その所有形態は複雑化している。

　これを理解するため，所有関係を基準とした住宅の類型化について若干紹介したい。所有関係は次のようにまとめられる。「AAA」型は，土地・家屋を所有している人が，自らその家屋に居住している場合である。すなわち，持ち地・持ち家型である。「ABC」型は，Aが所有する土地を，Bが借りて家屋を建設し，その家屋をCに貸している場合である。「AAC」型は，Aが所有する土地にAが家屋を建設し，Cに貸している場合である。同様に，「ABB」型は，Aが所有する土地を，Bが借り，その土地に家屋を建設し，自らが居住している場合である。「A − −」型は，Aが所有する更地である（難波 2003：70）。

　戦前長屋型老朽密集住宅地区では，「AAC」型や「ABC」型の所有関係に加えて，「AAA」型や「ABB」型の所有関係が混在している。すなわち1棟に賃貸部分と持ち家部分が混在している場合が多い。したがって，この類型においては土地所有者・建物所有者・居住者の権利関係が錯綜し，再生に向けての意思統一がなされにくく，再生事業が非常に困難となっている。

「スプロール型（戦後木賃型）」老朽密集住宅地区

　「スプロール型」は，高度成長期の大都市のスプロール化現象により急激に都市化した大都市の周辺部あるいは衛星都市の鉄道駅周辺部において，木造アパートや文化住宅などの木造賃貸住宅が集積することにより形成された

老朽密集住宅地区である（難波 2000b:95）。この時期に建設された木賃住宅は，外見上，カラフルな色彩を使い，外壁に鉄平板を貼り，階段のつくりに凝るなどの趣向を重視して設計され，一方で，柱の太さが足りない，通し柱がない，柱が基礎の上に乗っていない，基礎工事をブロック積みでごまかしているなどの手抜き工事が行われていた（三宅 1963：15）。そのため，痛みが早く老朽化の問題が比較的早期から露呈してきた。

居住者は，短期間で転居する流動的なものが多い。近所づきあいや地域活動もほとんど行われることはなく，地域的結合はきわめて弱い。所有関係は「AAC」型あるいは「ABC」型，つまりほとんどが賃貸である。各住戸に共用部分が存在するという建物の形態から，大家が管理人として1住戸に居住しているというケースを除いて，居住者が土地あるいは建物を所有あるいは区分所有していることはない。したがってこの類型は権利関係が比較的単純であるため，再生事業には適している。この類型には，密集形態に2つの種類があることは前述した。そこでここでは，「スプロール型」の下位類型として，それぞれを「分散型（東京型）」と「集中型（大阪型）」と名づけることにする。

「スプロール型－分散型（東京型）」老朽密集住宅地区

東京において多く見られるこの類型は，その立地に特徴がある。都内における木賃住宅の建設は，持ち家層の増築，建替などに伴うものが多く，新たに住宅地としての開発にあわせて行う場合は比較的少なかった。このようにかなり広い敷地を持っていた持ち家層が，敷地の庭に木賃住宅を建設したり（「庭先木賃」と呼ばれる），改築時に一戸建ての持ち家を木賃住宅に建て替え，自らもその管理人として入居するなどの建築方法により，広範に連続的に広がっていった（東京大学下総研究室 1966：287-289）。したがってこの類型では，老朽密集住宅が一戸建ての住宅の間にほぼ均等に混じり合う場合が多く，数棟以上の凝集形態をなす場合はまれである。一般の市街地の小空地に自然発生的に広がっていったこの形態は，戦後木賃型老朽密集住宅地区としては，東京以外でも広く見られる。

また，既成市街地に広く分布していることから，オープンスペースや緑地帯といった周辺環境について問題はあるものの，下水道・道路などのインフラ水準は比較的高く，大規模再生事業というよりむしろ，個別事業としての再生に適している。

「スプロール型－集中型（大阪型）」老朽密集住宅地区

大阪に典型的に見られるこの類型は，老朽密集住宅が大規模に凝集しているところにその特徴がある。とりわけ凝集度が高くなおかつ広範囲に広がっている地区は，門真市，守口市，寝屋川市，そして今回取り上げた豊中市の4市に特化される。大阪の木賃住宅建設は，都市内の住宅建て替えや空地補填によるものよりも，都市周辺部の従来開発が遅れて地価の安いところあるいは低湿地で,交通の便のよいところに大量に集団的に行われたものであり，ここに木賃住宅による新しい市街地が形成されたのである（京都大学西山研究室 1966：291-293）。そのためこの類型は老朽化が街区単位や地区単位で一気に進行し，地域全体に老朽・劣悪地帯としての性格が現出した。

地域全体の日照，道路，下水道などのインフラ水準は低く，個別事業では対応できず，地域全体の住宅水準と居住環境を更新するような大規模な再生事業が強く求められるにいたっている。

このように見てくると，「インナーシティ型」は旧市街地の周辺部に，また「スプロール型」は大都市周辺都市の鉄道駅周辺部にという具合に，戦前・戦後を問わず，都市周辺部に形成されてきたという点では，一貫したメカニズムが作用していると考えられる（難波 2000b：96）。

2　住民参加と都市計画

(1) ドイツの社会計画（Sozialplan）

1971年，兵舎式賃貸住宅の再開発がさかんに行われていた旧西ドイツにおいて，当時の都市－地域社会学の領域にとっての画期的なできごとがあった。それは，都市建設促進法(Städtebauförderungdgesetz)の制定にあたって，ゲッ

チンゲン大学の社会学者バールト，H. P. 教授が審議過程でのある公聴会において，当該委員を前にして社会計画（Sozialplan）を法の条文の中に入れることを強く主張したことだった。結果，再開発過程に社会計画という戦略的概念をビルト・インし，技術志向的プランニングに，社会学の参加と協働を提起した都市建設促進法が施行された（神谷 1989：174）。

ここでいう社会計画とは，「ある地区内で重要な構造転換（Umstrukturierung）の実施によって，関係人の社会的経済的生活状況に著しい不利益を及ぼすことが予見される場合に，市町村が関係人にどのようにして，その不利益を回避・緩和するかを検討し，それに対する適切な措置を検討して，それを文書化する所作をいう」（神谷 1989：175）。そして，「西ドイツの都市建設や再開発では，利害関係者や住民の計画およびその実施への参加，意見聴取，社会的助成などについて，それを行政手続きとして制度的な裏打ち」（神谷 1989：175）をしなければならない。

すなわち，都市建設促進法においては，市町村（Gemeinde）は，再開発の計画および実施に着手する前段階として，土地所有者，借家人・借地人その他の権利者に対して，伝統的な社会学的手法に基づく準備的調査を実施するとともに，再開発に対する提案に応じなければならないと規定する。また，都市生活者の中のいわゆる社会的弱者に対して，再開発により被る不利益な影響の回避・緩和と関係者との討論を，再開発の具体的計画の策定・執行の両段階において集中して取り組むことが求められる。そして，再開発実施期間中市町村は，直接の当事者との討論を続行し，その結果を文書化してとりまとめる義務がある。この文書を社会計画と呼ぶのである（神谷 1989：50）。

このように，都市生活者との十分な討論を経て策定された地区詳細計画（Bebauungsplan, B-plan）は，都市建設の実効性を確保するために強い社会的拘束性を持ち，建築自由はほとんど認めない（神谷 1989：52-53，小林 1998：75-77）。そして，プランに応じない場合は，建築命令（Baugebot），植樹命令（Pflanzgebot），利用命令（Nutzungsgebot），取り壊し命令（Abbruchgebot），修繕・修理命令（Modernisierungs- und Instandsetzungsgebot）などの命令（鞭）によって拘束される（ディーテリッヒ他 1981：176-184）。

(2) 日本の地区計画制度と再開発地区計画制度

日本の地区計画制度は，都市計画法の都市計画のひとつで，ドイツのB-plan に模範をとりながら 1980 年に創設された。ただ，計画策定の運用段階における住民参加の点で，問題点が多方面から指摘されている。

まず第 1 が，公聴会についてである。「市町村は，都市計画の案を作成する場合において必要があると認めたときは，公聴会の開催等住民の意見を反映させるために必要な措置を講ずるものとする」と規定されている。前述のとおり，ドイツの都市計画においては早い段階での住民参加が要請されるが，日本では多くの場合が，「都市計画の案を決定しようとする段階」での参加であり，最終段階で地元の情報を得るという機能しか持たない。また，必要があると判断するのは行政当局であり，その意味で公聴会はドイツのように義務づけられていない。そして，公述人は意見を陳述するのみで，討論はまったく行われていないといわれる。さらに，その意見に対する回答もなされず，その後意見がどのように取り扱われたかについても明確にされていない（小林 1998：124-125）。

第 2 に，都市計画案の縦覧および意見書の提出についてである。縦覧の期間は 2 週間と短く，提出された意見書を取り上げるかどうかの決定も，実質的に行政当局の自由裁量にゆだねられる（小林 1998：125）。

以上のような課題を盛り込みながら 1988 年に創設されたのが，都市再開発法における再開発地区計画である。再開発地区計画は，前述の地区計画と同じ地区計画という名前が与えられているが，既存の都市計画体系とはまったく別の論理に立った都市計画である。民間の要請に基づいて地区計画で定められた規制をはずし，そこに公共と民間が協議して大枠としての新しい計画を作成していく（小林 1998：139）。そしてそれは，公的補助金（飴）によって裏打ちされた市街地再開発事業として展開される。

(3) 日本の都市計画と社会学

以上見たように，日本の都市計画の策定過程は，そのハード面においてド

イツを模範としながらも,社会科学,とりわけ社会学が得意とするソフト面においての対応の必要性を示唆する。

都市づくりやまちづくりへの住民参加が叫ばれてから久しい。だが,日本の場合,その多くは執行側からのタテマエとしての方策に陥ったり,対抗的な運動の側からの一過性のパローレとして終わったりしがちである。ドイツの都市建設や再開発では,利害者や住民の計画およびその実施への参加,意見聴取,社会的助成などについて,それを行政手続として制度的な裏打ちをしているところに先進性がある(神谷1989:175)。

あと1世紀に及ぶ歳月を必要とするとさえいわれる日本の老朽密集住宅地区の将来を考えるとき,いよいよ日本における都市再開発に対して,社会学がメスを入れなければならないだろう。

3 都市再開発事業の日独比較

(1) ベルリン市プレンツラウアーベルク地区と豊中市庄内地区における都市再開発事例

まず,ドイツにおける再開発の事例として,ベルリン市プレンツラウアーベルク地区についてみよう。プレンツラウアーベルク地区再開発の第1の特徴は,しゅんせつ型(スクラップ・アンド・ビルド型,ブルドーザ型)の再開発ではなくて,修復型の再開発が行われている点である。つまり,1920年代以前の建物の枠組みをそのまま利用し,町並みの外観もそのまま保存する方法である。この手法では,内装および部屋の間取りの変更,トイレ,浴室の近代化(Modernisierung)措置が行われる。したがって,この手法を採用すれば,工事にかかる費用を最小限に抑えることができ,比較的家賃の上昇を抑えることができる。市区役所当局は,この手法を採用することによって住民の入れ替え,すなわちジェントリフィケーションを誘発することはまったくないと説明する(プレンツラウアー区役所でのヒアリングによる)。そして,この手法はドイツにおける再開発の原則となっており,旧西ドイツにおいて1970年代に展開された再開発事業以来,一貫した伝統となっている(難波

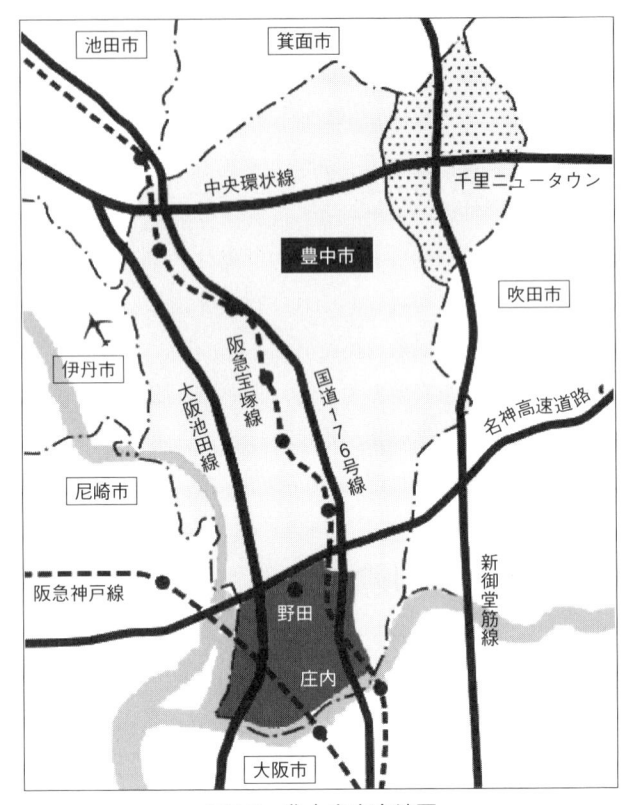

図7-3　豊中市庄内地区

2003：66)。

　豊中市庄内地区は大阪市に接していて，都市構造上は大阪都市圏の一部と考えてよい。つまり，行政上はひとつの独立した自治体豊中市の一地区であるが，大都市圏大阪のインナーシティに位置するといってよい。大阪市の中心部までは，電車で約8分程度であり，プレンツラウアーベルク地区同様に交通至便な地区である（図7-3，図7-4）。

　1960年代からの日本の高度成長期において，この地区に都市基盤整備が不十分なまま長屋や木造アパートなどの劣悪住宅が密集して建設された。これらの住宅は，高度成長期の大阪都市圏への大規模な人口流入の受け皿住宅として無計画かつ無秩序に建設され，典型的な「スプロール型－集中型」老

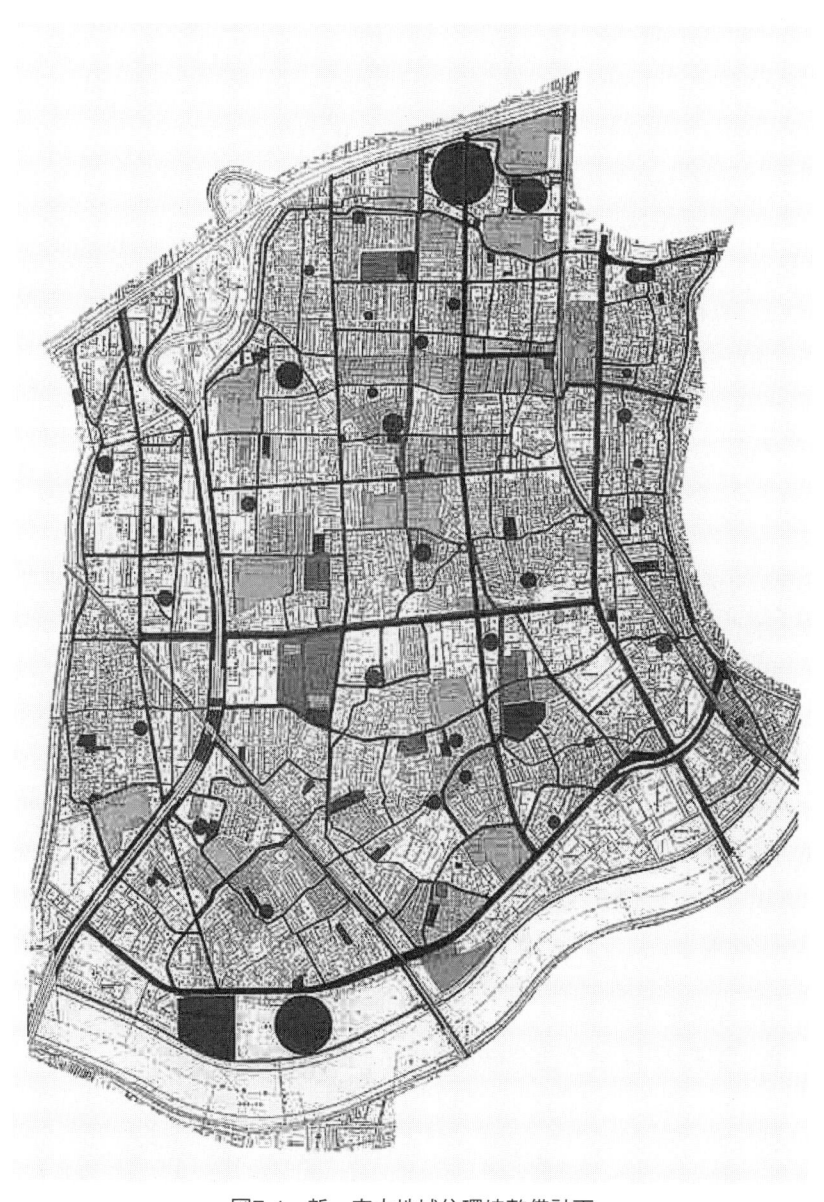

図7-4　新・庄内地域住環境整備計画

朽密集住宅地区を形成している。ひとつの例を示すならば，各住宅の建物は，風通しや日当たりを考えて建てられたものではなく，かつての田んぼや畑の向きと同じ方向に建てられており，建物の間の道路は，かつての田んぼ道と同じように狭く曲がりくねっている。

　それらの住宅は，現在数多くの問題を引き起こしている。1994年の阪神淡路大震災においては，被害の大きかった神戸から遠く離れているにも関わらず，200棟が倒壊し940世帯が避難生活を経験した。また，1996年，地区内の1棟の住宅が全焼する火災が発生した。火は瞬く間に燃え広がり，15名が命を落とした。これは，これらの劣悪住宅が持つ脆弱性に起因している。阪神淡路大震災以降，地区に生活する住民の意識は大きく変わった（豊中市庄内開発室へのインタビューによる）。もし，大震災が神戸ではなくて大阪で起こっていたら，膨大な数の死傷者が出ていたことであろう。

　震災を契機に庄内地区再開発は大きな展開を見せる。行政，居住者，地主・家主すべてのアクターたちが，「災害に強いすまいとまちづくり」へと利害が一致していく。

　庄内地区における再開発の特徴をまとめておこう。第1の特徴は，地区に描かれた地区計画に基づいて，すべての土地を更地にして，まったく新しい建物を建設したことである。ベルリンの修復型再開発に対して，しゅんせつ型再開発として特徴づけられる。庄内地区の住宅再開発は，地震や火災に対して脆弱な劣悪住宅から耐震・耐火住宅への更新である。このタイプの再開発手法を導入することは，家賃が高騰することから，住民の入れ替わりが発生しやすい（難波 2003：69-70）。

(2) 再開発における所有権の複雑性と合意形成プロセス

　再開発において，もっとも困難な問題として所有権の複雑性があげられる。ドイツでは，ひとつの建物に対して，1人あるいは1社の所有者が所有権を持つのに対し，日本の老朽密集住宅地区では，所有関係が非常に複雑化している。

　前述の所有関係を基準とした住宅の類型化を用いると，プレンツラウアー

ベルク地区においては，ほとんどの建物が「AAC」あるいは「ABC」型に属する。他方，庄内地区においては，たとえ，長屋住宅であっても，「AAC」「ABC」型に加えて「ABB」「AAA」型が存在する。

　日本においても，最近の分譲の共同住宅では，ドイツ同様に面積比率による区分所有が義務づけられている。しかし，古い住宅になればなるほど，たとえ共同住宅であっても，ひとつの建物の土地が分割所有されている場合が少なくない。このことは，日本の住宅再開発の進歩を阻害しているひとつの要因である（難波 2003：70）。

　実際の再開発はどのような手順で行われるか。順序を追って考察してみよう。ドイツにおいても日本においても，再開発における合意形成は，2段階の過程を経て行われる。まず第1段階は地主・家主の合意形成が行われる。第2段階は居住者と地主・家主間の合意形成である。

　庄内地区が採用した再開発手法は，複雑に絡み合った所有権を一掃するために，権利が輻輳した土地を市が買い上げ，そこに市営住宅を建設する方法であった。そして高騰する家賃負担に対応できない住民に対して，優先的に市営住宅への入居を斡旋した。「ABB」「AAA」型の住民は，土地の権利を統廃合することによって，1棟の高層共同住宅を建設した。この方法によって，約20億円におよぶ莫大な公的資金と，計画が策定されてから30年の歳月が費やされた。こうして庄内地区再開発では，住民の入れ替えを極力抑えることに成功している。

　庄内地区では，まず市当局から地主・家主に対して，交渉が行われた。市当局の公務員が地主・家主の家を訪問し，補助金制度など再開発による利益の説明など根気強い説得を行った。いわゆるドイツで一般的な公共主導型再開発である。市当局と地主・家主の間に信頼関係が生まれ，再開発着手までにすでにかなり多くの時間を費やしている。1972年に，初めて家主・地主の協議会が設立された。それ以後，市当局と家主・地主の交渉は，この協議会の代表が行い，地区のマスタープランを作成した。

　第2段階は，家主と居住者の交渉である。ほとんどのケースでは，家主と居住者の個別交渉に委ねられる。ただ，所有関係が複雑であることは前述し

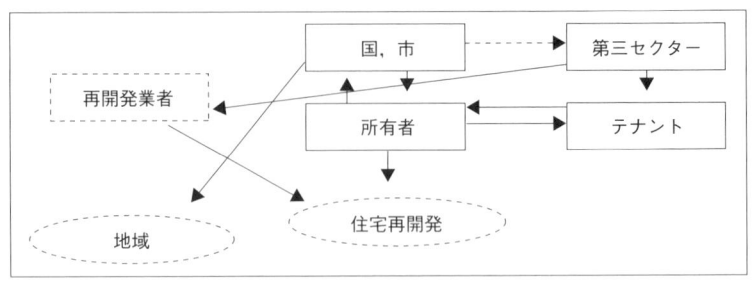

図7-5 日本の再開発モデル

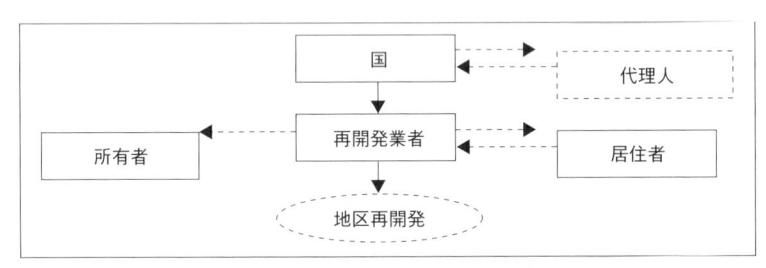

図7-6 ベルリン再開発の旧モデル

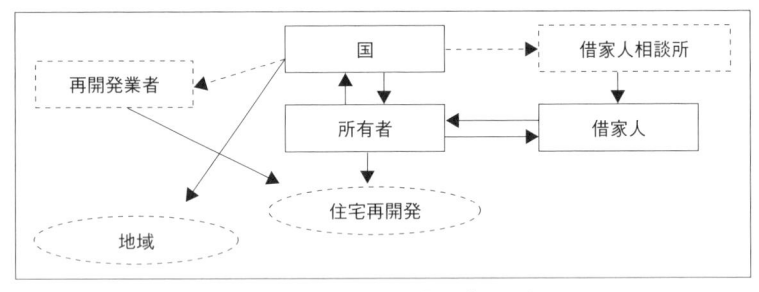

図7-7 ベルリン再開発の新モデル

た。とくに「AAA」「ABB」型住民に対応するために,住民懇談会を設立し,住民代表と市当局の会話の場を設けた。なお,日本では,住民と市当局の間を仲介する代理人として,第三セクターの法人組織を設置している。第三セクターとは,民間から資金を募り,公務員がその任にあたる機関である。これを図式化したのが図7-5である（難波 2003：71）。

通常,ドイツでは,地域詳細計画（B-plan）がすでに策定されているため,計画に沿ってトップダウン方式で再開発（Sanierung）が進められる。ただ,

この地区が旧東ベルリンに位置し,早急な措置が必要だったために,通常の伝統的なドイツの公共主導型再開発手法は適用されなかった。ホイサーマンとホルム(Häußermann et al. 2002)による都市再開発の旧モデルを図7-6に示す。このモデルでは,住民との交渉,所有者との交渉,すべてが再開発業者(Sanierungsträger)に委ねられる。

今回の調査においては,プレンツラウアーベルク地区においても日本と同様に2段階の過程を見ることができる。まず,第1段階では,国(Staat)と所有者(Eigentümer)の交渉・決断が行われた。この過程においては,国と所有者の間に民間の再開発代理人が入り,説明会・個別交渉などの国の代理業務を行っている。第2段階では,交渉は所有者と住民の間で行われるのが基本ではあるが,公的な借家人相談所(Mieterberatung)が仲介に入る。また,所有者同士がお互いに協調関係を結んだとの報告もある(再開発代理人へのインタビューによる)。このようにプレンツラウアーベルク地区では,これまでの伝統的な公共主導型の再開発に対して,再開発期間を短縮するために,住民の入れ替えを伴う再開発が行われた。これらを図式化したのが,ホイサーマンとホルム(Häußermann et al. 2002)による都市再開発の新モデルとしての図7-7である。

(3) 再開発におけるジェントリフィケーション問題

このように見てくると,プレンツラウアーベルク地区の交渉過程と庄内地区の交渉過程は,非常に似通っていることに気づく。両者の再開発方法が,お互いにどちらかを参考にしたわけではない。利害の絡んだ交渉ごとは,日本,ドイツを問わず,普遍的に同じ方向へ向かうということができるであろう。

ただ,ここで3つの相違点を列挙できる。

第1点は,再開発期間である。プレンツラウアーベルク地区が,10年間でほぼ再開発を完了しようとしているのに対し,日本では30年を経ていまだに再開発が進行中である。これには,再開発地区の面積や建物の老朽化度,修復型かしゅんせつ型かなどの諸要因が関係している。再開発は,時間を費やせばよいというものではない。素早い措置を実行できるドイツの再開発に

見習うべき点は多い。

　第2は，庄内地区の再開発が住民の入れ替わりを極力抑えたのに対し，プレンツラウアーベルク地区の再開発が，住民の入れ替わり，すなわちジェントリフィケーションを伴っていることである。プレンツラウアーベルクの市区役所職員が，「この再開発では，いっさい住民の入れ替わりは発生しません。今後日本のよきお手本になるだろう」と述べたのが今でも印象に残っている。庄内の再開発は，公共主導型であって住民の入れ替わりが伴うことを極力防ぐことに重点を置き，時間を費やしていることは，前述した。今後，短期間で工事が完了し，なおかつ住民の入れ替わりの伴わない再開発のあり方を模索しなければならないだろう。

　そして第3に，街並みの調和・統一へのドイツと日本の土地所有者の意識の違いである。日本では，「何にでも使える土地が一番よい土地」といわれることもある。つまり，統一や調和がないことが，もっとも重要視される傾向がある。プレンツラウアーベルク地区が，行政のコントロール下で短期間の再開発をやりとげたのに対し，コントロールの効かない庄内では，補助金という飴を見せながら，再開発を進める以外に今は方法がない。

　おわりに，東西ドイツの再統合以後，ドイツの再開発も財政難などの理由から，次第に伝統的な公共主導型の再開発は行われにくい状況が生まれつつある。そして，今後ドイツの再開発は，プレンツラウアーベルク地区の事例のように，日本の多くの再開発と同じような民間主導型の再開発へと転換していくことが予測できる。日本が模範としてきたドイツの再開発。それはいつしか日本の再開発と同じ方向を向き始めているのかもしれない。

参考文献────
　神谷国弘　1989「西独都市再開発における社会計画と社会的現実」『西独都市の社会学的研究──日本都市再組織への素材論考』関西大学出版部。
　神谷国弘　1997「老朽密集市街地をめぐる日独比較──ミュンヘン・ハイトハウゼンと寝屋川市東大利地区を事例として」中野三郎監修『人間と地域社会──21世紀への

課題』学文社.

神谷国弘　2004　「日独都市再開発の比較社会学的研究――Berlin・Prenzlauer Berg と豊中・庄内のケース・スタディ」平成12年度〜14年度 文部科学省科学研究費補助金研究成果報告書『都市再開発における計画と現実――ジェントリフィケーション問題をめぐる日独比較研究』.

京都大学西山研究室　1966　「民間アパートの実態（関西）」『建築雑誌』1966年6月号.

国土交通省都市・地域整備局市街地整備課監修　2002　『都市再開発ハンドブック　平成14年度版』ケイブン出版.

小林重敬　1998=1992　「近代都市計画の考え方とその限界」岩田規久男・小林重敬・福井秀夫著『都市と土地の理論――経済学・都市工学・法制論による学際分析』ぎょうせい.

住田昌二　1982　「非戦災長屋地域論」『住宅供給計画論』勁草書房.

ディーテリッヒ, H. / コッホ, J. 1981『西ドイツの都市計画制度――建築の秩序と自由』阿部成治訳，学芸出版社.

東京大学下総研究室　1966　「民間アパートの実態（関東）」『建築雑誌』1966年6月号.

都市再開発研究会著，建設省都市局都市再開発防災課監修　1996　『よくわかる都市再開発法』ぎょうせい.

難波孝志　2000a　「インナーシティの老朽密集住宅地区におけるジェントリフィケーション」『名古屋短期大学研究紀要』No.38.

難波孝志　2000b　「ジェントリフィケーション」富田英典・森谷健編著『社会学フォーラム／落ち着かない〈私〉と〈社会〉』福村出版.

難波孝志　2003「都市再開発の日独比較研究序説――ベルリン・プレンツラウアーベルクと豊中・庄内のケース・スタディ（1）」『名古屋短期大学研究紀要』No.41.

パーク, R. E. / バージェス, E. W. 他 (著) 1925, 大道安次郎・倉田和四生 (共訳) 1972『都市――人間生態学とコミュニティ論』鹿島出版会.

松本康　1999「20世紀初頭のシカゴ」倉沢進（編）『都市空間の比較社会学』放送大学教材.

三宅醇　1963　「建築の実態」『住宅建設 No. 7　特集民間アパート』1963年10月号.

渡辺俊一　2003　「日本都市計画における海外制度の『輸入』」『都市計画』242.

Grubitzsch, P. 1995 Prenzlauer Berg', Ribbe, W. (Hrsg.), *Geschichte der Berliner Verwaltungsbezirke*, (p.12). Stapp Verlag.

Hoffmeyer-Zlotonik, J. 1977 *GastArbeiter im Sanierungsgebiet*, Hans Christians Verlag, Hamburg.

Häußermann, H. 1990 Der Einfluß von ökonomischen und sozialen Prozessen auf die Gentrification. Blasius J., Dangschat J. S. (Hrsg.) *Gentrification: Die Aufwertung innenstadtnaher Wohnviertel*.

Häußermann, H., Holm, A., Zunzer, D. 2002. *Stadterneuerung in der Berliner Republik*. Beispiel Prenzlauer Berg. Leske + Budrich.

Namba, T. 2002 Gentrification of Prewar Inner City Housing in Japan', Teichler, U., Trommsdorff, G.(Eds.), *Challenge of the 21st Century in Japan and Germany*, (p.175). Pabst Science Publishers.

Namba, T. 2004 A Comparative Study on the Problems of Gentrification in German and Japanese Cities, Gyoergy Szell and Ken'ichi Tominaga (Eds.), *The Environmental Challenges for Japan and Germany*, Peter Lang GmbH.

S. T. E. R. N. 2001 *Halbzeit. Stadterneuerung in Prenzlauer Berg.*

　本稿は，平成12〜14年度文部科学省科学研究費補助金（基盤研究（B）（1））（研究課題番号12572005）研究代表者神谷国弘，および平成13〜15年度文部科学省科学研究費補助金（基盤研究（C）(2)）（研究課題番号13610264）研究代表者難波孝志によって収集したデータを使用した。

学習の課題

1　老朽密集住宅地区は，都市のいかなる場所に発するか。都市の形成過程を考慮しながらまとめよう。

2　都市計画における住民参加は日本とドイツではどう異なるか。日本の都市計画の問題点をまとめよう。

3　日本においてもドイツにおいても行政当局の財政事情は悪化している。公的補助金を期待できない中，老朽密集住宅地区の都市防災はどのような方向に向かうか。考えてみよう。

第8章

地域社会とNPO

1 はじめに

「特定非営利活動法人」がもうすぐ2万団体になろうとしている。現在,新聞雑誌・テレビを問わず,われわれはさまざまなところで「NPO」という言葉を見聞きし,その活動を目にするようになっている。とくに1995年の阪神・淡路大震災以降,その活躍は目覚ましいものとなっている。NPOが小学校で授業を受け持ったり,ベンチャービジネス支援を行なったり,また地域福祉サービスを提供したり,その活動領域の広がりは顕著である。特定非営利活動促進法(通称NPO法)が1998年に制定されてから,法人格を取得する団体は増大の一途にある。

NPOは現在,地域社会の公共的問題の解決において大切な役割を果たしてきつつある。今まで地域社会の公共的問題を解決する場合,国や地方自治体といった政府行政がもっぱらその責任主体であり,また市場・企業も社会基盤整備など幾多の場面で,わたしたちの生活を支える主体だったのだが,市民も新しい公共的問題解決の担い手,その責任主体に加わろうとしているのである。というのも,実は,政府や市場がわれわれをとりまく種々の問題を,もはやうまく解決処理しえない時代がやってきていて,そこに市民を埋め込んで,公共的問題の解決機構を再構築する必要が出てきているのである。つまりそのことは,公共的問題解決のために,国・地方自治体という政府,ないし企業とか業界団体だけが「政策づくり」を独占するのではなく,市民

も「政策」づくりに参加する主体となっていく必要があることを示している。こうした背景の中で，NPO という存在がクローズアップされてきている現状にある。

本章では，まず NPO について，いったいどんな組織であるのか，NPO の組織的特徴，次に，わが国の NPO の現状について，特定非営利活動促進法の概要と法人活動の実態，および特定非営利活動促進法の問題点を明らかにする。そして，地域社会で実際に活動する NPO を紹介し，最後に NPO に求められる役割について考えてみることにしたい。

2 NPO とは何か

NPO は，英語で Not-for-Profit Organization とか，Non-Profit Organization と表記されるのだが，NPO とは何であろうか。どういう組織であるのか。

(1) NPO——第3のセクター

NPO は，政府（第1のセクター），市場（第2のセクター）とは別に，第3のセクターに属するといわれる[*1]。アメリカの経営学者セオドア・レヴィットによれば，第3のセクターは，「私企業および政府のいずれもが行なっていない，またうまく行っていない，あるいはしばしば十分に行なっていないことを，行なう」存在である。「もともと私企業や政府は，人間的，経済的，そして社会的な諸問題の多くを解決するために，しばしば形成され」てきたのだが，第3のセクターが存在するのは，「私企業や政府がこれらの諸問題を処理できない（時には，その処理を慎重に回避するか，あるいは拒否する）ためであ」り，また私企業や政府セクターが「それ自身の行動の一般的には意図されないマイナスの結果を，適切に処理できないことの結果」であるという（Levitt 1972: 64）。レヴィットによれば，私企業や政府はもともとさまざまな社会的問題を解決する役割を持っているのだが，それらの問題をうまく解決処理しえないとき，そこに第3のセクターが登場するのだという。また，レヴィットは，第3のセクターは，政府や市場の採用する問題処理方法に対

抗し，改革を迫る行動を行ないうる*2ということも指摘する。

　こうした政府や市場による問題処理がうまくいかない状況は，「政府の失敗」，そして「市場の失敗」という言葉で表現されよう。政府や市場といった問題解決機構がうまく働きえないところに「第3の」存在が登場してくるのだ。

(2) 「志（こころざし）」の共同体

　NPOは，「志（こころざし）」の共同体という性格をもっている。

　ある日曜日の朝，公園を歩いていたら，そこに大量のごみが散乱していたとする。ほうっておくことは簡単だが，これを解決するために，いくつかの方法が思い浮かぶだろう。まずは役場の衛生課に電話して撤去をお願いする，または自分で片づけるという方法がありそうである。しかし，役場の衛生課はほかの仕事で忙しいし，自分で片づけるといっても大変な作業である。もし自分で片づけることができたとしても，誰が散乱させたのかわからない以上，また投棄されるかもしれない。再投棄を防ごうとしたとき，その対策を考える必要も出てくるだろう。こうなると自分1人だけで解決にとりくむというのは，とても難しいことは想像に難くないだろう。

　わたしたちが身のまわりの問題解決をしようとするとき，個人でとりくむ場合があることはある。しかし，それに限界があるとき，何人かの人たちと一緒になってとりくむことがあろう。何かの社会問題を解決したい。そんなとき，立ち上がろうとした人々がみずからの選択によって集まってくる。問題の解決というのは個人ではなかなかスムーズに運ばない。人々が力を合わせることによってそれが可能となっていく。

　こうした人々の集まりは，「アソシエーション」と呼ばれる。アソシエーションとは，「共同の関心または諸関心を追及するため」に人為的につくられた組織体（MacIver 1917:46）である。それは基本的に，「ボランタリズムに基づく，他者との連帯」であり，人と人とが出会い，語り，理解し合い，結び合い，決定し，そしてともに行為するものなのである（佐藤 2002：156）。

　NPOは，ある共通する関心や「志」を持つ人々が集まって生成されるも

のであり，そこには，集まってきた人々の「ともに行為する」ための連帯が形成される。その意味では，NPOの基礎には，共通関心を持つ人々の連帯が底流しているということができよう。したがって，NPOは，私たちの社会をとりまくなんらかの諸問題を解決しようという「志を共有した人々が集まって，連帯が形成される組織」であるということができる。

しかも，この志のネットワークは，NPOに直接参加する人々の間だけではなく，NPO活動の受益者，NPOに寄付をする人々，そしてNPOを支えようとする政府とか企業などの組織との間にも形成されうる。これらの人々，組織は何らかの形で，NPOの志に共感して，NPOに関わろうとしているからなのである。

またNPOは，共通関心とか価値観をもとにつなげられた人々の志が集合体として力を発揮する場所であるということもいえるだろう。人々の思いを社会的な力に転換していくということがNPOによって可能となるのである。個人がそれぞればらばらに，社会に役立ちたいとボランティア活動をすることはできる。しかし，これではまとまりがわるいし，社会的な力とはなりにくく，なかなか問題は一向に解決に向かわないことがあろう。個人個人の思いを束ねて，大きな力にするという場所がNPOであるのだ。

(3) NPOの組織的特徴

NPOは，1人1人の関心―志を基盤にして，それをつなげてひとつの力を創りだす場所となるという側面があることがわかった。

では，NPOのもつ組織的な特徴について次に見ていくことにしよう。NPOとは，ひとことでいうならば，「営利を目的としない民間組織」となる。その意味で，あえて日本語訳をするならば，「民間非営利組織」という名称を与えることができる。先に述べた「第3のセクター」ということからすれば，NPOは，非政府・非市場（非営利）性をその基本的性質として有しているといえる。

もう少しNPOの組織的特徴をくわしく見ていくことにしよう。もっともよく知られている非営利組織の定義として，ジョンズ・ホプキンス大学非営

利セクター国際比較研究プロジェクトの定義がある。この定義は国際比較を念頭につくられていて，包括的にNPOを定義している。ここでは，NPOというのは，①正式の組織であること（formal organization＝定款などをもち，意思決定システムが明文化し確立されていること），②非政府組織であること（nongovernmental＝政府の下部機関とか外郭団体ではない），③利潤を分配しないこと（nonprofit-distributing＝組織への出資者とか理事に対して利潤を分配しないこと，収益事業を行なわないということではない），④自己統治（self-governing＝自己統治能力をもつこと，理事会などの意思決定機関がなければならない），⑤自発的であること（voluntary＝活動においてある程度の自発的な参加があること），という性格をもつ組織であるとされている（NPO研究フォーラム 1999：16-18）。

　こうした議論からは，NPOは①組織性をもつものであること，②政府から独立している民間の組織であること，③営利企業（たとえば，株式会社は出資者である株主に利潤を配当する）とは異なり，何らかの活動とか事業によって生じた利潤を関係者間で分配しない，つまりいいかえると，NPOの活動・事業に利潤をすべて投資・活用すること，④NPO自身で意思決定ができ，自分の組織を自らの手で治めることができること，⑤組織への参加が自発的であること，という点が強調されるのである。

　ここで注意したいことは，③の利潤の非分配についてである。この利潤非分配原則は，多くのNPO論者がNPOの基本的要件として掲げているものである。しかし，本来ここに求められるべきは，ただ単に「分配しない」という形式要件ではなく，NPO活動を進めるにあたって，実質的に利潤動機による活動を回避するということ，いいかえれば，問題解決の志に基づいた組織本来の使命を，利潤追求主義によって歪曲させないということなのである。そうなると，利潤非分配原則について，「非分配」をことさら厳格に主張するよりも，「分配制限」を含めてもう少し緩やかに解釈してもよいのではないだろうか。したがって，「利潤非分配原則」とは，NPO活動が報酬とか利潤を求めることを一義的動機としないということを大前提に，活動収入から利潤が生じたら，NPO活動に貢献しているような関係者にその一部を

還元することを含めて,「NPO のかかげる目的とか使命達成のためにその利潤を使うことが優先される」という原則である, と解釈をしておこう。

NPO とは, ①志を同じくする人々の集団が「組織」として活動をすすめる存在, つまり, きちんと社会的責任を担うべく, 継続的に活動をすすめる存在であり, ②しかもそれは政府から独立し営利企業でもなく, ③人々の自発的な参加をともない, 自ら意思決定をする存在であり, ④そして営利追求を目的とせず, 活動収入における利潤については, NPO の組織目的達成に活用することが優先されるという基本原則をもつ存在である, としておきたい。

3　特定非営利活動促進法と特定非営利活動法人の実態

わが国でもだんだん NPO 活動が活発となってきていて, 国とか多くの地方自治体では, NPO 支援や NPO との協働事業を進めるようになってきている。もちろん, NPO 活動を支援・促進するための法制度も整備されている。以下では NPO の現状として, わが国の NPO に関する法制度, とりわけ特定非営利活動促進法と特定非営利活動法人の現状を見ていくことにしよう。

(1) 特定非営利活動促進法 (NPO 法) の制定

1995 年 1 月, 阪神・淡路大震災が起こった。130 万人というボランティアが神戸につどったことがきっかけとなり, 新たに興隆しつつあった NPO を対象にした法律が制定されることとなった。それが 1998 年の特定非営利活動促進法である。わが国の法律はその大半が「行政立法」といって内閣や各省庁が法案をつくって国会が追認するタイプのものが多いが, 特定非営利活動促進法は, 「議員立法」であり, しかも市民団体がその立法過程に影響を与えたという画期的な法律である。

日本では, もっとも基本的な非営利組織の法人制度として公益法人制度が民法に定められている[*3]。しかし公益法人はその設立に行政の「許可」が必要だということなど時代にそぐわない部分も顕著となってきた。特定非営利活

動促進法制定の目的のひとつに，多くの非営利活動組織に法人格を取得しやすくさせるということがあった。公益法人の設立には「主務官庁」（公益法人の目的・事業に関連する事務を所掌している内閣府および10省の中央官庁，または都道府県知事）の「許可」が必要であるのに対し，特定非営利活動法人の設立には，「認証」が要件とされたのである。許可制の場合，許可不許可の決定は主務官庁の自由裁量の余地が大きく，許可不許可の決定期限や許可要件が明確になっていないという手続の不透明さの問題がある。認証とは，法定要件を満たしてさえいれば，非営利組織を法人として認めるという方式である。

　図8-1は，わが国の法人制度を系統化したものであるが，わが国の法人制度は，体系的になっていない。民法では，公益法人と営利の社団法人についての規定しかなく，さまざまな公益と営利の間に存在する非営利組織の法人[*4]

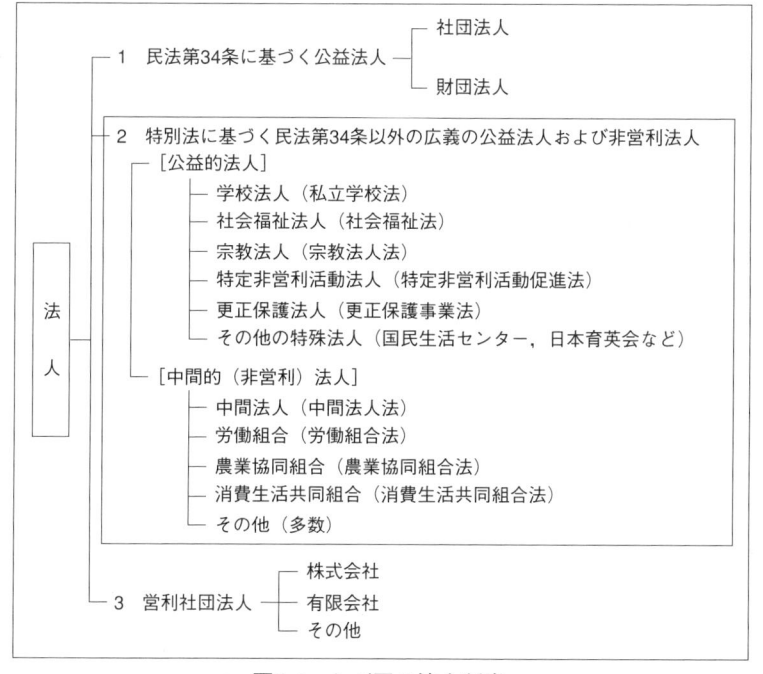

```
法人 ─┬─ 1 民法第34条に基づく公益法人 ─┬─ 社団法人
      │                                  └─ 財団法人
      │
      ├─ 2 特別法に基づく民法第34条以外の広義の公益法人および非営利法人
      │    ─[公益的法人]
      │       ├─ 学校法人（私立学校法）
      │       ├─ 社会福祉法人（社会福祉法）
      │       ├─ 宗教法人（宗教法人法）
      │       ├─ 特定非営利活動法人（特定非営利活動促進法）
      │       ├─ 更正保護法人（更正保護事業法）
      │       └─ その他の特殊法人（国民生活センター，日本育英会など）
      │    ─[中間的（非営利）法人]
      │       ├─ 中間法人（中間法人法）
      │       ├─ 労働組合（労働組合法）
      │       ├─ 農業協同組合（農業協同組合法）
      │       ├─ 消費生活共同組合（消費生活共同組合法）
      │       └─ その他（多数）
      │
      └─ 3 営利社団法人 ─┬─ 株式会社
                         ├─ 有限会社
                         └─ その他
```

図8-1　わが国の法人制度
（出典）雨宮・小谷・和田 2002: 41。

化については,「特別法」で処理されてきたので, 大変複雑なものとなっている。こうした法人制度においては, 公益法人の要件を満たさない非営利組織とか, それぞれの個々の活動目的に該当する特別法がない非営利組織は, 法人格を取得することができないという問題もあった (雨宮 1997: 183-184)。

特定非営利活動促進法の制定によって, いろんな人たちが非営利組織の法人を容易に立ち上げられるような制度が整備されたのである。

(2) 特定非営利活動促進法の内容

この法律は,「特定非営利活動を行う団体」に法人格を付与することで,「ボランティア活動をはじめとする市民が行う自由な社会貢献活動としての特定非営利活動の健全な発展を促進し, もって公益の増進に寄与することを目的」(第1条)とするとしている。特定非営利活動とは,「不特定かつ多数のものの利益の増進に寄与することを目的とするもの」と定義されていて, 現在17種類が法定されている (表8-1)。

特定非営利活動法人は, 特定非営利活動を主たる目的とすること (第2条2項) とされているが, 特定非営利活動にかかる事業に支障がないかぎりで,

表8-1 特定非営利活動法人の活動領域

①保健, 医療または福祉の増進を図る活動
②社会教育の推進を図る活動
③まちづくりの推進を図る活動
④学術, 文化, 芸術またはスポーツの振興を図る活動
⑤環境の保全を図る活動
⑥災害救援活動
⑦地域安全活動
⑧人権の擁護または平和の推進を図る活動
⑨国際協力の活動
⑩男女共同参画社会の形成の促進を図る活動
⑪子どもの健全育成を図る活動
⑫情報化社会の発展を図る活動
⑬科学技術の振興を図る活動
⑭経済活動の活性化を図る活動
⑮職業能力の開発または雇用機会の拡充を支援する活動
⑯消費者の保護を図る活動
⑰①〜⑯の特定非営利活動を行う団体の運営または活動に関する連絡, 助言または援助の活動

(出所) 内閣府国民生活局 (2004) より作成。

「その他の事業」を行なうことができる。その他の事業は，特定非営利活動にかかる事業以外の事業なのであるが，たとえば収益事業はこれに該当する。もしその他の事業で収益が生じた場合，それは特定非営利活動にかかる事業に使用しなければならないことになっている（第5条1項）。したがって収益事業を行う場合，そこで得た収益は特定非営利活動に使用することになる。

特定非営利活動法人を設立するには，設立の申請書を所轄庁に提出して，「所轄庁」の認証を得る必要がある。ただ，認証されるためには，法律の定める「認証の基準」を満たさないといけないことになっている（第12条）。それは，(1)設立の手続ならびに申請書および定款の内容が法令の規定に適合していること，(2)当該申請に係る特定非営利活動法人が第2条第2項に規定する団体（①営利を目的とせず，社員の資格の得喪に関して不当な条件を付さず，そして②役員のうち報酬を受ける者の数が役員総数の3分の1以下であること，かつ③宗教の教義を広め，儀式行事を行ない，および信者を教化育成することを主たる目的としない，④政治上の主義を推進し，支持し，またはこれに反対することを主たる目的としない，⑤特定の公職の候補者若しくは公職にある者または政党を推薦し，支持し，またはこれらに反対することを目的としない）に該当するものであること，(3)暴力団，暴力団またはその構成員の統制の下にある団体に該当しないものであること，(4) 10人以上の社員を有するものであること，の以上の点である。

特定非営利活動法人の所轄庁は，法人事務所の所在地を管轄する都道府県知事（2つ以上の都道府県に事務所を置く場合は，内閣総理大臣）である。法人の設立過程は，法定の申請書類を所轄庁に提出し，申請があった団体名などについての公告，申請書類（のうち，定款，役員名簿，設立趣旨書，事業計画書，収支予算書）の2ヶ月間の縦覧の後，認証または不認証の決定を所轄庁が2ヶ月以内に行なうとされている。

また，特定非営利活動法人に関する情報公開制度もこの法律の特徴となっている。具体的には，設立認証申請・定款変更・法人の合併の際に提出する書類の公告・縦覧（10条第2項，25条第5項，34条第5項），法人の事務所に事業報告書，財産目録や役員名簿などを備えておいて，利害関係者に公開さ

せる義務（28条），毎年1回，事業報告書や役員名簿などを所轄庁に提出する法人の義務およびそれらを一般に公開する所轄庁の義務（29条）が定められている。これにくわえて，特定非営利活動法人に対する所轄庁の監督についても規定されていて，所轄庁は，法令違反・定款違反などの場合，業務・

図8-2　特定非営利活動法人数の増大
（出所）内閣府国民生活局（2004）より作成。

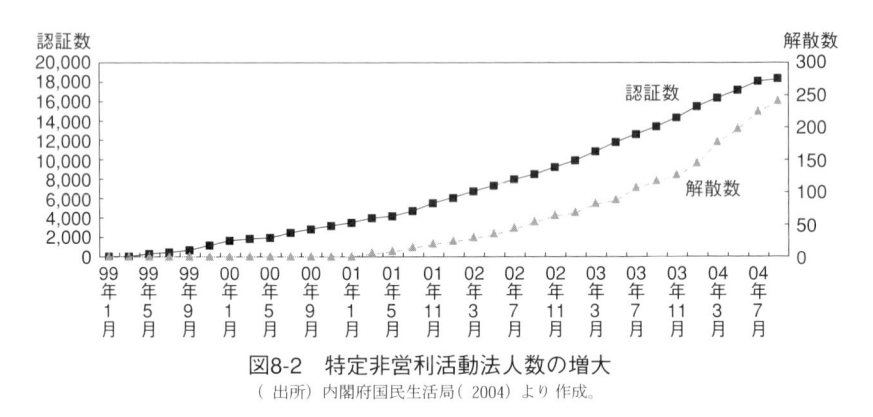

表8-2　活動領域別の特定非営利活動法人数（2004年6月30日現在）

活動の種類	法人数	割合（%）
保健，医療又は福祉の増進を図る活動	9,965	57.2
社会教育の推進を図る活動	8,239	47.3
特定非営利活動を行う団体の運営又は活動に関する連絡，助言又は援助の活動	7,364	42.3
まちづくりの推進を図る活動	6,876	39.5
子どもの健全育成を図る活動	6,768	38.8
学術，文化，芸術又はスポーツの振興を図る活動	5,449	31.3
環境の保全を図る活動	5,092	29.2
国際協力の活動	3,947	22.7
人権の擁護又は平和の推進を図る活動	2,718	15.6
男女共同参画社会の形成の促進を図る活動	1,627	9.3
地域安全活動	1,530	8.8
災害救援活動	1,190	6.8
職業能力の開発又は雇用機会の拡充を支援する活動	1,105	6.3
経済活動の活性化を図る活動	956	5.5
情報化社会の発展を図る活動	766	4.4
消費者の保護を図る活動	421	2.4
科学技術の振興を図る活動	367	2.1

（出所）内閣府国民生活局（2004）より作成。

財産状況についての報告徴収・立ち入り検査（41条），改善命令（42条），設立認証の取消し（43条）[*7]を行なうことができる。

(3) 特定非営利活動法人の現状

では，特定非営利活動法人の現状を見ていこう。法人格の取得数は年々増大している。2004年8月の時点で，法人認証数は，19,876である。一貫した大幅な伸びが特徴であるが，同時に解散する法人も増大している（図8-2）。

実際，特定非営利活動法人の17活動領域の中で，どの領域での法人格取得が多いのか。多いものから順に3つ並べると，「保健，医療または福祉の増進を図る活動」，「社会教育の推進を図る活動」，「特定非営利活動を行なう団体の運営または活動に関する連絡，助言または援助の活動」である（表8-2）。法人の活動領域について，1999年，2001年，2004年それぞれの時点で比較をしてみた（図8-3）。それぞれの年を見比べてみると，特定非営利活

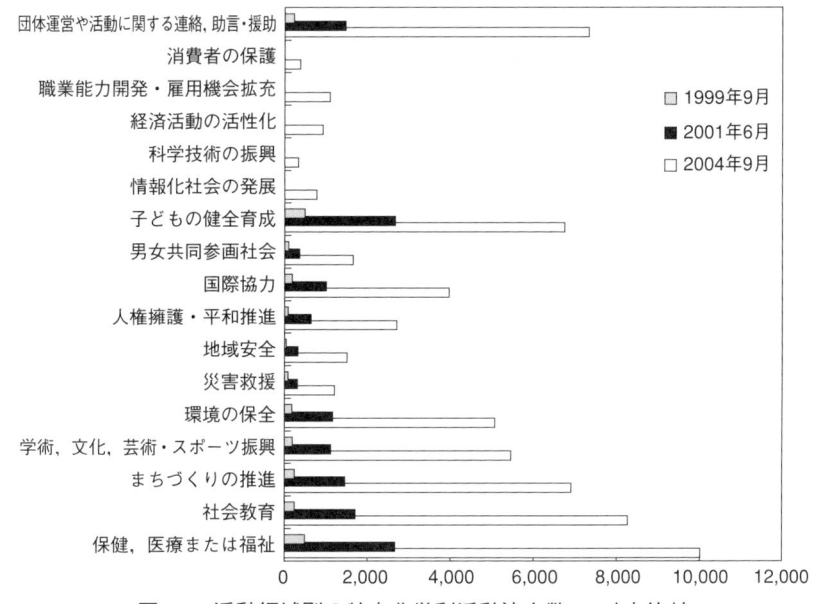

図8-3　活動領域別の特定非営利活動法人数の3時点比較
（出所）内閣府国民生活局（2004）より作成。

第8章　地域社会とNPO　139

動法人の増大は，うなぎのぼりの状況であることと，保健，医療または福祉，社会教育，まちづくり，子どもの健全育成，そして団体の運営や活動に関する連絡，助言・援助の活動を行なう特定非営利活動法人が一貫して多いということがわかる。

(4) 特定非営利活動促進法の問題点

　特定非営利活動促進法は，NPO が社会のニーズを満たす担い手として活躍しつつあったという事態に応えるために，その活動を保障するべく制定された。この法整備によって，NPO は，法的な地位が保障されるという利点を享受できるようになった。NPO 活動を支える法制度ができたことには大きな意義があるといえるであろう。

　ところが，特定非営利活動促進法にも問題点を指摘することができる。とりわけ，もっとも深刻な問題点は，NPO の財政基盤を支援する税制優遇措置が不十分であるという点である。特定非営利活動「促進」法であるはずなのに，その促進策である財政支援が手薄になってしまっている。

　財政支援策が全くないわけではない。2001 年から「認定特定非営利活動法人」が制度化され，税制上の特例措置が設けられた。認定特定非営利活動法人とは，特定非営利活動法人のうち一定の要件を満たしたものを国税庁長官が認定する法人である[*8]。この認定特定非営利活動法人に個人または法人が寄付をすると，寄付者に税制優遇を認めるというしくみが導入されたのである。これは，認定特定非営利活動法人に対して寄付金を支出した場合，課税対象所得から一定の額を控除，または損金算入するというものである。個人が寄付した場合は，総所得額の 25％を限度として，1 万円を除した額が控除される。また，法人が寄付する場合，特定公益増進法人への寄付金との合計額について，一般寄付金とは別に損金算入をすることができる[*9]。寄付金の一定額を課税対象から除くことで，結果税負担を軽減することによって個人や法人が NPO に寄付を行うインセンティブを高めさせるという制度である[*10]。くわえて，現在では「みなし寄付金制度」も導入されている。これは，認定特定非営利活動法人の収益事業の所得の一部を，非収益事業のために支出す

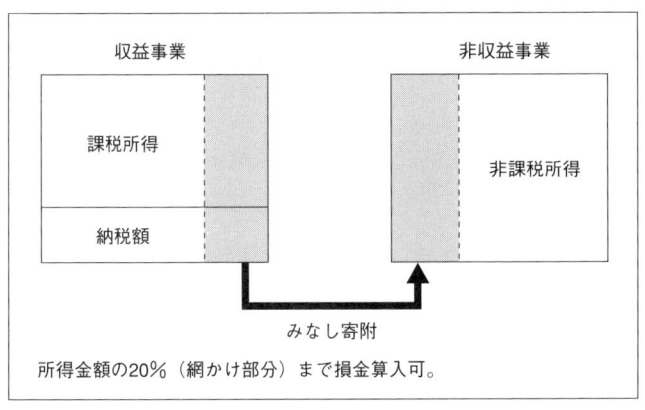

図8-4 みなし寄付金制度
（出所）国税庁　2004: 3。

れば，その額について寄付金が寄付されたとみなして，損金算入を可能にするというしくみである[*11]（所得の20％が限度とされている）（図8-4）。

　法律が制定されたころと比べると，寄付金の税制優遇とか，みなし寄付金制度が導入されるうごきがあって，財政的支援は充実化の方向にあるといえよう。しかし，すべての特定非営利活動法人がこの対象となっているわけではなく，認定特定非営利活動法人でなければこうした財政的支援を受けることができない上，認定特定非営利活動法人となることこそが難しい。こうしたことを考えると，財政支援はまだ不十分といわざるをえない。くわえて，もっと踏み込んだNPOへの本格的な財政的支援，ことに税制の見直しはまだこれから検討し続けるべき課題である。

4　地域社会で活躍するNPO

　ここで，特定非営利活動法人の事例ではあるが，実際に地域社会の中で活躍しているNPOの活動を見ておこう。どうやってNPOが形成されてきたのか，どのような活動を行なっているのか。

(1) 衰退する都市地域の再生と NPO 活動
　　――室蘭地域再生工場（北海道室蘭市）

　室蘭市は，古くからの工業都市であり，鉄鋼産業を中心に発展してきた企業城下町である。しかし，近年は鉄鋼産業も縮小してきており，地域の産業停滞と人口減少が顕著になってきている。室蘭地域の事業所数は，1975年には7,160だったのが，1999年では6,139となり，室蘭の発展の要である港の入港船舶数は，1996年には1万隻だったのが，2000年には8,500隻と一貫して減少している。

　こうした室蘭の衰退の中で，ユースホステルのペアレントであるF氏が室蘭の地域再生に向けて，観光やまちづくりに個人的な活動を続ける中，1998年に室蘭工業大学の教員，そして市職員，青年会議所，市民グループなど有志と一緒に，政策提言やその実践ができる組織をつくった。それが地域再生工場である。活動の当初は，自由参加方式の勉強会を開催していたが，有志グループとしての活動が拡大するにつれて，行政や大学・企業との連携が必要となってきたことや，対外的な責任，社会的信用が組織に求められるという理由から，特定非営利活動法人格を取得することとなった。現在は，「産業観光」（歴史的産業資産とか，農林漁業，地域文化を観光資源として，観光客と地域との人的交流から新しい文化や産業を生み出し，地域の再生とか自立をねらいとする）をテーマに，室蘭にある工場の見学ツアーを中心事業として，商店街や町内会と地域通貨の実験を行なっている。また収益事業としてコミュニティエフエム事業も計画されている。くわえて去年は，室蘭地域のものづくりを発信するホームページを地域再生工場と市，企業，大学との協働で作成することとなった（図8-5）。

(2) 小さな農村集落の自治と NPO 活動
　　――新田村づくり運営委員会（鳥取県智頭町）

　鳥取県智頭町は，鳥取県と岡山県の県境に位置する。高齢化と過疎化がどんどん進んでいる典型的な中山間地域である。その智頭町の中にある新田（し

図8-5 室蘭市・eものづくりのまちホームページ
（出所）http://e-moco.net/index_f.html

んでん）集落が，特定非営利活動法人を設立した。農村集落が特定非営利活動法人としてNPO活動を進めているのである。

新田集落は，全人口が55人というとても小さな集落で，住民は3人に1人が65歳以上となっている。

これからの農村集落には厳しい時代がやってくる。小さな農村はこれから取り残されるのではないか——新田の人々は幾重にも積もる危機感を抱いていた。過疎化や高齢化が進み，このままでは廃村になってしまうかもしれない，しかも国や地方自治体財政が逼迫してきていて，もはや国や地方自治体には依存できない。こうした状況を克服するために，特定非営利活動法人の設立に踏み切ったのである。

この地域が特定非営利活動法人となることを選択したのは，「財政基盤のしっかりした，小回りのきき，すみずみまで手の届く『小さな自治体』をつくり，自分たちのできることは，自分たちのできるところまでやってみよう」というモチベーションからである。自治会のような伝統的地域住民組織では，積極的に新しい事業，とりわけ収益事業を展開したり，行政への依存を断ち

第8章 地域社会とNPO 143

写真8-1　新田集落の『総合計画』
（出所）新田部落『第3次総合計画』より。

写真8-2　伝統の人形浄瑠璃
（出所）新田部落『第3次総合計画』より。

切ったりすることがなかなか難しい。地域全体をNPO化するということが，地域の経済的自立，行政からの自律を達成するという隘路を切り抜けていく手段に位置づけられているのである。現在，新田村づくり運営委員会は，法人格を取得する前から地域で取り組んできた都市農村交流事業を継続して，収益事業の一環である宿泊施設の経営，共有林の管理，棚田の保全とか新田の古くからの伝統芸能である人形浄瑠璃の上演と継承などに力を入れている（写真8-1，8-2）。この集落のNPO化は，小さな農村集落に，地域経営の責任感とか，緊張感を伴った地域活動をもたらした。ただ，同時に小さな農村集落ゆえの悩みもある。集落の構成員全体が協働してNPO活動に参加しているものの，高齢者が多く，活動の継続が大きな検討課題となっているようである。

(3) 2つの事例

2つの事例は，もともと何らかの形で人々の集まりがあって，さらなる活動展開を実現することを期して，特定非営利活動の法人格を取得して，NPO活動を展開するという事例である。室蘭地域再生工場については，もともとは地域再生に関心を持つ有志グループとして勉強会を開催していた集団が，活動の拡大の中で，組織性や継続性，かつ活動の社会的信用性を獲得

する手段として特定非営利活動法人を選択し，NPO活動を展開している事例である。また新田村づくり運営委員会は，農村の衰退が顕著となる中で，昔からつづく農村の地域共同体が地域の自立化を達成する手段として特定非営利活動法人を選び，NPO活動を展開しているという事例である。

こうした事例から読み取れることは，地域社会をとりまく種々の諸問題に対処しようという人々の気概が，NPO活動という形になって湧き上がっているということである。

5　NPOに求められる役割

さて，NPOは第3のセクターとして，政府や市場が問題対応にうまく機能しえないことを背景として存在しているということを冒頭に見た。そうしたNPOの社会的意味とか存在意義は近年どんどん大きくなってきているのである。これからのNPOについて，とりわけ注目していかなくてはならないのが，すでに指摘してきたことであるが，NPOが公共的問題解決の主体として活躍していくということである。事例紹介でも見たように，すでに地域の問題解決においてNPOは活躍しはじめている。

公共的問題解決主体としてのNPOは，いったいどのような役割を具体的に担うことになるのか。NPO活動の現状をふまえつつ，NPOに求められる役割を整理しておこう。[*12]

第1に，問題の発見という役割がある。政府や市場も公共的問題を発見し，解決する責任を負っているが，政府や市場だけでは発見しきれない問題もある。共通関心を持って集まってきた人々が何らかの問題なりニーズ，とりわけ政府や市場が十分に対処できていない問題・ニーズを発掘し，それを社会でとりくむべき課題として顕在化させていくのである。

第2に，そうして発見した問題について，まずはその解決に向けて他者に働きかけるという役割がある。こうした役割は，さまざまな問題を社会に提起し，その解決のための資源の提供を社会に呼びかける「アドボカシー（唱道・代弁）」といわれている。アドボカシー活動は，政府や市場に対して，

単に要望を突きつけたりとか，単に政府や市場の決定に抵抗したりする活動とは一線を画する。政府や市場に働きかけて，問題の解決のために政府や市場を動かすのであるが，とくに，アドボカシー活動では，市民の視点から問題解決の方針・方法（政策）を「提案・提言」して，一緒に問題解決にとりかかるという姿勢が重視されるのである。この役割はまた，既存の問題解決主体である政府や市場の活動をチェックして，より実効的な問題の解決を実現しようという監視的な意味合いももつ。政府や市場の評価活動という側面もあわせもつのである。政府や市場（企業）が事業計画を作成するときに意見を述べたり，さらには計画の案を提示したりすることもある。その計画の成果をチェックすることも重要である。また，政府や市場だけではなく，ほかのNPOに解決を呼びかけることも重要である。NPO同士のネットワークを形成して，コラボレーションによって問題を解決するということも求められてこよう。NPO同士の力を合わせて，問題解決にとりくんでいくのである。

第3は，発見した問題の解決を他者に働きかけるということにくわえて，自主的に問題解決にとりくむという役割がある。何らかの問題を発見して，社会的ニーズを充足することを政府や市場に要求したりゆだねたりするのではなく，まず自分たちでできる範囲で，その解決・充足に即応的・先駆的に立ち向かう。みずからが事業主体となり，公共サービスという形で問題解決にとりくむのである。そこでは，細かく多様な価値観やニーズに対応して，より自由に公共サービスを供給する役割が求められる。とりわけ，NPOが公共サービスの供給に関わる理由づけとして，第1に問題対応に時間をかけない，第2に刷新的な問題対応が可能となる，第3に問題対応が地域社会の実情に合致したものとなるといったことがある（Saidel 1989：340）。

第4に，上記の役割全体に共通することだが，社会変革という役割がある。NPOが公共サービス供給を行なったり，政府や市場に解決策を提言したりすることは，既存の政策に変更を迫ったり，また，政策全体に新しい価値をもたらしたりすることとなる。ただし，その諸行為すべてが，個々具体的な政策内容を改善していくことはもちろんのこと，それだけではなく，さらに

社会のあり方そのもののイノベーション（社会変革）を最終的な目標とするのである。この点にNPO活動の意義がある。NPOは，政府や市場の失敗の単なる穴埋めのためだけに登場してきているのではないのだ。

6 おわりにかえて

　7, 8年前のことだが，とある農村で「NPO」のことを話したら，「何それ」と目をまるくされたことがあった。ある自治体でも，熱心な住民が「特別非営利活動法人を立ち上げたい」と役場へ相談したものの，職員自身がまったくNPOを知らなかったという話を聞いた。それがいまや，いろんなところで「NPO」という言葉を見聞きするようになった。わが国でもようやく「非営利」とか「NPO」という概念が市民権を得てきた証左であろう。

　NPOのよさは，何といっても，関心—志を共有する人々が一緒になって，世の中の問題を共同解決していく舞台となることにある。共通関心に基づいて人々が集まり，しかもそうした共通関心からは，NPOの「社会的使命」が形成されていき，さらにはそれに共感した人々がNPOに入ったり，ある人はそのサービスを受けようとするし，ある人は寄付金や助成金を出そうとする。こうしてNPOは，何重にもなったネットワークを人々の間につくりだす。そうしてそれが自分たちの思い描く社会を実現していくのである。

　しかし，ここで課題も考えておく必要がある。1つには，NPOは「新しい公共的問題解決の担い手」として重要な役割を果たし，活躍していくことが期待されるのだが，現在のNPOの組織力では少々心許ないのが現実である。多くのNPOは収入規模が小さく，NPOを支える人材はまだ不足しているのである。NPOがもっと活躍しうるための条件整備を行なっていくこと，NPOが問題解決主体として育っていくための環境づくりも必要となっているということができよう。[*14]

　2つには，それゆえ，NPOに対する過大評価は，何にも増して避けなければならない。まだNPOは成長過程にあるといってよい。NPOが結成されることは，自動的に，NPOが十分な力量を有した問題解決主体となるこ

とを意味するのではない。目の前にある問題を解決しようという人々が解決の経験と力量を蓄積する過程を展開していく。NPOが十分な問題解決の担い手となっていくには、そうした人々の経験と力量の蓄積がその土台にあるのだ。

そして3つには、NPOがこれから社会で重要な役割を果たしていくとき、問われてくることは、多くの市民から信頼を得るということである。それは、アカウンタビリティの確立という課題とつながってくる。NPO自身も活動やその成果についてきちんと責任を負う必要があるし、透明性の高い運営をしていく必要があるのだ。NPOの活動を評価するということも考えておかないといけない。

NPOはこれからどんどん生まれてくるであろうし、新しい公共的問題解決の重要なアクターとして確固とした位置づけを得ていくことになるだろう。ただ、NPOを支える法制度とか、政府の態度、また企業の理解、そしてわたしたち1人ひとりの意識と態度そのものが、これからのNPOの可能性を大きく左右していくことになるのも確かである。

注
* 1 「第三セクター」ではなく、第3「の」セクターとして「の」を挿入しているのは、「第三セクター」といった場合、わが国では、政府と民間企業の共同出資によって設立される事業体（新聞やニュースで「三セク」と称される）を意味することになり、これとの混同をさけるためである。「サードセクター」といったりもする。
* 2 レヴィットは、第3のセクターを旧セクターと新セクターに分け、旧セクターはどちらかというと政府や市場の手がとどかない領域を扱っていたが、新セクターは、政府や市場セクターがその活動範囲を大きくしてくるにつれて、それらと対抗して、制度改革や社会変革を積極的にすすめるようになったと論じている（Levitt 1973: 90-133）。
* 3 公益法人は、民法34条に、「祭祀、宗教、慈善、学術、技芸その他公益に関する社団または財団にして営利を目的とせざるものは主務官庁の許可を得て之を法人と為すことを得」と規定されている。①公益に関する事業を行なうこと、②営利を目的としないこと、③社団または財団であること、④主務官庁の許可を得ること、という4要件を満たす組織である。
* 4 営利の社団法人については、民法35条「営利を目的とする社団は商事会社設立の条件に従い之を法人と為すことを得」とされている。営利目的の社団法人という

と具体的には民間会社などが該当する。この場合、一定の要件が整えば、登記をすることによって法人化を可能とする「準則主義」が採用されている。「準則主義」は、一定の要件さえ満たせば、法人格を取得することができるという方式なのである。
＊5　「社員」とは、日常用語の「会社の従業員・サラリーマン」のことではなく、「社」団の構成「員」のことである。社員は、団体の正式のメンバーであり、総会での議決権を持っている人々のことである。(熊代 1998：118)。
＊6　定款（ていかん）とは、法人の目的、内部組織、活動などに関する根本規則を定めたものである（熊代 1998：93）。
＊7　認証の取消しについては、改善命令（42条）に違反したときだけではなく、毎年提出しなければならない事業報告書などを3年間提出しなかったときもその要件とされている。そうした書類提出義務違反による認証取り消しは、設立されたものの活動していない「休眠法人」を整理するという意味を持っている。
＊8　2004年7月26日現在で、認定特定非営利活動法人は、24法人である（国税庁ホームページ，http://www.nta.go.jp/category/npo/04/01.htm）。
＊9　特定公益増進法人というのは、公益法人などのうち、主務官庁と財務省が一定の要件を備えていると認めた法人をいう。特定公益増進法人に対する寄付金にも寄付控除が認められている。
＊10　ただし、損金算入限度額が設けられていて、その額は（資本金×0.0025＋所得の金額×0.025）÷2で算出する。くわえて、相続または遺贈によって財産を取得した者が認定特定非営利活動法人に財産を寄付した場合は、その財産は相続税の課税対象から除外される。くわしくは、国税庁（2004）などを参照。
＊11　特定非営利活動法人に対する課税は、法人税法と照らし合わせる必要がある。現行法人税法では、特定非営利活動法人の事業が法人税上の「収益事業」に該当する場合、その所得に対して課税されるしくみになっている。だから、「特定非営利活動に係る事業」であっても、それが法人税法上の「収益事業」に該当すれば、そこで生じた所得に対して課税されることになる。特定非営利活動に対しては、非課税とするような措置が必要である。
＊12　NPOの役割については、山岡（2004）を参照した。
＊13　たとえば、要望突きつけ型には、「○□センターを整備してほしい」とか「道路をつくってほしい」などのいわゆる作為要求型の運動があてはまる。また、抵抗型運動には、廃棄物処理場建設など、公共事業に地域住民が反対するような作為阻止型の運動があてはまる。
＊14　内閣府の調査によると、NPOの資金力、財政規模は、10万円未満のNPOが32.9％、10万円から30万円未満のNPOが17.8％、30万円から100万円未満で18.9％となっていて、財政規模が100万円未満のNPOは全体の7割近くになる。NPOで働くスタッフについては、事務局スタッフ数が5人以下であるNPOが全体の59.1％を占めていて、しかも無給スタッフが多い（内閣府 2001）。また、奈良県の行なった調査からは、活動の悩みごととして、特定の個人に責任や作業が集

第8章　地域社会とNPO　　149

中することや，新しいメンバーが増えないこと，メンバーの活動などの時間の確保が困難であること，活動の中心となるリーダーや後継者が育たないこと，活動資金が不足していることをあげているNPOが多いことがわかった。人材不足と資金不足がNPOの悩みとなっているのである（奈良県生活環境部県民生活課2003）。

参考文献

雨宮孝子　1997「NPOをめぐる法制度と税制度」山岡義典編著『NPO基礎講座――市民社会の創造のために』ぎょうせい。
雨宮孝子・小谷直道・和田敏明　2002『福祉キーワードシリーズ　ボランティア・NPO』中央法規。
NPO研究フォーラム　2000『NPOが拓く新世紀』清文社。
熊代昭彦編著　2001『日本のNPO法――特定非営利活動促進法の意義と解説』ぎょうせい。
国税庁　2004『認定NPO法人制度の手引』(http://www.nta.go.jp/category/npo/02/01.htm)。
佐藤慶幸　2002『NPOと市民社会　アソシエーション論の可能性』有斐閣。
内閣府国民生活局　2001『2001年市民活動レポート〈市民活動団体等基本調査報告書〉』。
内閣府国民生活局　2004『NPO公式ホームページ』(http://www.npo-homepage.go.jp/)。
奈良県生活環境部県民生活課　2003『ボランティア・NPO活動実態調査報告書』(http://www.pref.nara.jp/kenmin/npotoutyousa.htm)。
山岡義典　2004「市民活動団体の役割と課題」神野直彦・澤井安勇編著『ソーシャル・ガバナンス』東洋経済新報社。
Levitt, T. 1973 *The Third Sector: New Tactics for A Responsive Society*, Amacom Press（1975『現代組織とラディカリズム――社会変革の新しい戦術』佐藤慶幸訳，ダイヤモンド社）
MacIver, R. M. 1920 *Community: A Sociological Study*, MacMillan.（1975『コミュニティ』中久郎・松本通晴監訳，ミネルヴァ書房）
Saidel, J. R. 1989 Dimentions of Interdependence: The State and Voluntary-Sector Relationship, *Nonprofit and Voluntary Sector Quarterly* 18(4).

学習の課題

1　NPOとはいったい何なのだろうか。NPOが存在する理由と組織的特徴についてまとめてみよう。
2　これからNPOにはどのような役割が期待されるのだろうか。
3　あなたの住んでいる地域には，どんなNPOがあるのか，NPOの活動内容や課題などを調べてみよう。

> # 第9章
地域計画と地域福祉

1 はじめに

　私たちは，日々の生活を家族で楽しく幸せに暮らしていきたいと誰もが望んでいるだろう。しかしながら，病気，貧困，失業，災害にあう，事故にあうなどだけでなく，心身に障害を受ける，孤独になる，老齢になる，幼少なのでひとりでは生活力がないなどにより，日々の生活がうまくいかなくなるようなことが起こりうる。このような状況に置かれた場合，どうすれば元のような生活が送れるようになるだろうか。自分だけでは解決できない場合もあるだろう。そこで，社会的に協力，共同することをつうじて，その問題の解決にあたり当事者を救済していくということが，古くから場所を問わず行なわれてきた。これは，さまざまな人や事業者により行なわれており，たとえばその家族や親族による援助，宗教団体，為政者，個人の篤志家による慈善事業，地域社会の住民同士による助け合い，などがある。

　しかし，社会が変化し経済問題や国際問題など諸処の事柄の規模が大きく互いに複雑に影響しあうようになるにつれ，生活困難の課題や要因も複雑化し，家族・親族や地域社会の住民による助け合いがどうにか機能していても，このような助け合いだけでは対応できなくなってきた。そこで，社会変化に伴い，社会福祉と呼ばれる社会的救済制度を作り，これらの生活困難の問題に対処するようになった。

　この社会的な協同は，20世紀になってから登場したものである。

2　社会変化と地域福祉

　日本の社会福祉制度は，第2次世界大戦後の1951年に制定された「社会福祉事業法」に始まる。この社会福祉事業法を軸に，福祉をうける側の属性によって，障害者，児童，高齢者，寡婦，医療などの分野ごとにサービスのあり方を規定した社会福祉六法による体制（生活保護法，児童福祉法，身体障害者福祉法，知的障害者福祉法，老人福祉法，母子及び寡婦福祉法）が1965年までにつくられた。

　1950年からほぼ20年にわたって，日本は「高度経済成長期」といわれる時代であり，経済の成長に伴い社会生活も影響を受け大きく変化した。特に高度経済成長期の前半においては，日本の産業構造はそれまでの農林水産業を主体とした第一次産業中心から，工場労働を主体とする第2次産業中心へと移行し，就業構造も大きく変化した。地方の農村，山村，漁村から東京や大阪などの大都市圏へ，より稼げる仕事を求めて多くの労働者が移動していった。人々の暮らしにおいては，農村，漁村などにみられた伝統的な地域共同体の解体が進み，若年層が都会でそれぞれ家族をもつようになったため家族形態も大家族が減少し核家族の増加という現象が見られるようになった。

　また，多様な形態の生活困難が，諸階層間にひろがりそれを自分たちの力で解決していくことが困難になり，社会福祉での援助やサービスを生活の支えとして必要とする人々が増加してきた。この当時は，離別や死別した母子家庭の経済的な自立は困難であり，さらに結核などの伝染性疾患も多く公衆衛生はまだまだ十分ではなかったという事情が背景にあった。

　この社会福祉六法は，主に生活保護など経済的な困窮に対する金銭的な援助や身体の障害に対する補装具の提供，機能回復訓練の機会の提供などの自立への援助，就労に必要な訓練機会の紹介を中心としたものであった。それまでの家族・親族による助け合いの能力，介護の能力などの提供を前提とし，何らかの事情でそれができなくなった場合，必要な援助を社会的に提供する

という考え方であった。つまり家族にその力が無い場合は，専門施設に長期にわたり入所するというような家族や住み慣れた地域社会から離れて暮らさなければならないという援助の方法であった。

当時は，医療保険制度や年金保険制度が，国民皆保険制度ではなかったため加入していない人も多く，従って受給できない人も多かったのである。このため，社会福祉制度における金銭的給付を中心とする援助は，生活の困窮を解決する手段として大変重要であったといえよう。

このような福祉六法を軸とする社会福祉体制では，「地域」や「地域福祉」という考え方ではなく，それぞれが抱える社会福祉問題を行政がとらえ，行政側がその対象に対して何が必要か判断していた。そして，行政の判定に基づく「措置」として福祉が提供されており，福祉サービスを受ける側が自分で選択したり決定したりできないシステムであった。

さて1970年代にはいり，高度成長期から続いてきた人々の生活の変化は，あらたな局面を迎えた。1970年は，65歳以上の高齢者の人口比率が7％を越えた年で，この年から高齢化社会に入ったといわれている。高齢化は，今まで経済的な生活困窮者という社会の一部に現れるような問題ではなく，国民社会全体にあらわれる問題であり，金銭の給付だけでは解決できない問題であった。従来の福祉六法では，福祉サービスが必要な対象者として経済的に困窮している人を考えていたため，この新しい問題に対応しきれない部分が出てきたのである。

そこで，当時の厚生省は，この問題に対して社会福祉施策の2つの方向を検討した。

ひとつは，高齢者の長期入所や一時入所などに対応するような社会福祉施設を整備することである。これに基づき，1971年より，「社会福祉施設緊急整備5カ年計画」が策定され，特別養護老人ホームなどの施設が大幅に増設されたのである。

もうひとつは，地域での福祉，コミュニティによるケアをすすめる考え方であった。高齢者は，専用の施設だけでなく，住み慣れた家や地域で家族，

友人に囲まれて過ごせるような社会福祉サービスを求める。これに応えるために，社会福祉施設だけでなく住んでいる家で受けられるような福祉サービスの提供を実施する必要が出てきたのである。そこで，市町村の社会福祉協議会を中心としたボランティア活動として先駆的に在宅者に対する福祉サービスの提供が進められたのである。

さらに低成長時代といわれる80年代にかけて福祉六法では対応できない点や，また援助者と援助を利用する人との関係や地域での共生を考えていくというノーマライゼーションの考え方などをふまえ福祉に関する法律の改正が検討されてきた。

1990年には，高齢化社会の進展やノーマライゼーションの考え方をうけて，「社会福祉事業法」が改正され，社会福祉六法を軸としていた構造は大きく転換されたのであった。

この1990年の改正で大きく変わったことは，福祉サービスは利用者主体の物であるという考え方と市町村を中心とした行政がそれぞれの地域の実体を把握し地域に応じた福祉サービスを計画し提供していくことが求められていることである。また，今後の社会福祉行政のあり方として，行政だけではできないところは地域住民の理解と協力を得て実施していくことが明記されている。つまり，地域住民の参加による福祉サービスの提供が求められるようになったのである。

以前の福祉体制では，地域の事情に対応する事はあまりできず，各福祉の対象者の属性に対して福祉サービスが提供され「地域」という考えはほとんどなかったのであるが，この改正にともない市町村という枠組みで地域における福祉を計画的に進めていくという方向が示され，社会福祉において「地域」，「地域福祉」という概念が出されたのであった。

しかしながら，この法律には，地域住民の参加について具体的に明示されていないことなどの問題点もあった。

1990年代にはいると，さらなる高齢化と少子化が進展し，地域における福祉の局面においても大きな問題としてクローズアップされるようになってきた。

これに対応するように，1994年「地域保健法」にて子どもの健診，成人の健診を市町村で実施し，在宅福祉サービスと地域保健を一元化するようになった。また，同年「高齢者，身体障害者が円滑に利用できる特定建築物の建築の促進に関する法律（ハートビル法）」により，公共建築物だけでなく，デパートやホテルをはじめとする不特定多数の人が利用する施設に対しスロープや手すり，多目的トイレの設置などをはじめとするバリアフリー化が促進されるようになった。

　少子化をふまえた児童に対する福祉については，ユニセフの国際家族年でもあった1994年，日本は「子どもの権利条約」に批准・発効し，今までの保護を必要とする児童に対する補完的で代替的な救済から「たくましい子ども・明るい家庭・活力とやさしさに満ちた地域社会を目ざす21プラン研究（〔当時は〕厚生省）」へと理念が転換された。同年には，子育て支援策として10カ年の計画案である「エンゼルプラン」が，発表された。さらに1997年の児童福祉法改正により，全ての児童が福祉の対象となり，一般的な人々の育児が福祉サービスの対象となり，育児を支援するという方向が示された。

　より顕著になった高齢化への対応として，先のハートビル法もその一つであるが，大きな動きとして，1997年の「介護保険法」の制定がある。これにより，介護は，家族や親族がするという個人的なものより，様々な介護サービスを選択して利用しながら行なうというより社会的なものへと転換していったとも言えよう。

　さらに，いくつかの制度によってその補完がなされてきたが，2000年5月の国会で「社会福祉の増進のための社会福祉事業法の一部を改正する等の法律案」が可決され「社会福祉法」と改正された。

　これにより，社会福祉の全分野についての共通的基本事項を定め，福祉サービス利用者の利益や地域における社会福祉の推進を図ることが明記された。この改正においては，特に「地域」や「地域福祉」について推進していくことが明記されている。社会福祉事業を経営する者の他に地域住民やボランティア（社会福祉活動を行なう者）を明記したことや福祉サービスを必要とする人が地域住民として生活していく機会の持てる福祉コミュニティの考え方

がうたわれている。

　また市町村に関連することとしては，高齢者，障害者，児童・育児支援などの分野について統合的な市町村地域福祉計画の策定を住民参加で行なうことや市町村社会福祉協議会を地域福祉推進の中核として位置づけ，ボランティア活動を行なう者を構成メンバーとして位置づけるなどの改正がなされている。このようなことから，1990年代後半のボランティア活動の広がりやNPO活動の活発化を受けてボランティアを積極的に地域福祉の場に受け入れて，行政や住民との協働が想定されていることが見受けられる。

　また，この社会福祉法のなかでは，2003年より各市町村において地域における福祉活動を行なう者の意見を反映した「地域福祉計画の策定」が義務づけられている。

　日本の社会福祉について，時代と社会変化を追っておおまかな流れをみてきたが，地域社会との関係において，社会福祉は現在大きく方向を転換しようとしていることがわかるだろう。

3　少子化社会と地域福祉

　日本が直面している社会問題のうち，誰もが何らかの関係を持つ可能性があるのが，高齢化と少子化であろう。老いは誰にでもいつかやって来る普遍的なテーマであり，現在子育て中でなくてもいつか子どもをもとうと思っている人，孫に接するかもしれない人もいるだろう。自分たちの子どもを育てるということだけでなく，次世代を育てるという意味で関わりがあると考えられるであろう。

　ここでは，そのひとつの少子化と育児支援について考えてみよう。

(1) 家族環境の変化

　かつては，伝統的に3世代・4世代同居や親世代の未婚の兄弟姉妹が同居する拡大家族が中心であった。また職業も農業や漁業，自営業が多く，仕事をする場所と住んでいる場所が近いという状況も多く見られた。

このような場合では，子育ては親世代を中心としつつも祖父母世代や未婚の同居親族によっても行なわれていた。さらに周辺に親族が多く住んでいることも多く，近隣から親近感をもった手助けが行なわれていた。また職場と住居が近いこともあり，仕事中は畑の畦で遊ばせていたり，授乳の時間になると祖父母が田畑につれてきたり，店や自宅で客の相手をしながら子どもの世話をするという自由裁量のある働き方も見られていた。もし家族になにか問題が発生した場合，同居家族や周囲の親族によりさまざまな手助けが行なわれ，家族の崩壊を予防し問題の解決にあたることができた。

　このような生活においては「地域の目」といわれるように，同じ地域に住んでいる子どもには，その地域の大人が目を配り，時には子どもに注意を促すなどいろいろな形で子育てに協力していたといえる。

　戦後，高度成長期になり地方の農村，山村，漁村の若い働き手が大都市圏へ工場などの労働力として移動した。このような人口の大規模な移動により，大都市では，核家族，一人親家庭，ステップファミリー（子連れ再婚家庭）などの小規模化が進んでいった。さらに企業の全国展開や人材の効率化という側面に伴い，全国規模にわたる転勤という勤務地や住居の変更がおこり，「転勤族」といわれるような多いときは2, 3年ごとに引っ越しをせざるをえない人々も発生した。

　大都市圏での小規模家族においては，親族は離れて住み，プライベートの重視という考え方や，マンションなどの防音技術の進んだ鉄筋コンクリート住居の普及により親族関係や近隣関係は希薄化が進み，以前ほどの密度の濃い近隣関係は失われそれに基づいていたさまざまな面での助け合いが減少していった。また，転勤による引っ越しがあると，今までの友人，近隣関係を維持できなくなり，新しい場所でゼロから近隣関係を作っていかなければならないという負担が発生した。

　さらに，第二次産業，第三次産業に従事する人が増加し，職場と住居が遠く離れ，工場会社に一定時間勤務することにより，時間の自由裁量が著しく減少し，仕事をしながら育児をするのが困難になってきた。一定の場所で長時間化した業務，長時間の通勤という勤務形態には，家庭内で役割分担をす

ることがよりよい方法であると考えられるようになり，夫が外で仕事し，妻が家庭で家事・育児に専念するという専業主婦のスタイルが見られるようになった。

(2) 少子化

少子化は，現代社会を表現するときのキーワードとして，メディアでもよく聞かれ，日常会話にのぼることもある。

それでは少子化とは，どのような状態であろうか。出生率と死亡率は，先進国において概ね3つの段階を経てきている。最初は，多産多死で出生率も死亡率も高い段階である。続いて栄養状態の改善や医療の発達などにより死亡率が低下し多産少死の段階になる。出生率のほうが死亡率を上回るのであるから，人口も増加する。そして，出生率も低下する少産少死の段階にさしかかってくる。人口学では，女性が平均2.1児を出産すれば将来に渡り著しい人口の増減がなくほぼ同水準で人口が入れ替わっていくことが可能であるとされ，この平均出生児数であることは人口の置き換え水準と呼ばれている。少子化とは，この人口の置き換え水準を出生率の低下により長期間に下回り続ける状況を指している。

日本においては，明治以降しばらく多産多死の状態が続き，大正半ばから多産少死へ移行しはじめ，昭和前半には少産少死の段階へと推移した。戦後，出生率が急上昇するベビーブームを経てまた出生率と死亡率が急速に低下している。日本の平均出生児数は，1.29児（2003年）である。なお，この平均出生児数は，地域によって異なり大都市および周辺地域では，地方都市にくらべると低率であり，全国で最下位は東京都の1.05児である。また，結婚15年から19年の夫婦間の平均出生児数は2.21人（1997年）と，ここ20年くらいは同水準である。

このような出生率低下の要因としては，避妊技術の普及，女性の社会進出，結婚および家族観の変化があげられてきている。女性のライフコースの変化についての高橋重郷の研究によると，60年代は初婚を継続しながら子どもを2〜3人出産し，夫を見送るというコースが多かった。90年にはこのよ

うなコースは全体の34.8%であり，これ以外に初婚継続で無子，一子の型，未婚，再婚型などさまざまなコースを辿る女性が増加しているという。

また，女性の高学歴化も進み，高等学校への進学率が90％を越えている。高校卒業後，専門学校，短期大学，4年制大学への進学も増加している。このような教育期間の延長，さらに就職志向は結婚のタイミングを変化させ，初婚年齢が高くなり平均初婚年齢は，27歳（2000年，国立社会保障・人口問題研究所）となっている。

労働という点から見ると，女性の年齢別の労働力率は，日本では20代と30代後半から40代に山があり20代後半から30代前半にかけて谷となるM字型曲線を描いている。

この谷は，出産，育児の集中する時期であるが，最近はこの部分が30代前半に位置し，谷が浅くなってくるという傾向にある。これは，出産育児に伴う離職傾向が弱まるというライフコースの変化を反映しているといえよう。

(3) 育児環境と育児支援

父親が長時間労働，長時間通勤で育児にかかわる時間がなかなかとれなくなると，母親が主な育児の担い手となってくる。厚生労働省の21世紀出生児縦断調査（2002）によると父親が子どもと過ごす時間は2時間未満が49.2％となっており，そのうち30分未満は15.7％である。もっとも育児に全く関心がないというわけではなく，「いつも入浴をさせる（36.2%）」や「いつも話相手をする（45%）」などの育児をしており，これらの項目については，「時々する」をくわえると90％近くにのぼる。しかし，食事の世話，おむつ換えについては，「いつもする」は，それぞれ9.2%，8.4%となっており，やはり母親が育児の中心であると見られる。これらの項目については，母親が就業している場合の方が，やや高くなっている。

育児の中心となっている母親は，負担を感じることがあるのだろうか。同調査によると「自分の自由な時間が持てない（63.7%）」「目が離せないので気が休まらない（34.7%）」などの項目で負担を感じている。母親の就業形態別では，専業主婦の方が有職主婦に比較するとやや高くなっているものの，

育児への負担感は同様にあると見られる。
　一方,長引く不況によるリストラなどに対する経済的不安,仕事に対する愛着などにより離職する女性は減少傾向にあり,M字曲線の変化にもあるように出産によっても離職する女性は減少している。子どもが満1歳の誕生日まで取得できる育児休業制度が導入されており,職種によっては3年まで延長できるようになった。この制度の利用は,公職従事者を中心に定着しつつあるが,一般の事業所ではまだまだ一部期間の利用者が多い。育児休業による所得の一部保障,年金,保険について不利にならないように配慮されてはいるが,職場への復帰が困難であったり,利用,期間中の所得自体が減少することへの経済的不安から,1年間取得しない場合がある。
　育児休業を1年間取得しない理由の中に,保育園の入園に合わせるというのがある。一般に保育園は年度内の途中入園に比べて,年度始めの4月の方が入園しやすいという傾向がある。フルタイム勤務であっても,待機児童の多い保育園激戦区では希望の保育園に入園するためには4月に入園する方がいいと判断することがあるという。これは,母親が仕事を続けるためには何らかの保育サービスを利用することが不可欠だからである。認可保育園に入れない場合は,無認可保育園,ベビーホーム,保育ママさんなどを利用することになる。どの保育サービスも受けられないと,離職せざるをえない場合も起こりうる。こうしたなかで保育サービス充実に対する要望が高まり,保育園の増設,認証保育所の設置,延長保育にとりくむ自治体もみうけられる。さらには,医療やサービス業など夜勤をする人に対応する夜間対応の認可保育園もでてきている。
　一方,育児全体としては幼保一元化という動きがみられるようになった。幼稚園は文部科学省,保育園は厚生労働省の管轄であるのは周知であるが,幼児を対象とする点では共通点がある。園児の少ない幼稚園では,従来は4歳児,5歳児が対象であったのを,より低年齢の2歳児,3歳児の受け入れ,午後2時の保育終了時間を4時,5時へ延長するなどにより保育機能を高め,保育園化するところが出てきている。このような傾向は,私立幼稚園を中心にみられている。

また保育園では，保護者からの要望もあり自由保育だけでなく幼稚園と同じようなカリキュラムを組むところもあり，業者と提携して保育時間中に別料金でピアノ，体操，造形，英会話などの習い事ができるようにしたりとバリエーションは多彩になっている。保育園も幼稚園化が進んできているようである。

　さらには，同じ敷地内に幼稚園と保育園を設置したり，同じ建物を利用するようなケースもある。フルタイム就業だけでなく，パートタイム就業など働く女性が増加するなかで保育サービスを必要とする待機児童が増加している地域の自治体は，幼保一元化も視野に入れた保育事業計画の検討を迫られている。

　他方で，育児により生活が激変することによるストレスからの育児ノイローゼや児童虐待が社会問題になりつつある。母子密室育児（母子カプセル），公園デビュー，子どもをめぐる人間関係などによるストレスや不安がメディアでも取り上げられるようになった。核家族化が進み，育児の相談をしたり，病気や出産時に応援を頼める人が身近にいないことも要因のひとつだと考えられている。

　このような状況に対し，自治体では育児支援センターによる一時保育や保健婦の訪問などの対応がなされているところもある。また保育園の園庭開放も試みられ，保育士に育児について相談できるところもある。ファミリーサポートといって自宅に子どもを数時間預かる制度や育児サークルの支援をするところも出てきている。

　いずれにしても，少子化の進む中で育児支援は，自治体にとってひとつの重要な課題であろう。

4　高齢化と地域福祉

(1) 高齢化とは

　高齢化とは，どのような状態であろうか。これは，高齢者がほかの世代に対して相対的に増加する事を意味している。一般に総人口に対する65歳以

上の人口の比率が7％を越えた社会が高齢化社会，さらに14％を越えると高齢社会と呼んでいる。高齢化は少産少死の結果であり，出生率と死亡率の低下が著しいほど高齢化の速度が加速される。少子化と高齢化には一種の循環的な関係が見いだされている。高齢化が進むと更に少子化が進むというものである。例えば，少子化により一人っ子家庭が増加すると，一人っ子同士の婚姻も増える。双方の両親が健在なら4人の親の扶養と介護の負担が夫婦の肩にかかってくることになる。介護保険が導入されたとはいえ，介護に関する労働力の中心は，家族にもとめられ，費用負担もある。そうなると家計や家族への労働力との関係から新しく誕生する子どもの数を抑えようとする意思が働くことになり，社会全体として少子化が進み，出生率が下がるとさらに高齢化が進むということである。

厚生労働省によると日本では，1970年に65歳以上の老齢人口比率は7％を越し，その後14％をこえ2000年には17.4％に達しており，14歳未満の14.6％を上回っている。日本は高齢社会にはいったといえるだろう。

高齢化は地域差があり，人口の移動に影響されている。若年人口が都市部に移動する過疎地域では高齢化が進み，高い比率になり，大都市部とその周辺部など若年人口が流入するところでは低率になる。平成9年度の厚生白書によると，2050年には老年人口は，32.3％となると予想されており今後も高齢化は止まりそうにない。

(2) 介護と地域

高齢化がすすむなか，程度の差はあれ介護を必要とする高齢者が増加している。この状況に対応するために日本では2000年から介護保険が導入され，介護認定に基づく介護サービスをうけられるようになった。

介護サービスでは，在宅者向けのサービスはホームヘルパーの派遣や配食サービス，ケーブルテレビを利用した在宅相談，入浴サービスなどの取り組みが見られる。さらにデイサービス，ショートステイなど介護をする家族をフォローするようなサービスがいろいろと実施されている。これらのサービスは，自治体だけでなく民間の事業者やNPOによって行なわれているもの

もある。NPOによっては，自治体からの事業委託をうけることもあるが，商店街の空き店舗での高齢者向けのサロン，お弁当の配達，などそれぞれの地域性を生かした事業を行なっているところもある。

　近年，モータリゼーションによる郊外化で街の中心部の商店街が衰退し，郊外型の大型店舗にシフトしている地域が増えている。このような地域では，徒歩で買い物に行けるところが減り，車が必要になる。介護が必要で思うように外出がままならなくなったり，車の運転ができなくなった高齢者にとっては，生活しづらい地域となる。それに対応して，生協やコンビニ，ファミリーレストランなどで食料品や生活必要品の配達サービスなどが行なわれるようになった地域もある。行政からは，公共バスが無料で利用できるカードやタクシーの無料利用券を配布するなどして，外出しやすいような支援を行なっているところがある。

　親族との別居においては遠隔地介護の問題も発生している。子世帯が故郷を離れ都市部に居住しており故郷には老親が住んでいるケースで介護が発生した場合，子世帯は就業などの問題によりUターンして同居できなければ，遠距離介護となる。子世帯が，自分で何度も訪問できないため，ホームヘルパーの派遣依頼などをして，遠距離で別居したまま介護をするケースや，離れていては不安なので子世帯が親を呼び寄せ同居または近くに住むという選択をするケースがある。後者では老親にとって，住み慣れた地域を離れ生活が大きく変化する事への負担があるが，子世帯とともに老後の生活を送るために移動する。また子世帯，親族との同居や近居が不可能な高齢者は，公的施設，民営施設を利用せざるをえない。近年，コレクティブハウス，コーポラティブハウスと呼ばれる個室と共用スペースを兼ね備えた共同生活型の集合住宅が出現して，高齢者が数名で共同生活を送るというケースも見られるようになってきている。これらのコーポラティブハウスの中には，民間事業者によって建設され，ある程度の介護にも対応できるものや病院と連携しているものなど多様な形態がある。

　介護が必要となったときに，どのような地域のどこに住むのか，これもまた高齢者にとっては重要な問題であろう。

(3) 地域での高齢者の生活

　一方で，介護をまだ必要としない高齢者もたくさんいる。特に人数の多い団塊の世代がもうすぐ定年を迎える。60歳になって会社を定年退職したからといって，すぐに介護保険を必要とする人ばかりではないだろう。健康な定年退職者は，自宅で夫婦で生活していくという選択をするひとが多い。近くに子ども夫婦が住んでいれば，孫の育児を手伝うこともあるだろうが，遠ければそれもない。また，近くても，孫の育児は時々手伝う程度にして自分たちの時間を楽しみたいという人もいる。

　このような人たちは，年齢からは高齢者といえるが，本人たちはまだまだ高齢者という自覚がなく，どちらかというと「現役」という感覚に近いのではないだろうか。ところで高齢者自身は，いったい何歳からが高齢者だと思っているのだろうか？　平成9年の厚生白書によると，65歳以上を高齢者だと思っている人は，全体の約3割であるという。さらに日本では65歳未満の男性の7割が何らかの就業をしているとある。また自身を健康だと思っている人は，男女とも80％にのぼっている。

　それでは，このような自立して生活できる健康な高齢者たちの生活は，どこに基盤をおき第二の人生をはじめるのであろうか。会社勤めをしていた時は，生活の中心は会社であっただろうが，退職後は，会社ではなく地域社会で過ごす時間が長くなるだろう。

　地域社会で過ごす時間が長くなった高齢者は，自身の興味に基づき趣味を充実させたり習い事やサークル活動をはじめる人もいるが，中には今までのいろいろな経験を生かしたり，新たな興味に基づいて地域に貢献するボランティア活動を選択する人もいる。

　実際のところシニア大学や自然体験活動に関する講座では，ボランティアを希望する高齢者の応募が多い。こうした講座に参加する高齢者は増えているようである。このような講座に参加する高齢者からは，「今の子どもたちの生活を心配して何かできることをしたい」，「趣味を生かして地域に貢献したい」，というような意見が聞かれることもある。実際，シニア大学に通い，

歴史コースで学んだり空き缶拾いなどの地域清掃をしたりとすっかりボランティア中心の生活をしている人もいる。

こうした人たちの受け皿としては，先のシニア大学やボランティア講座，大学の市民講座，生涯学習センターなどがあげられよう。

このような定年退職により地域に戻ってくる高齢者はますます増加していく傾向にあり，彼等が地域で生き甲斐を感じていけるような活動の充実や行政などをはじめとする周囲からのフォローが望まれている。

5 まとめ

少子化と高齢化の進む中で，地域社会はどのように対応していけるのであろうか。

このような問題に対して，国の政策や行政にたよるだけではなく地域社会で解決していこうとすること，地域の力が求められるようになってきており，コミュニティに関心が高まっている。

コミュニティ形成については，「連帯意識」が強調されることが一般的であるが，共同性と連帯性の基盤となる同質性について過度に追求することは，異質な物の排除につながるという意見がある。コミュニティの組織原理について，能登路雅子は「他者との絆を求める遠心的原理」と「差異による自己防衛をはかる求心的原理」があると指摘している。

伝統的なコミュニティが閉鎖性と同質性を特質としそれゆえに排他的な面を持つこともこれに該当する。

共同性の成立は，連帯意識をつよめるがその前提として同質性が重視されるという面がある。同質性が強まると排他性が発生する。共同性と排他性は同質性を媒介にし表裏一体の関係にある。

地域福祉を考える場合，この共同性と排他性は重要なキーワードのひとつである。

福祉と地域社会のあり方についての重要な思想として先に少し述べている「ノーマライゼーション」がある。ノーマライゼーションは，人がどのよう

な障害をもっていても平等の権利と義務の元にその人が生活を送る社会で通常となっている生活形態や生活条件に可能な限り近いか全く同じような生活を営む事ができるように支援することが必要であるという考え方である。これは，障害者だけでなく高齢者にもいえることであり，さらに広義にとらえると乳幼児のいる家庭にも当てはめることができるだろう。

コミュニティは，そこに生活する高齢者や幼児のいる人というように，居住地域をはなれた場でのネットワーク形成が困難な人にとって，地理的条件に基づく集団帰属をもたらし精神的な安定を提供する場であることを求められている。「遠くの親戚より，近くの他人」というわけである。何か，困ったことが生じた場合，最初に手をかしてくれるのが近隣の地域にすむ人であるという安心感である。

地域の目というように，高齢者や幼児をそこで生活している人が必要に応じてフォローしていくような，地域での介護，地域での子育てという考えが，結果としてフォローする側の人たちにとっても地域でより住みやすくしていくことにつながるといえないだろうか。

このような生活圏を前提として，互いの多様性を排除することなくボランタリーな個人や集団により，さまざまな福祉課題に対応していく共同対応，協働的対応の場として，地域社会が発展していくことが望まれている。

社会福祉にはその対象によりさまざまな分野があるが，地域を中心としてそれぞれに何が求められるか，どのような対応が可能なのかを考え，どういった将来像が考えられるのかについてそこに住む住民が考えていくことが大切である。その結果，住民の参加による福祉についての地域計画が策定されていくようになるであろう。

【コラム】高齢者とは？

Fさん，72歳。

　子どもたちは，既に家庭をもち，今は夫婦だけで暮らしている。定年退職後，自然体験活動に関する資格を取得し，地域でのサークルを結成した。他に子ども会連合会の役員や森林保護など，ボランティア活動を精力的に行なっている。

　これらのボランティア活動をしていると，いろいろな人に出会えていろいろな刺激になっている。忙しいと思うこともあるが，毎日が充実していると感じている。妻は，自分とは別に習い事など好きな事をしているようである。年齢でいえば，自分も高齢者なのだろうが，自分自身としては高齢者だという気がしていないし，まだまだ現場でボランティア活動をつづけていきたいと思っている。

Uさん，78歳

　妻は13年前に他界して，それからは仕事の都合もありずっと1人暮らしをしてきたが，それも4年前に退職した。そして2年前，下の娘から近所に引越して来ないかと誘われたこともあり，引越して，娘の家から歩いて10分くらいのところに1人で住んでいる。

　孫が3人いてまだまだみんな小さいので世話を手伝ったり，1人で読書をしたり，パソコンを習ったり，近所を散策したりして過ごしている。近所の人とのつながりは少ないと思うが，孫の通園の送り迎えを手伝っているから，顔なじみになった人から声をかけられることがある。食事は，なじみの定食屋さんができたし，時々娘の家でも食べるので特に困ってはいない。

　1人で生活する方が，気楽だから同居するつもりはなく，元気なうちはこのぐらいの距離感がちょうどいいように思う。

　市から高齢者用のバス乗車券が交付される年齢だし，目が悪くなって車の免許を返上せざるをえなくなったということを考えると，自分も高齢者だなと感じることはある。でも，1人で生活しているし，いろいろやることもあるので普段は，あまり気にしていない。

【コラム】みんなで育児
　育児サークルというのとちょっと違いますが，児童センターの幼児向け年間プログラムに参加しています。私が参加しているのは，クラフト，料理，農作業，自然体験をするもので，職員さんがフォローしてくれるけど，基本的に自分たちでやります。田植えや案山子作りは，親の方が盛り上がってたりしてますね。プログラム内容のせいか，似たような興味を持っているというか，考え方が似てるお母さんたちが多いかな。だから，育児全般の話もしやすいように感じてます。子どもたちも，ケンカしたりしてるけど一緒に楽しく遊んでます。参加しているときは，子どもが危ないことなんかしたら，誰ということなくその場にいた人が注意してます。だから，私もよその子を注意したり，うちの子がよその人に注意されたりで，みんなで見てるって感じです。しかり方も，似たり寄ったりですね。
　まあ，いい息抜きになってると思います。

【コラム】地域での子育て
　昨今は，子どもが被害に遭う事件も聞きますので，小学校のPTAでは通学時間にパトロールをすることになりました。PTAだけでなく自治会や社会福祉協議会の人たちもパトロールに協力してくれるようになりました。また，何かあったら子どもたちがかけこめる「子どもの家」として，以前から協力してくれている人たちもいてくれます。とはいえ，同じ校区内でも地区によってはPTAだけのところもありますが。自治体の方でも，公用車にステッカーを貼ってパトロールしてくれたり，学校や警察との連携を強化してくれたりといろいろな対策を考えてくれているようです。
　このようにいろいろな人が，自分の子どもだけでなく自分の地域に住んでいる子どもたちを「地域の子ども」として見守ってくれているのだなと感じます。地域での子育てって，こういうところからも育っていくのかなと思いました。

参考文献————
朝日新聞社編　2003『アエラムック　新版　社会福祉学がわかる』朝日新聞社。
井岡　勉・坂下達男・鈴木五郎・野上文夫編　2003『地域福祉概説』明石書店。
大橋謙策　2002『地域福祉』財団法人放送大学教育振興会。
藤田弘夫・吉原直樹編　1998『都市社会学』有斐閣。
厚生労働省　2003「第2回21世紀出生児縦断調査」。
厚生労働省　1997『厚生白書　平成9年度』。
国立社会保障・人口問題研究所，2000年，少子化問題ホームページ（http://www.ipss.go.jp/syoushika/）。

学習の課題
1　どのような地域なら高齢者が生活しやすいか，考えてみよう。
2　「地域の目」として，どのようなことが可能か考えてみよう。
3　地域福祉の担い手について考えてみよう。

第10章 生活環境と地域計画

1 はじめに——生活環境とは

　夏のある日，あなたは友人とキャンプに出かけた。日もそろそろ暮れ始めるので，みんなでテントを張る場所を探すことになった。どんな場所がキャンプ適地だろう。テントを張れる平らな空間，水が近くにあること，風が強くないこと，トイレができる場所があること，熊など危険な動物がいないこと……。

　最近は，キャンプ指定地以外でテントを張ることが禁止されるようになってきた。指定地以外でテントを張ると危険だからというよりも，多くの人々が勝手にテントを張ると，まわりの自然に影響を及ぼすからである。他方，アウトドアブームを背景に，各地でオートキャンプ場がつくられるようになった。車で直接キャンプサイトに入れるので，食料や調理道具，椅子やテーブルなどを持ち込めば日常生活とあまり変わらない便利な暮らしができる。そこでは，水道が引かれ，シャワーが完備され，電気が通じていることもある。都市生活と変わらない快適な生活環境がつくられているのである。

　私たちのまわりには空間＝外界が宇宙の彼方まで広がっている。そのうち，私たち人間の活動との関わりで把握されるもの，人間活動との相互関係が存在するものが環境である。そして，私たちが日常的に関わっている空間を生活環境と呼ぶ。

人々の生活環境は，地域の地理的・気候的条件によって異なり，時代とともに変化してきた。また，緑が少なくても便利な都会に暮らしたい人，不便でも自然が多い田舎で暮らしたい人など，人によって好ましいと思う生活環境も異なっている。しかし，安全で健康に暮らせることが生活環境に求められる最低限の条件であることは確かだろう。

　近代産業社会は，大気汚染や水質汚濁などによって生活環境の最低条件すらクリアできない地域を生み出してきた。そのため，人々が安全で健康に暮らせるように規制を行なうとともに，生活環境のあり方を計画することが必要になってきたのである。

2　地域の生活環境をめぐる問題

(1) 人間生活と環境問題

　人間はまわりの自然環境とさまざまなやりとりをしながら生活をしてきた。私たちは食料や飲み水を自然から得なければ生きられないし，排泄物や廃棄物は原則として自然に処理をまかせてきたのである。私たちの生活様式は，狩猟採集時代，農業時代をへて工業時代，さらには脱工業時代に移行しつつあるが，それぞれの時代には，その時代特有の自然とのやり取りがあり，その時代特有の生活環境が形成されていた。同時に生活環境をめぐる問題も発生していた。

　狩猟採集時代，私たちの祖先は食料や燃料などとなる植物や動物，飲み水などがあるところに居住し，食べかすや屎尿を居住地の周辺に廃棄していたと考えられる。その地域の地理的気候的条件が，人々の食べ物や衣服，住まいのあり方はもちろん，どれだけの人がそこで生活できるかも決めていた。居住地の人口が増えすぎて食料が不足したり，さらに周辺の植物や動物が絶滅の危機に瀕することは，当時の人々の生存そのものを脅かす環境問題にほかならなかった。だから，この時代の人々は，食料を求めて移動する生活をせざるをえなかったのである。

　農業時代に入ると，食料の生産力は飛躍的に増大した。人々は，地域の自

然条件にあわせて特有の作物を栽培し，それを調理して食するという生活様式を営む。そこから，地域固有の生活環境が形成されてくる。水田で稲作をする日本では，水の供給のための水路が整備され，水田とその周辺を生育環境とするメダカやトンボが育つというように，自然の姿も特有のものとなった。さらに，より多くの人々が生活できるように農地の開拓が進められ，森林を伐採するなどの自然破壊が進む。自然破壊は人々の生活に影響を与える。たとえば，中世ヨーロッパのペストの大流行は，森林の伐採によって肉食動物や猛禽類が生存できなくなり，ネズミが急増したのが原因とされている。

産業革命以降の近代産業社会は，まったく新しい環境問題を私たちのまわりに発生させることになった。生活環境という面から見た近代産業社会の特色は，私たちの生活が地域の自然条件に依存する割合が低くなったということである。食料生産は地域の自然条件に左右されることが少なくなり，温室，化学肥料，農薬などを利用して画一的に生産することが可能となった。さらに，貯蔵・加工・輸送技術の発達によって，私たちは遠くから必要な食料を得ることもできる。国土の狭い私たち日本人が，世界中の食を楽しんでいるのは，これらの技術の発達によるものであろう。しかし，このような生産方式＝エネルギーの大量使用や原材料の化学的処理は，近代社会に特有の「狭義の環境問題」を発生させることになったのである。

(2) 戦後日本における生活環境をめぐる問題

日本では，明治政府による急速な近代産業化＝殖産興業によって，戦前からすでに大気汚染や水質汚濁などの狭義の環境問題が発生していた。鉱山の下流，工場周辺や都市など特定の地域社会の生活環境が悪化し，そこに住む人々の健康が損なわれた。しかし，公害による生活環境の悪化が社会的な問題として幅広く認識されるのは，第2次世界大戦後の，日本の急速な産業化の過程であった。

飯島は，戦後の日本の環境問題史を5期に区分して整理している（飯島2001など）。それにしたがいながら，生活環境がどのような問題にさらされたのかを概観しておこう。

【コラム】自然と人の営みが織りなす生活環境

　地域社会の風景（景観）は、その地域の自然的条件とそこに暮らす人々の営みが歴史的に積み重なってつくられてきた。

　白川郷の合掌づくり集落は、豪雪地帯の中で生業として養蚕を行なうための生活の工夫が生み出した景観である（写真 10-1）。

　日本の稲作の歴史は、谷間から山に向かってのびる独特の棚田の景観をつくりだした。しかし近年は、農業人口の高齢化と減反による耕作放棄地の増加によって棚田の荒廃が著しい。茅葺民家と棚田が美しい景観をつくっている能勢町では、棚田景観を守る試みが始まっている（写真 10-2）。

　水の都大阪市。大阪の繁栄を支えた水路のいくつかは埋め立てられ道路となった。しかし、親水空間は今も市民にとって重要な憩いの場所である。大川の周辺の高層建築と桜が独特の都市景観をつくりだしている（写真 10-3）。

写真 10-1　合掌づくりの民家（秋）

写真 10-2　能勢町の棚田（夏）

写真 10-3　花見客でにぎわう大阪市桜宮あたり（春）

1945年から1955年まで

　日本の工業生産力は1956年に戦前の水準に回復した。したがってこの時期は，工業生産が少ない分，日本各地の大気も水も澄んでおり，公害問題も少なかった。後半期になり操業を再開する工場が増加するに伴って公害被害の発生が始まった。

1950年代後半から1960年代前半まで

　製造業の急速な発展と工場における公害防止対策の不備によって，各地で深刻な健康被害を生じる公害事件が発生した。1956年には水俣病の集団発生が報告され，1959年以降都市部で濃いスモッグが発生するようになった。61年には四日市市で喘息患者が多発していることが明らかになっている。経済成長を優先する国の産業政策と経済的豊かさを求める人々の思いが公害を加速した。

1960年代後半から1970年代前半まで

　日本各地で公害被害が発生した。1970年には自動車公害による光化学スモッグが発生し東京都内の高校生が入院している。工場など企業が原因で発生する公害だけでなく，合成洗剤を使った排水，自動車による大気汚染など，私たち生活者も環境悪化の加害者となり始めた。各地で公害反対の住民運動が取り組まれ，国も遅ればせながら公害対策に乗り出すことになる。1970年には「公害対策基本法」など公害関係法の改正と制定があり，1971年には環境庁が発足した。さらに，1973年には「公害健康被害補償法」が制定され，被害者の救済も本格的に始まった。

1970年代後半から1980年代前半まで

　国内で公害規制が厳しくなるに伴い，公害を発生させていた企業が海外に工場を移転させるようになった。いわゆる公害輸出の始まりである。水俣病，新潟水俣病，イタイイタイ病，四日市喘息の四大公害裁判は，すべて原告勝訴となったが，その後，反公害運動はしだいに力を失っていくことになった。大量生産・大量消費の豊かな時代の中で，生活騒音，自動車の排気ガス，ごみ問題など生活者が加害者である環境問題が注目を集めるようになる。他方，有機栽培農業の導入，合成洗剤のかわりに石鹸を使用するなど，環境にやさ

しい生活をめざす取り組みも始まっている。

1980年代後半以降

　高度産業社会の大量生産，大量消費，大量廃棄という社会の仕組みは，オゾン層の破壊や地球温暖化などの地球規模の環境問題を生み出し，人々の注目を集めるようになった。地球環境との関連から地域環境も考えられるようになり，ごみ減量・リサイクルや省エネルギーなどの取り組みが始まる。また，自然環境保全，歴史的景観の保全など地域固有の環境を見直す取り組みも行なわれるようになった。ダムや道路建設などについては，環境という視点から公共事業の公共性が問われるようにもなっている。

(3) 地域社会と生活環境

　現在，私たちが住んでいる地域社会にはさまざまな地域環境問題が発生している。たとえば，新聞やテレビのニュースになった，長良川河口堰，川辺川ダム，能勢町のダイオキシン問題，豊島(てしま)の産業廃棄物不法投棄問題，諫早湾の干拓……などは記憶に新しいところだろう。

　しかし，自分の町で発生している身近な環境問題はかえって一般の人々に知られることは少ない。私は授業で，尼崎の大気汚染公害や滋賀県の廃棄物処理場問題を取り上げるが，地元の学生がそのことを授業で初めて知ったということも多い。なぜそんなことが起こるのであろうか。私たちは現在，環境問題の多くをマスコミをつうじて知っている。だから，被害を受けるのが一部の人であるために，マスコミ報道に乗ることがなく，社会的に関心を集めることもない環境問題は，たとえ自分の住む町で起こっていても私たちは知らないのである。

　これらの身近な生活環境の状況については，市町村が出している「××市の環境」や「××町生活環境についてのアンケート調査」などからある程度知ることができる。また，これらの資料は，地域の自治体が何を重要な生活環境と考え，どう対応しているかを読み取る素材としても利用することができる。

　その例として，『尼崎の環境』(平成15年度版)の内容を見てみよう。尼崎

市は，日本を代表する重化学工業都市であり，高度経済成長期には大気汚染による呼吸器疾患をはじめとして，さまざまな公害が発生した。その後，住民運動と行政の対策があいまって良好な生活環境の形成が進められている。2000年9月にISO14001を取得し，また2001年2月から「尼崎市の環境をまもる条例」を施行して良好な環境を守り次世代に受け継いでいこうとしている。

尼崎市では，長い公害対策の歴史的経過を持っているからこそ，地域の物理的・化学的環境を悪化させる公害の防止に力点がおかれている。中でも，現在公害患者による運動が進行中である国道43号線を中心とした交通公害が大きく取り上げられている。また，多くの自治体と同様に，廃棄物対策（＝循環型社会の形成）も課題となっている。とくに産業都市である尼崎では，家庭から排出される一般廃棄物以上に事業活動から発生する産業廃棄物が量的にも質的にも問題となる。そこで，最終処分場の確保や不法投棄への対策なども取り上げられることになる。さらに，環境の悪化を防止するだけでなく，自然や緑，地域の歴史や文化を伝える景観の保全など，良好な地域環境を形成していくことも地域社会の重要な関心事となってきた。尼崎では，公害都市のイメージを払拭するためにも，快適な地域環境の創造が求められており，緑化や景観形成，生き物にやさしいまちづくりに向けた活動が推進されているのである（表10-1）。

3 環境問題と環境計画

かつて地域の生活環境を維持することは，その地域に住む人々が当然行なわねばならない仕事であった。農村集落では，そこに住む人々が道普請や雑草刈り，溜池の掃除などをムラ仕事として共同で行なってきた。今でも，農村集落の部落会などを調査すると年に1～2回このような作業が共同で行なわれていることが確認できる。特別な理由もないのにこの共同作業に出ない人が罰金（出不足）を徴収されるのも，環境を維持することが，村の構成員の当然の義務であるからだ。村の共有林や，河川敷などをどのように管理し

表10-1 尼崎の環境（平成15年度）の内容

第1編　公害の現状と対策
① 尼崎市環境基本計画の概要，環境監視システムが記述され環境対策が重視されていることを示す
② 大気汚染：一般環境大気として窒素酸化物，浮遊粒子状物質，二酸化硫黄，一酸化炭素，光化学オキシダント，炭化水素，降下ばいじんのほか，新たな環境汚染物質として有害大気汚染物質（揮発性有機化合物，重金属類など18種類），ダイオキシン類，アスベスト，微小粒子状物質があげられている。また，地球環境に関連して，酸性雨，紫外線調査結果も示されている
③ 水質汚濁：河川，海域，運河でPH，BOD（生物化学的酸素要求量），SS（浮遊物質量），DO（溶存酸素量）などの生活環境項目とカドミウム，PCB，水銀などの健康項目についての水質調査結果が掲載されている。また，地下水質の調査，水質汚濁防止に向けた公共下水道整備に関する取り組みも記載されている
④ 土壌汚染：平成15年2月の土壌汚染対策法施行に伴う動きなどを記載
⑤ 騒音・振動：工場，事業所周辺と特定建設作業のほか，カラオケなど深夜営業騒音やピアノ・ステレオなどの生活騒音もあげられている
⑥ 交通公害：自動車公害として大気汚染，騒音，振動があげられている。尼崎公害訴訟に関連して，「自動車NOx・PM法」の施行や環境ロードプライシングの試行的取り組みの記述がある。航空機騒音，山陽新幹線騒音・振動も問題とされている
⑦ 悪臭：南部の複数の事業所を発生源とする悪臭が問題とされる
⑧ 地盤沈下：現在一部地域を除き沈静化している旨が記載されている
⑨ 廃棄物：一般廃棄物，産業廃棄物の状況のほか，ダイオキシン類PCB対策，資源化再利用，ごみの発生抑制，産廃排出業者への立入検査などについて述べている
⑩ 地球環境問題：「ローカルアジェンダ21あまがさき」やISO14001認証取得と実施状況を記載
⑪ 日照障害・電波受信障害
⑫ 公害健康被害補償制度：認定患者数や対策を記載

第2編　環境汚染の未然防止及び快適環境の創造
① 事前協議制度：生活環境を阻害する事業の規制，工場跡地の環境保全。
② 環境影響評価制度：過去の適用14件の内容記載
③ 快適な都市環境の創造
　身近な緑の保全と緑化の推進：緑化の推進，保護樹木などの指定，街なみ街かど花づくり運動，尼崎緑化基金の設置
　良好な景観の形成：都市景観，歴史的景観
　快適な都市生活空間の創出：水のあるまちづくり計画の推進，憩いとうるおいのある空間の創出，人と生き物にやさしい環境づくり推進事業，美化推進事業の展開

利用するかは，生活環境を維持するための重要な要件であった。過剰な利用によって自然を破壊することは，ムラの将来の生活を危険にさらすことにほかならなったのである。だから，伐採する雑木の場所を決めたり，きのこや山菜を採集できる場所や期間を限定したりというムラのルールが定められた。つまり，人々は生活環境を維持するための，ある意味での土地利用計画

(＝環境計画）を慣習の中でつくりだしていたのである。

(1) 産業公害と環境基準値の設定

　近代産業社会が進展するにつれて，人々の共同性に基づいて生活環境を維持することはしだいに難しくなっていった。地域の産業構造が変わり，人々の就業構造が変わり，人々の生活が自然に依存する割合は減少した。そして，生活環境に対する人々の考え方が変化した。典型的な例は，工場立地という形で，地域社会の中にまったく異質なものが持ち込まれた場合に生ずる。工場を経営する人々の関心は，より多くの製品を安く生産することであり，工場からの排ガスや排水が周辺の環境にどのような影響を与えるかについての関心はあまり強くない。他方，工場の周辺に住む人々が，工場の煙突から出る煙に何が含まれているのか，工場から水路に流される排水にどのような物質が混在しているかを知ることは困難だ。水俣病では，当初，劇症患者が伝染病患者として地域の人々から差別・排除されている。水俣市の人々は，チッソ水俣工場の排水路から有機水銀が排出されていることを知らなかった。企業もその事実を隠蔽した。そのことが，伝染病との誤解を生み，差別を生んだ要因のひとつであることは確かである。自分たちの住む地域の生活環境がどうなっているのかわからない。また，自分たちの生活環境を自分たちの力でよくする方法がわからない。それが，産業公害が発生した当時の地域社会の生活環境の状況だったのである。

　地域の人々の共同性によって環境を維持することが困難となった場合，つまり地域社会の構成員の利害が対立する場合に，それを調整して生活環境を良好に保つことが国や地方自治体の仕事となる。水俣市の場合には，企業城下町という地域の特殊な権力関係から実現しなかったが，東京都や川崎市，大阪市などの地方自治体では，工場公害防止条例，ばい煙防止条例などを制定して工場からの排ガスや排水を規制することで，地域の生活環境の悪化を防止しようとした。排水や排ガスの成分について数値目標を設定し，そのことで地域の環境を良好に保とうとしたのである。客観的な数値基準による環境計画の始まりといえるだろう。地方にも雇用の場を創出するために工場が

分散し，日本各地で公害が発生し，住民たちによる公害反対運動が激化した。そのため，公害対策基本法，大気汚染防止法，水質汚濁防止法などが制定され，環境基準値が設定された。国レベルで，地域社会の生活環境を維持するための環境計画が始まったのである。その後も，新しい環境問題に対応するために，数値基準による規制を目的とした法律が制定されていった。

(2) 公共事業と環境アセスメント

近代産業社会が地域の生活環境にもたらしたものは，他にもたくさんある。産業社会は生産のための水やエネルギー，原材料や製品を輸送するための交通基盤，工場が立地する空間，そこに働く人々のための住宅地などを必要とする。戦後の日本では，そのためにダムが建設され，臨海部の埋立地が造成され，高速道路，新幹線，空港や港湾が整備され，住宅団地やリゾート地が開発された。つまりこれらの社会資本の整備のために，山や丘が削られ，森林が伐採され，田畑や集落が水没し，ため池や海が埋め立てられ，地域の自然環境が大きく改変されたのである。

これら国や自治体によって行なわれる事業は，公共事業と呼ばれ，国全体の利益のために必要だという意味で当然に公共性があるものとされていた。しかし，公共事業によって地域の自然環境が変わることは，地域の人々が営んできた農業や漁業，林業などの生業に大きな影響を及ぼす。また，事業の多くが結果として大気汚染，水質汚濁，騒音，振動などの公害を周辺に撒き散らす。そのため，「公共」事業の公共性が問われるようになってきた。今各地でダム建設計画の見直しが行なわれているのも，このような動きと無縁でない。

欧米では，このような大規模な開発については，事前に自然環境や生活環境がどのように変化するかを調査・予測し，その対応を計画に反映させるために環境アセスメントが早くから実施されてきた。たとえば山間地に林道を設置するとしたら，その周辺にはどのような植物や動物が生息しているかを調査する。そして複数の林道設置方法，場合によってはトンネルや高架にすることも含めた案を提示し，その場合のコストと自然環境への影響を示す。

それに対して地域の住民が意見を述べ，最終的にひとつの案が採択されるというのが，環境アセスメントの仕組みである。日本では開発重視の考え方が強く，環境アセスメントが行なわれる事業が限定されていたが，やっと1993年に「環境影響評価法」が制定され，開発による環境変化を予測して環境への影響の少ない方法が選択される道が開かれるようになった。環境計画を含んだ開発といえる。

(3) 行政サービスと環境基本計画

現在，都市だけでなく，農村部に住む人の多くも，生活環境の維持を行政サービスに依存するようになっている。私たちは，水道の蛇口をひねると水が出，し尿は水に流せ，ゴミは収集車が運んでいくことを当然の前提として生活している。都市への人々の集住と都市型ライフスタイルの浸透は，行政サービスの範囲を飛躍的に増やし，より高度なサービスを求める人々を増加させている。

都市的共同消費手段である，道路，公園，上下水道，廃棄物処理場などを整備し，円滑に運営することは，自治体の重要な業務となる。そのため，自治体は道路計画，公園整備計画，上下水道計画，廃棄物処理計画などを策定して，基本的な社会資本を整備し，住民サービスにつとめるようになったのである。

さらに成熟社会を迎え，人々はこのような基本的なサービスだけではなく，生活環境の中に，自然やうるおい，アメニティなどを求めるようになる。そこで，地域の生活環境を総合的に保全・維持・整備するために，自治体においても「環境基本計画」が策定されるようになってきた。この計画では，自治体の環境の現状や住民意向を把握し，自治体の環境目標が設定される。そして，基本計画，重点プロジェクト，市民・行政・事業者の役割などが示される。平成15年3月に策定された『尼崎市環境基本計画』を見ると，これからの生活環境や地域環境の望ましい姿や人々の関わり方が，「循環」「健康」「共生」「参加」ということばに集約されている。この理念に基づいて，尼崎市では，地球温暖化防止対策（循環），自動車公害対策（健康），水と緑の空間

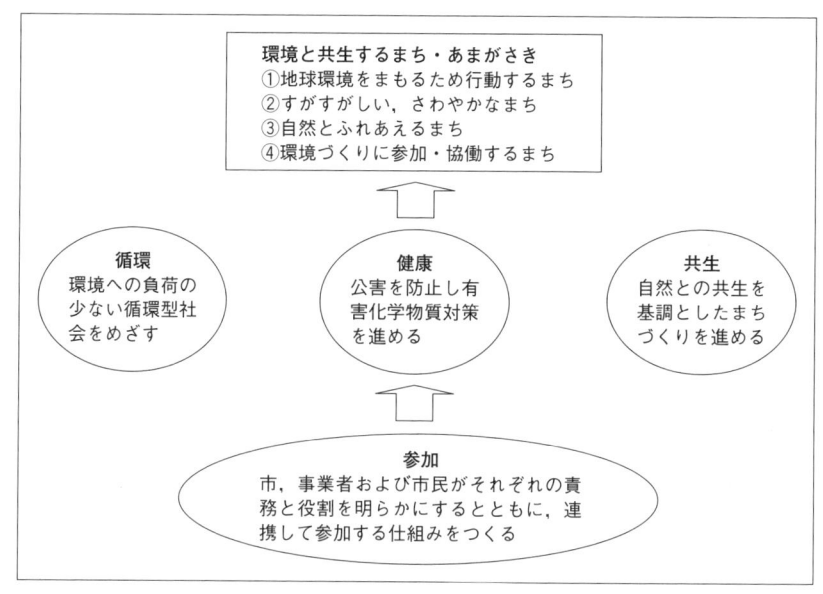

```
┌─────────────────────────────────────────────────────┐
│              環境と共生するまち・あまがさき           │
│              ①地球環境をまもるため行動するまち        │
│              ②すがすがしい、さわやかなまち           │
│              ③自然とふれあえるまち                  │
│              ④環境づくりに参加・協働するまち         │
│                        ↑                            │
│   ╭─────╮         ╭─────╮         ╭─────╮          │
│   │ 循環 │         │ 健康 │         │ 共生 │          │
│   │環境への負荷の│ │公害を防止し有│ │自然との共生を│     │
│   │少ない循環型社│ │害化学物質対策│ │基調としたまち│     │
│   │会をめざす   │ │を進める    │ │づくりを進める│     │
│   ╰─────╯         ╰─────╯         ╰─────╯          │
│                        ↑                            │
│              ╭─────────────────╮                    │
│              │       参加       │                    │
│              │市、事業者および市民がそれぞれの責│     │
│              │務と役割を明らかにするとともに、連│     │
│              │携して参加する仕組みをつくる    │     │
│              ╰─────────────────╯                    │
└─────────────────────────────────────────────────────┘
```

図10-1　尼崎市環境基本計画の基本理念

づくり（共生）などが重点的に取り組まれることになった。さらにこれらの実現のために，市民環境会議の設置や環境学習（参加）が行なわれる（図10-1）。

4　住民参加による計画づくり

　計画とは，将来のビジョンを提示し，その実現に向けて現状を意図的に変化させていく営みである。計画は，夢や理想ではない。だから，実現可能な内容を定めることが必要である。そして，計画が実現可能であるということは，実現の手段としてヒト・モノ・カネが十分担保されていることを意味する。環境計画もその例外ではない。

　自治体の財政能力が低下する中で，環境計画はどのようにすれば実現可能となるのだろうか。その大きな鍵が住民参加である。自治体の職員と予算だけでは困難な地域社会の環境の保全や再生も，地域住民みずからが参加することで実現の可能性が高まるだろう。そして，地域の生活環境を住民みずからが保全し改善することは，生活環境をムラ仕事として維持した，かつての

ムラの仕組みを新たな形で地域社会の中に持ち込むことにもつながるのである。つまり，住民が地域の「共同性」を再構築し，新たな「公共性」を住民がつくり出していく試みとして位置づけられるのである。

(1) 生活環境主義

　地域の生活環境がどうあるべきかを検討する際に参考となる社会学の考え方として，まずあげられるのが「生活環境主義」である。

　生活環境主義は，村落社会学の蓄積を背景に，生活環境問題などのフィールドワークから地域社会における環境問題を分析する枠組みとして鳥越皓之や嘉田由紀子などによって提唱されたものである。そのポイントは，住民の生活から，そこに家族があり，コミュニティがある生活の舞台としての環境を守る必要があるとするものだ。そこから，地域の（生活）環境がどうあるべきかについては，専門家に依存するのでなく，地域の生活者が決定権を持つべきだという主張がなされている。

　たとえばムラの裏山は絶滅危惧種であるオオタカが生息する豊かな自然である。しかし，ムラの農林業は衰退しており，高齢化も著しい。ムラの発展のためには裏山に自然型リゾート開発を行ない，ホテルなども建設するのがいいと，都会の観光業者が話をもちかけた。この場合，オオタカを優先して開発を差し止めるという自然優先でも，リゾート開発を進めるという経済優先でもなく，ムラの人々が会合を重ねる中で，納得して裏山の将来のあり方を合意するのが最善の方法だ，というのが生活環境主義の考え方である。

　生活環境主義の背景には，ムラ共同体における生活世界や生活意識の共有という背景がある。ムラ共同体には近代産業社会以前の自然の持続的利用を可能にしてきた生活様式や，その物的基盤となった入会権のような土地の共同占有がある。生活環境主義は，近代産業社会の資源消費型のライフスタイルや近代所有権が環境問題を発生させる要因であることを見据えて，地域社会＝地域コミュニティにおいて環境と共存する生活を再構築することをめざしているものといえるだろう。しかし，現在の地域社会に居住する人々の生活様式は産業社会のシステムに大きく規定されている。また，人々の環境へ

の意識も多様化している。その中で,住民たちが日常的な対話や活動をつうじて,環境についての意味世界を共有し,近代産業社会のシステムに対するオルタナティブな生活を構築しようとするのが,生活環境主義である。先の例で言えば,都会の業者による開発にかえて,ムラの人々が出資して地域の伝統的な民家を宿泊施設とし,裏山の自然とつながったムラの生活を体験する観光メニューによって,オオタカのいる自然を保全しながら観光振興を図るなどという方法が合意されることになるだろう。

(2) 地域共同管理論

　地域共同管理論は,町内会・自治会などの地域住民組織や住民運動などの地域社会学の研究をもとに,中田実が構築した理論である。この理論では,地域社会を「人々の生産と生活に関わるさまざまな範域(領域)と程度における地域共同管理組織」と定義する。地域社会における人々の生活は,その物的基盤である土地とその上に存立する環境という一定の空間を所有し利用することによって成立している。人々がその物的基盤を有効に利用するためには,地域の環境を能動的に管理する必要がある。ところが環境は個別に分断しては管理できない。空気に壁はつくれず,川の流れを逆流させることはできないのである。だから環境を維持するためには必然的に地域の人々の共同が必要となる。中田は,その共同管理を行なう範域を地域社会とする。

　生活環境との関わりでいうと,地域社会の住民はその生活を維持するために,物的基盤を利用する必要がある。そして,利用するためには環境が利用しうる状態であることが必要である。地域住民は地域の環境を共同で管理できるということだ。管理が近代的所有権の絶対性を制限する論拠となるのである。つまり,ある範域の物的基盤(＝地域の資源)を環境と定義することは,私的な所有物をも共同管理の対象とすることを意味する。環境を保全するために,たとえ他人の所有地であっても管理する活動が正当性を主張しうる。これが地域共同管理論の眼目である。そこから,地域の住民による「何を環境と定義するのか」「望ましい環境とは何か」「それをどう実現するのか」という「計画」への参加が重要な問題となるのである。

(3) パートナーシップによる計画づくり

　地域の生活環境づくりに住民が参加することは，地域共同管理論が述べるように，地域の中に「環境」をテーマとした新たな共同性を構築することを意味する。しかし，地域社会には多様な価値観，ライフスタイルを持った人々が居住しており，共同性を構築することは容易でない。異なった価値観やライフスタイルを持った人々が，保全・維持すべき環境，創造すべき環境と主張するものを，調整し全員の合意として立ち現れてくる「環境」，いわば公共性を持つ環境像をつくりあげていくことが，環境についての計画を策定するうえで重要となる。

　かつて，公共性は国や自治体が無条件に主張しうるものであった。しかし，現在は，公共性は国や自治体だけでなく，多くの関係者が関わって合意していくものだという考え方が強まっている。そのための具体的な方策として，地域社会で注目されているのが，「行政・住民・事業者のパートナーシップ」である。

　たとえば，ゴミの減量を考えてみると，住民は，家庭の中でゴミの分別を行ない，資源ゴミをリサイクルできるようにする。事業者は，リサイクルしやすい製品をつくったり簡易包装などを行なう。行政は，分別されたものに対応した回収ルートやリサイクルのルートを確保する。そして，どのような分別が可能か，どのようなルートが利用しやすいのかなどを三者で話し合うことによって，実効性のある廃棄物減量や再資源化の計画が作成されることになる。

(4) 審議会からワークショップへ

　では，パートナーシップによる環境づくりをめざす計画は，どのような手法で作成されるのであろうか。住民参加による具体的な計画策定の手法として最近さまざまな自治体で導入されているのが，ワークショップという手法である。かつて，住民参加は審議会や委員会という形，あるいは住民アンケートによる意見聴取という方法が中心であった。審議会や委員会では，行政が

素案を作成し，行政に選ばれた住民代表が素案に意見を述べるという形が一般的である。しかも，住民代表として選ばれるのは，農協や商工会，連合自治会の会長など特定の利益を代表する人たちということが多かった。年配の男性が難しい顔をして並んでいる，それが審議会会場の一般的な風景であった。

それに対して，ワークショップでは，基本的に住民が計画の素案づくりから参加する。また，団体代表ではなく公募によって参加者を募集するのが通例である。現在，ワークショップはいわばイベント型から計画型に拡大する方向にあり，生活環境をめぐる地域計画にワークショップの果たす役割が大きくなっている。

イベント型のワークショップとは，住民グループがたとえば近隣の公園をどう整備するのか，ごみ収集ステーションをどこに設置しどう管理するのかなどの身近な問題について意見を出し合い，自分たちで公園の整備プランをつくったり，ゴミステーションの場所と管理当番を決めたりするものだ。たとえば公園の例で言えば，公園を利用する人や公園周辺に住む人々が集まり，公園の実際の利用のされ方をフィールドワークしたり，利用者の声を聞いたりすることから，公園の植樹のあり方，施設の配置，管理の仕方などを合意していくのである。自分たちで公園整備のイメージ図を描くこともよくある。子どもを遊ばせる親たち，少年サッカーチームの関係者，ゲートボールを楽しむ老人会などさまざまな年代の人々が，わいわいがやがや話し合う。そこから老人会が公園の清掃活動を分担したり，子どもたちが花壇の水やりを夏休みにするなど，住民の自主的な管理が始まったりもする。

現在では，「××市環境基本計画」「××町都市計画マスタープラン」など自治体の環境づくりや都市計画に関わる問題を総合的，継続的に検討していく計画型のワークショップが行なわれるようになってきた。そこでは，公募で集まった住民たちが，地域ごとやテーマごとにグループをつくって計画内容を議論することになる。多くの場合，まず，それぞれのテーマに関する地域の現状を調査し，課題を整理する。フィールド調査や聞き取り調査，先進事例調査なども実施される。課題の解決に向けて，地域住民，地域のボラン

ティアやNPO，地域に立地する企業などがどれくらい関わられるのか，どのような方法なら関われるのかを話し合う。また，行政に期待するものも提示される。これらを受けて，行政がみずから行ないうること，支援できることも追加され，1～2年の議論を経て，実現可能性の高い計画が策定されるのである。検討を続ける間に，特定の課題の解決をめざすメンバーによる新しいボランティアグループやNPOが育っていくこともある。

いずれにしろ住民たちが，生活の具体的な場面から出てきた考えを自由に述べあい，それぞれの立場を理解しあい，自分たちが実際に利用し管理するという立場から計画をつくりあげることがワークショップの眼目である。その結果として，住民が自分たちのものとして愛着をもって利用する施設や，計画を実現するために責任を持って活動に参加する仕組みが生まれるのである。

もちろん，以上はワークショップの理想的な形を述べたものだ。自治体の財政難の中で行政の下請作業をしてもらうためのワークショップや，計画策定に特定の市民グループの意見が強く反映してしまうワークショップ，市民参加を建前的に保障するための形式的なワークショップも決して少なくはない。ワークショップのため市民を公募しても人が集まらなくて，結局各種団体の関係者にお願いして参加してもらう，参加者が肩書きにこだわって自由な議論ができない，などという話も聞く。

とは言え，地域の生活環境の維持管理を行政サービスに依存する時代は終わりをつげつつある。自分たちで維持管理するからこそ，住民が参加して計画をつくっていくことがより重要な時代になっていることは間違いない。

【コラム】ワークショップの実際

　筆者が参加した摂津市の「都市景観まちづくりワークショップ」は，富山県で球根栽培の結果切り取られるチューリップの花を利用して，フラワーアートをつくろうという典型的なイベント型ワークショップであった。

　十数名のメンバーが，半年間にわたって話し合い，展示の日時，場所，下絵，現地での摘み取りなどについて話し合い，市役所職員のサポートのもとフラワーアートを完成させた。

　その経験を生かして，平成16年度からは，メンバーも拡大し，ほたるが育つ水環境づくり，朝市による商店街の活性化などより長期的なテーマに取り組んでいる（写真10-4 ～ 10-6）。

写真10-4　ワークショップでの話し合い

写真10-5　全員で花のしきつめ作業 　　　写真10-6　フラワーアート完成

第10章　生活環境と地域計画　187

参考文献────
飯島伸子他編　2001『講座環境社会学 第 1 巻 環境社会学の視点』有斐閣。
片桐新自編　2000『シリーズ環境社会学 3 歴史的環境の社会学』新曜社。
嘉田由紀子　2002『環境社会学』岩波書店。
環境社会学会　2001『環境社会学研究 第 7 号』有斐閣。
小林重敬編　1994『協議型まちづくり──公共・民間企業・市民のパートナーシップ＆ネゴシエーション』学芸出版社。
鳥越皓之編　2000『シリーズ環境社会学 1 環境ボランティア・NPO の社会学』新曜社。
中田　実　1993『地域共同管理の社会学』東信堂。
長谷川公一編　2001『講座環境社会学 第 4 巻 環境運動と政策のダイナミズム』有斐閣。
本間義人　1999『国土計画を考える』中公新書。
松下和夫　2002『環境ガバナンス──市民・企業・自治体・政府の役割』岩波書店。
和田安彦　1995『環境計画──21 世紀への環境づくりのコンセプト』技報堂出版。

学習の課題

1　生活環境をめぐる問題の推移を，行政などのアンケート調査結果から調べてみよう。
2　あなたの町の環境基本計画を見て，尼崎市とはどこが違うのか。なぜそうなっているのかを考えてみよう。
3　地域で環境保全活動を行なっているグループを探して話を聞いてみよう。
4　数人のグループをつくって，「公園の再整備」や「親水空間の整備」などをテーマにイベント型のワークショップを行なってみよう。

第11章 森林の地域計画

　私たちにとって森林とは何であろうか。私たちの多くは都市に暮らしている[*1]。都市生活者にとって，森林は普段あまり関係のないものかもしれない。しかし，それは私たちが森林についてあまり知らないためでもあろう。

　森林は，私たちの多くが生活する都市の上流水源地に分布して，洪水や渇水を緩和するとともに，土砂災害を抑制し，木材をはじめとする林産物の供給源となり，また，地球温暖化防止のため二酸化炭素の貯留に寄与している。私たちがそこに出かければ，森林浴によって気分転換や健康回復の助けにもなる。

　森林にはこのように，林産物生産機能以外に水土保全や環境保全，保健文化の公益的な機能がみとめられる。これを受益する地域の人々の共有の資源として森林は，所有権との調整を図りながら，その地域の人々によって了解されうる管理が行なわれなければならないだろう。

1　森林と地域の関係

(1) 森と林，そして山

　森林は，ひらたくいえば，樹木の生い茂ったところ，である。この森林のことを私たちは，森といったり，林といったりする。森と林では，木の文字の組み合わせとして，森の方がこんもりとしてうっそうとした森林，林の方が平地における高さの整った森林，などと解字に沿った見方をしてみたくな

写真11-1　山と一体化したイメージの森林

る。これはひとつの見方であり，イメージも明確だ[*2]。しかし，実際にはそうともいいきれない。

　森林に対して心情，精神面が関係した場合，あるいはそれに基づく志向性を持つ場合に私たちは森という言葉を用いることが多いように思われる。鎮守の森，森と語る／森の心を読む[*3]，というような使い方がその例としてあげられよう。一方，林の方は，原生林や防災林のように，多くの場合，熟語としてある特性を持った森林を示すのに便利に使われている。

　そして，私たちは森林を山と一体化してイメージすることが多いだろう。日本の森林は，ほとんど山林であるからだ。山仕事といえば，おもに林業における森林での作業を指すであろう。近世に禁伐林のことを留山（とめやま）と呼んでいた例もある。また，近年，関心の高まっている里山も，しばしば旧薪炭林などの森林のことをいう（写真11-1）。

　このように日本の森林は，人々の森林に対する意識の持っていきようで，森，林，山，を使って呼び分けられている。しかし，森林の呼び分けの多様性は，そのまま日本人と森林との関わりの多様性を示している，といえるだろうか。森林のさまざまな呼び方は，一般にはあまり知られず，専門語としてこれにかかわる一部の社会集団において通用しているにすぎないのではないだろうか。

【コラム】山仕事と林業

　高度経済成長期以前まで，山仕事とは，ほとんどの場合，山村の暮らしを支える営みをいうのであった。木を切り出すにしても自分たちの家を建てるためであったし，柴を刈ったり，落ち葉をかき集めたり，薪をつくったり，炭を焼いたり，また，山菜やキノコを取ったり，ときには山行き道をなおしたり，というように，山仕事は四季折々の山村の生活と一体となった山林での作業全般を指した。

　それが，戦後，とくに高度経済成長期に変わった。山仕事はおもに林業のこととなり，森林の見方も変わった。内山は「かつての『山仕事』が林業へと変わっていく過程で，村人と森とのかかわり方は大きく変化してしまった。生活と深く結びついていた森は，木材という商品を媒介にして，市場価値を生みだす森とみなされるようになった。生活上の価値から市場価値へと，森林の価値基準が変わった」という（内山 1994：50）。

　全国の山村を見渡してみると，山に木を植えて育て，その木を切り出して売るという森林の経済的な利用を目的とした林業の作業については，一部の有名林業地域を除き，戦後に普及した地域が多い。これらの地域には林業の歴史的蓄積がないといってよい。

(2) 森林の所有形態

　森林が誰のものか理解しておこう。日本の森林の所有者は，国，都道府県，市町村，会社，社寺，各種団体・組合，個人などさまざまである。誰が所有しているかによって森林を区別し，それを体系的に示せば，図11-1のとおりであり，また，その面積の現状は表11-1のとおりである。

　国有林とは国家の所有に属する森林であり，日本の場合，林野庁所管の森林がその大部分を占めている。林野庁所管以外の国有林には文部科学省，財務省などの所管がある。

　民有林とは国有林以外の森林の総称である。ここで，都道府県や市町村などが所有する公有林は，民有林に含まれる。私有林は，国有林および公有林以外森林である。

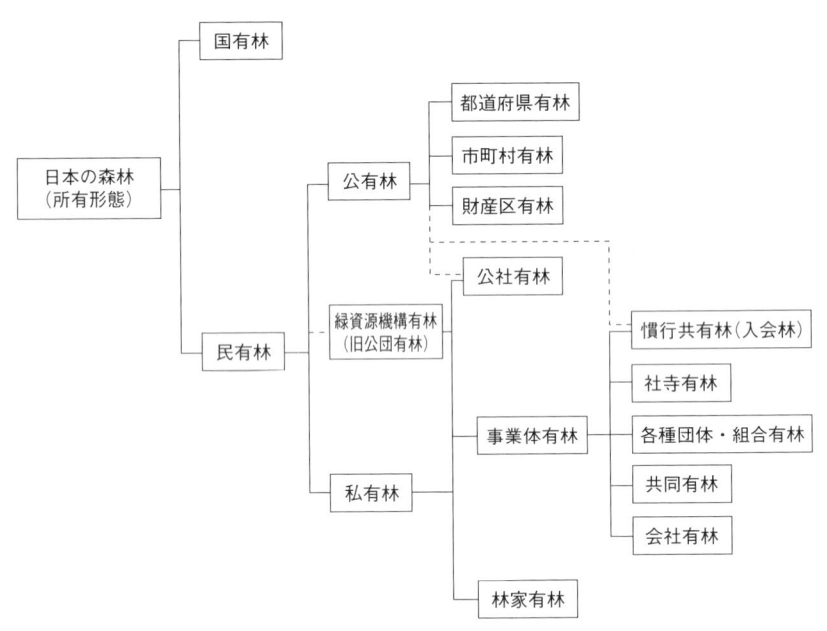

図11-1　日本の森林所有形態区分の体系

表11-1　日本の所有形態別森林面積の現状

区分			面積 (千ha)	比率 (%)
総数			24,918	100.0
国有林			7,384	29.6
民有林	総数		17,534	70.4
	緑資源機構有林(旧公団有林)		517	2.1
	公有林	総数	3,324	13.3
		都道府県有林	1,223	4.9
		公社有林	477	1.9
		市町村林	1,335	5.4
		財産区有林	289	1.2
	私有林		13,693	55.0

　私有林の所有主体はまず，林家と事業体に大別される。林家は，かつてはほとんどが農家であった（農家林家という）が，非農家林家が増えている。一方，事業体には会社だけでなく，各種団体・組合のほか，共同体，慣行共

有，社寺などが該当する。

　緑資源機構有林（旧公団有林），公社有林というのは，ちょっと複雑な形態である。緑資源機構有林（旧公団有林）については独立行政法人の緑資源機構（旧特殊法人緑資源公団）が，また，公社有林については公益法人の森林整備法人である林業（造林）公社が，それぞれ民有林の所有者と分収契約を結んで森林を整備管理するための土地使用の権利を持っている森林である。

(3) 保安林

　森林は所有形態に関わらず，集落との位置関係など，それが存在している状況によって水源林や災害防備林，環境林としての公益的な面が認められうる。とくに保護すべき公益面があるならば，その森林が誰のものであろうと，立木の伐採や林地の開発など，森林の公益的機能に影響を及ぼす行為に対して制限が加えられるべきである。この考えに基づく制度が保安林である。

　現在の日本の保安林制度では，表11-2のとおり17種類の保安林があり，その面積の合計は約920万haとなっている。この面積は，日本の森林面積全体の約35%にあたる。

　保安林は森林法に基づく制度で，その手続きは厳格であるため，ひとたび保安林に指定された森林は簡単にこれを解除されない。

　保安林に指定された森林には，保安林の目的や地形などの条件をふまえ皆伐，択伐，禁伐の区分による指定施業要件というものが定められており，林業上での伐採に対して都道府県知事の許可が必要とされる。水源かん養保安林には皆伐の指定施業要件が多いが，保安林の皆伐とは，何回かにわたってならすべての面積を伐採してもよいということであって，1回に伐採できる面積には制限が加えられている。また，伐採後の植栽が義務づけられている。なだれ防止，風致などの保安林は，立木を伐採すると目的を損ねることから，択伐や禁伐とされていることが多い。禁伐の場合は，文字どおり，立木の伐採はいっさい許可されない。

　保安林内での一時的作業として行なわれる行為も，都道府県知事の許可が必要である。どのような行為でも許可の申請が受理されるのではなく，立竹

表11-2　日本の保安林の種類と面積

	保安林の種類	面積(千ha)	内訳比率(％)
1	水源かん養保安林	6,660	67.7
2	土砂流出防備保安林	2,150	21.8
3	土砂崩壊防備保安林	54	0.5
4	飛砂防備保安林	16	0.2
5	防風保安林	56	0.6
6	水害防備保安林	1	0.0
7	潮害防備保安林	13	0.1
8	干害防備保安林	90	0.9
9	防雪保安林	0	0.0
10	防霧保安林	59	0.6
11	なだれ防止保安林	20	0.2
12	落石防止保安林	2	0.0
13	防火保安林	0	0.0
14	魚つき保安林	31	0.3
15	航行目標保安林	1	0.0
16	保健保安林	663	6.7
17	風致保安林	27	0.3
	合計	9,842	100.0
	実面積	9,201	

（注）2003年3月31日現在。
『図説森林・林業白書（平成15年度版）』152頁より作成。
合計の計算には四捨五入の影響がある。
2種類の以上の保安林に指定されている場合それぞれに計上。

の伐採，立木の損傷，家畜の放牧，下草・落葉落枝の採取，土石・樹根の採掘，開墾その他土地形質の変更などに限って許可の対象となる。道路や建物，ゴルフ場など永久構造物を建設するような計画は，保安林内の作業の許可ではなく，保安林の指定を解除する案件に該当するが，保安林の指定解除は，その計画の公益性，保安林の機能維持，防災対策などにおける審査が厳しく，手続きも長くかかり，容易なことではない。

　このように保安林に対する規制は厳しいため，保安林に指定された森林の所有者に対する損失補償や税制上の特例，造林の助成などの優遇措置がある。

　なお，保安林には，普通林と区別するため，林道沿いなどにそれとわかるように標識が設置されている（写真11-2）。

写真11-2　標識の立つ保安林

(4) 生活の中にある緑

　森林に関連して，今日の私たちのまわりの自然環境全般にも目を向けてみよう。

　生活の中にある緑として，個人の庭などは別として，郊外においては里山と田園の風景，鎮守の森，都市部においては都市公園の樹木群や芝生，街路樹などがあげられよう。都市公園の中には，規模が大きく都市林となっているものもある（写真11-3）。

　植物生態学者の鷲谷氏は，調査で国内を旅行することが多いそうだが，今日の日本はどこにいっても，そこに見られるはずの生態学的な風景を目にすることができない，という。

　これは，人の生活域の自然が急激に劣化しているためであろう，と同氏は推察している。そこに姿を見せてほしい動植物は懸命にさがしても見つからず，野生生物といえば外来種ばかりが目につく。超近代的なビルの立ち並ぶ都市であれば，外来種を用いた人工環境は五感に素直に受け入れられ，ストレスを感じないが，田園地帯や里山地域の生物多様性が損なわれた姿には辛く悲しい気持ちに襲われる，という（鷲谷 2004：119-121）。

　鎮守の森は，樹木を伐られることが少なく，開発も及ばないケースが多いため，植生の自然度はおおむね高い。そこでは，外来種を見ることは少ないだろう。一方，都市公園によく植えられている樹木には，サクラ類やケヤキ

写真11-3　都市近郊の環境林

など日本の在来種があるが，プラタナス（スズカケノキ）やユリノキなど外来種も多く植えられている。

　人の生活域の自然の劣化という点では，専門家の意見を聞きながら，その地域の人々が関わって自然再生の活動を進めている例が各地に少しずつ見られるようになってきた。[*4]

　なお，鎮守の森については，憲法の厳格な政教分離の原則が関係するために，その保護について行政の財政的援助等は微妙な問題となる。

2　森林の社会史

(1) 入会林

　日本では江戸時代に，村を単位として，そこに住む住民が共同で利用する入会林（いりあいりん）という森林があった。現在でも慣行共有林として里山などにその一部が残っていることがある。

　入会林の利用は多様であることが特徴で，牛馬の放牧，肥料用・飼料用の採草，果実など食料・松脂など樹脂・薬草の採取，狩猟，焼畑，道具用材・建築用材・薪炭材の採取などがおもな例である。入会林は中世後期から近世にかけて日本だけでなくヨーロッパでも見られたものであり，東南アジア諸国などでは現在でも重要な利用形態である。日本ではとくに肥料用の採草が盛んに行なわれて，幕末期には里山の半分以上が草地となっていたといわれ

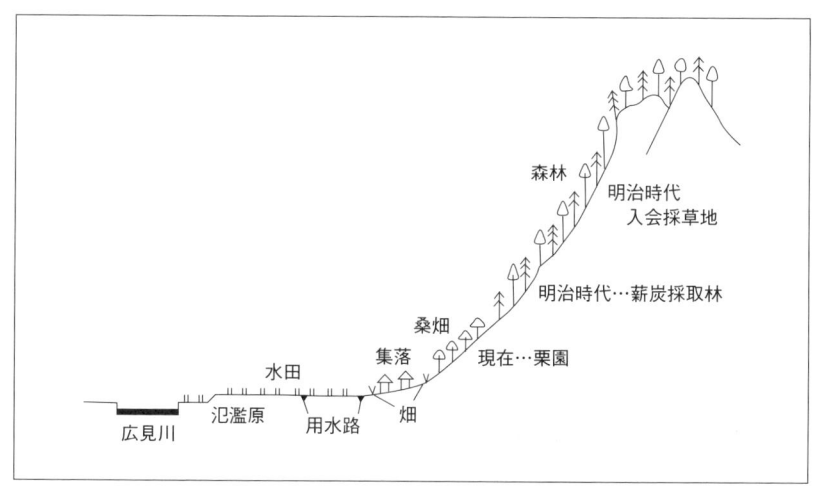

図11-2 昭和初期の広見町広見の集落付近の景観断面図
（出典）篠原 1997：30。

ている（日本林業技術協会編 2001：48）。

　長年，四国山地の山村研究を続けてきた地理学者の篠原氏は，四万十川支流，広見川流域の山村を調査して，観察・聞き取りの結果をもとに昭和初期の広見町広見の集落付近の景観断面図を作成している（図11-2）。広見地区の集落の背後の山地は当時すでに森林となっていたが，明治時代にはその尾根付近一帯は水田の肥草のための入会採草地であったという（篠原 1997：29）。

　ところで，入会林を利用できるのは村の住民に限られ，資源の再生産のために乱獲しないように村の慣行として，利用時期や採取量などが厳しく制限されていた。この入会慣行に関する権利のことを入会権という。入会権には土地の所有権を含むものとそうでないものがある。

　入会権は近代的な所有権になじまないことや，近代化の過程で入会林が荒廃したため，入会林野近代化法などの法律がつくられて，入会林野の解体が進められている。

(2) 里　山

　里山とは，ひとつには農用林，薪炭林など，かつて農山村の日常生活で利用されてきた森林のことであるが，もうひとつには，これらの森林をはじめ水田，畑，ため池，用水路，土手やあぜ道の草地，そして集落を含む農山村の地域景観のことをいう場合も多くなっている（このとき，その景観に含まれる森林は里山林という）。ここでは，前者の意味または後者の場合の里山林として，図11-3にその位置概念を示してみた。なお，薪炭林は，奥山においてもとくに炭の生産林として見られた。炭は薪より軽く運びやすいから，奥山でも炭が焼かれた。

　里山は，1950年代末以降，化石燃料，化学肥料が急速に普及することによって，農用林，薪炭林としての利用が低下した。農山村において人々は森林に頼らなくても生活できるようになったのである。一方，高度経済成長期前半に紙・パルプ産業が農用林，薪炭林に目をつけ，林野庁も積極的にパルプ用

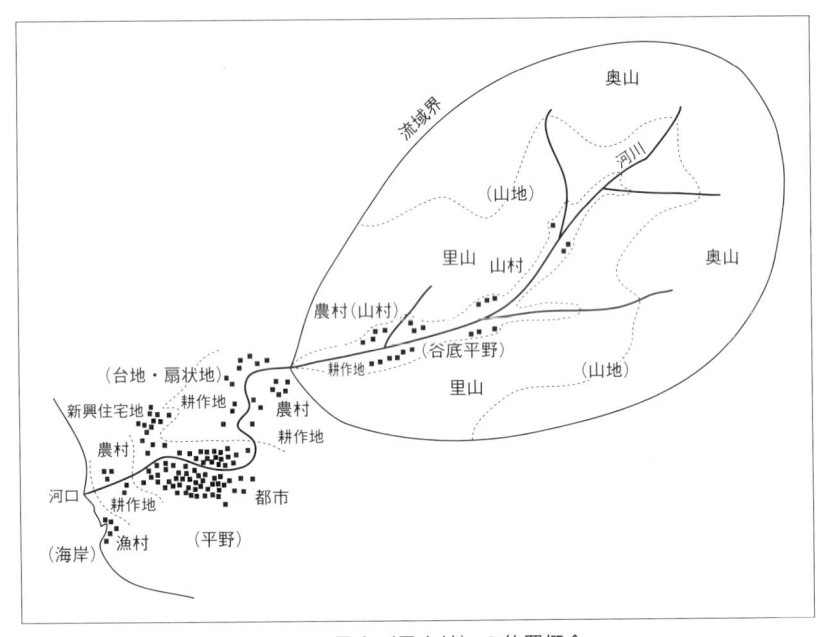

図11-3　里山（里山林）の位置概念

材の伐採とスギ，ヒノキの人工林化を政策として推進したため，林種転換，すなわち里山の広葉樹林が伐採され，その跡地にスギ，ヒノキの針葉樹林が仕立てられた。また，都市近郊の里山では，宅地開発が行なわれた。

1980年代後半のバブル経済期になると，各地でゴルフ場開発が進んだ。1987年，総合保養地域整備法（いわゆるリゾート法）が制定されると，リゾートブームが起きて，里山は開発のターゲットとなり，このためいくらかの里山は姿を消した。また，開発に翻弄された里山の多くは，バブル経済の崩壊とともに，その利用目的が見失われて荒廃し，今日にいたっている。

(3) 人工造林地

森林を造ることを造林という。造林の方法には，自然の森林の再生力（種子発芽，萌芽）を利用する天然更新法と，植林による人工造林法がある。広葉樹林を伐採してスギ，ヒノキなどを植林する林種転換は，とくに拡大造林といわれる。

日本において拡大造林がもっとも進んだのは1960年代で，毎年30万haもの広葉樹林がスギ，ヒノキなどの人工林に転換されていった。このとき，里山ばかりでなく，山岳地帯の奥地の原生林（ほとんど国有林）もその対象となった。

図11-4は，2000年における日本の人工林の林齢と面積の関係を示したものである。日本の人工林面積は1,000万haあまりに及んでいる。これは，日本の全森林面積の約41％にあたる。林齢の分布を見ると，30〜40年の人工林面積がもっとも多く，そこをピークとする山型の，きわめて歪んだ林齢構成の資源というほかない。各林齢ができるだけ同程度の面積となるように，平準化すべきであった。

人工林は，植林してからおおむね40年間は人間が手入れをしなければうまく育たない。これを保育作業という。最初の10年間は下刈りといって苗木の周りに生い茂る雑草，雑木を刈り払わねばならないし，林齢15〜20年のころには，つる性植物に巻きつかれたのを取り除いてやり（つる切り），生長旺盛な雑木を除去してやり（除伐），その後林齢40年ごろまで，植栽木

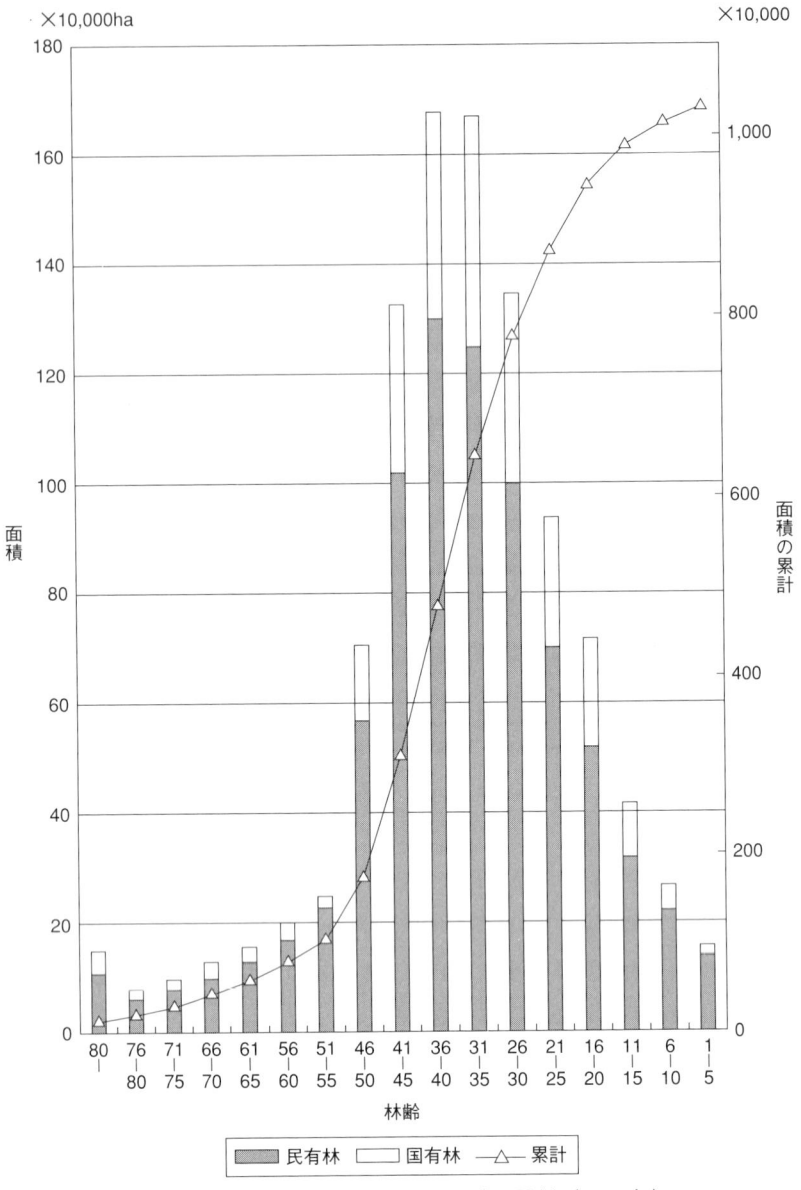

図11-4 日本の人工林の林齢と面積の関係（2000年）
『森林・林業白書（平成13年度）』に基づき作成。

写真11-4 荒廃したヒノキ林

同士が込み合ってきたらそのつど間伐をしてやらねばならない。

しかし，現在，人工林の多くは，この保育作業が不足している。そのため，立木が過密となり林内が暗くなり，枯死木の発生や，地表に草がほとんど生えていない状態となった，生態的にきわめて不健全な，荒廃した人工林も見られる（写真11-4）。

3 森林に関する地域計画

(1) 森林の機能

私たちの森林のとらえ方は，生態系としての森林と，資源としての森林とに，区別できるだろう。そして，私たちは森林を資源とするとき，森林生態系の特徴をふまえてこれを損なわないようにしなければ，森林の機能を永続的に享受することができない。森林生態系の健全性は，資源として森林に重要であり，持続可能な森林利用に欠くことのできないものである。

図11-5は，生態系としての森林と資源としての森林および森林の主要な機能の関係を示したものである。「生態系としての森林」であってこそ「資源としての森林」が存立しうるのであるから，この図では，「生態系としての森林」の枠内に「資源としての森林」を収めて，その意味を示している。「資源としての森林」には，直接的資源と間接的資源がある。

①直接的資源としての森林

直接的資源としての森林は，樹木を中心とする生物集団およびその土地の

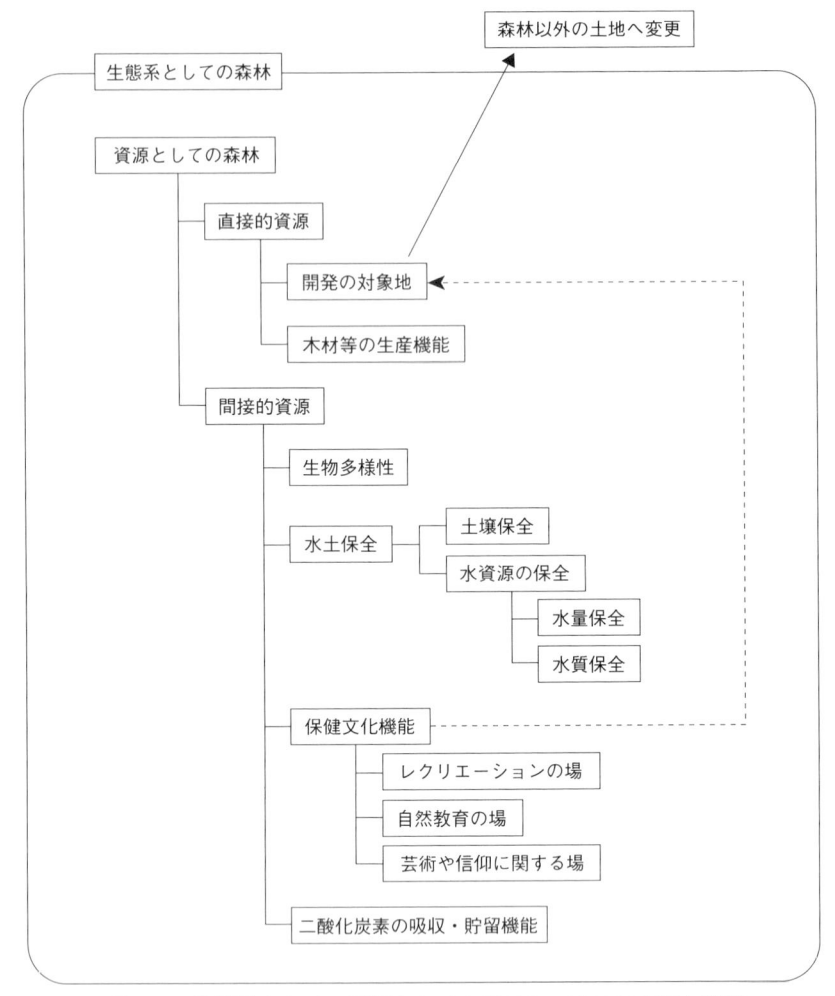

図11-5 生態系として，資源としての森林と，森林の主要な機能

いずれかまたは両方が資源となることである。

　森林の木材などの生産機能は，樹木を中心とする生物集団が直接の資源となる場合である。林地を開発して森林以外の目的で利用しようとするとき，土地だけが直接の資源となる。

　森林の木材などの生産機能については，森林を再生産可能な循環資源として利用することであるが，林地開発は，森林の土地を森林以外の状態にして

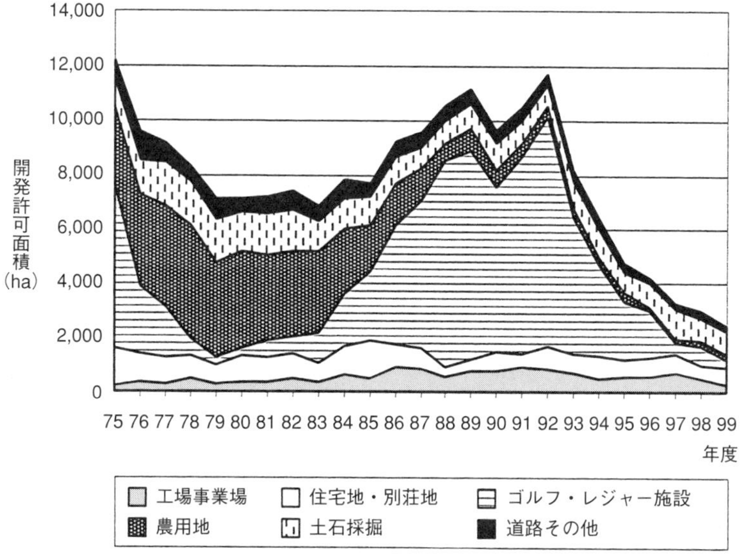

14,000
12,000
10,000
8,000
6,000
4,000
2,000
0
開発許可面積（ha）
75 76 77 78 79 80 81 82 83 84 85 86 87 88 89 90 91 92 93 94 95 96 97 98 99
年度
工場事業場
住宅地・別荘地
ゴルフ・レジャー施設
農用地
土石採掘
道路その他

資料:「 林業統計要覧」各年度版。

図11-6　林地開発許可面積の推移

（ 出典）佐藤　2002: 41。

しまうため，森林のもつ機能は失われる。

森林を存続させずに，林地を森林以外の目的で利用しようとするとき，その森林は開発の対象地となるのである。この場合，森林は，森林以外に利用するための直接的な資源である。

人類社会の歴史を見て明らかなとおり，人類は初期の段階から牧畜や焼き畑のために森林を開墾し続けてきた。また，近代の都市化の過程では，森林は新たに必要とされる都市的利用の対象地として開発された。

一般に，土地利用を規定する最も重要な経済的要因は地代であり，土地利用を林業，農業，都市的利用の３つに区分すると，最も低い地代しか実現できない土地に林業が成立し，地代が高まるにつれ，農業，さらに都市的利用に移行するという（竹中 1977：21）。

日本におけるバブル経済期に，土地投機で林地価格が急上昇し，さらに個人所得の向上によりレジャーに対するニーズが高まって，ゴルフ場などを目的とした林地開発が急増した。図 11-6 は，1970 ～ 1999 年度の林地開発許可

面積の推移を示したものである。1970年代の「列島改造」期の第一次土地ブームでもゴルフ・レジャー施設への転用が多かった。その後の1970年代後半～1980年代前半にゴルフ・レジャー施設への転用は鎮静化し，農用地転用が多かった。そして，バブル経済期の第二次土地ブームには再びゴルフ・レジャー施設への転用が増加したのである。その後おおむね現在まで，1970年代後半～1980年代前半にあったような農用地への転用の増加もなく林地開発は急激に減少している（佐藤 2002：39-41）。

②間接的資源としての森林

　間接的資源としての森林は，樹木を中心とする生物集団およびその土地が直接の資源となるのではなく，森林がそこに存在していることによって，またはその森林を媒介することによって生ずる効用が資源となることである。

　間接的資源としての森林は，生物多様性，土壌保全，水資源の保全，保健文化機能，および二酸化炭素の吸収・貯留機能の効用によってその資源性を発揮するのである。

　間接的資源の場合，森林生態系が健全に維持されていることによって，その個々の資源がばらばらにではなく総合的に機能を発揮する。したがって，間接的資源の内訳として，生物多様性，土壌保全，水資源の保全，保健文化機能，および二酸化炭素の吸収・貯留機能の効用が説明されるが，これらは個別なものでなく，すべて健全な森林生態系の存在によって確保されるほぼ一体的な資源である。

　ただし，保健文化機能については，人工的な森林公園などで人為による管理が強く影響している森林の場合はこの限りではなく，直接的資源とみる方が妥当な場合がある。

(2) 資源管理としての森林計画制度

　日本の森林すべてを対象にして，国の森林資源政策の根幹となる森林計画が立てられている。日本の森林計画制度は，1951（昭和26）年に戦後1回目の森林法改正によりその制度が創設されて以来，木材資源政策として機能してきたが，2000年代に入ってから変革された。現行の森林計画制度の体系は，

```
┌─────────────────────────────────────────────────────┐
│                  森林・林業基本計画                  │
│                         │  (政府)                    │
│                  全国森林計画                        │
│                         │  (農林水産大臣)            │
│           ┌─────────────┴─────────────┐             │
│     地域森林計画              地域別の森林計画       │
│       (都道府県知事)            (森林管理局長)       │
│     市町村森林整備計画                               │
│       (市町村長)                                     │
│   - - - - - - - - - - - -                            │
│   │森林施業計画(自発的計画)│                        │
│   - - - - - - - - - - - -                            │
│       (森林所有者・森林経営の受託者)                 │
└─────────────────────────────────────────────────────┘
```

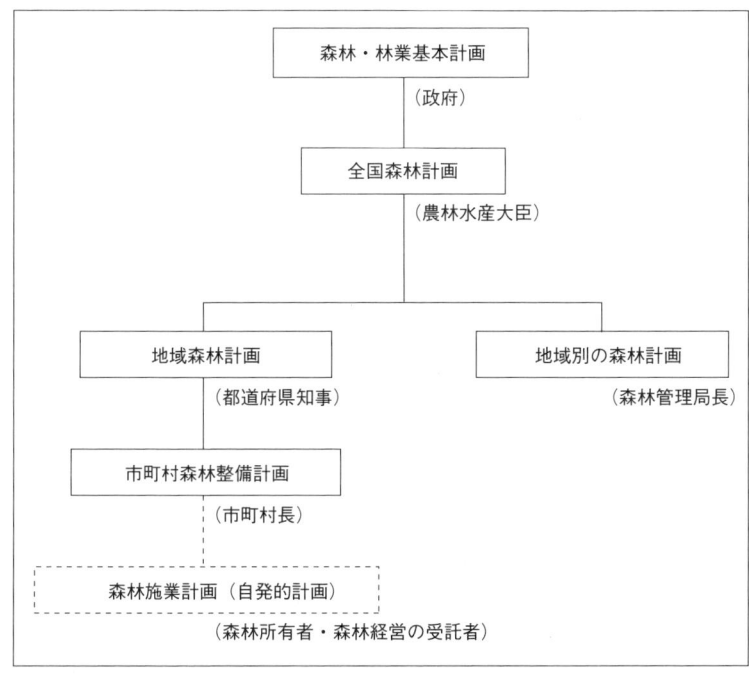

図11-7　森林計画制度の体系
（注）（　）内は計画策定主体。

図11-7のとおりである。

　森林・林業基本計画は，森林・林業基本法に基づいて政府が定めるもので，現行の計画は2001（平成13）年10月26日の閣議で決定された。それまでは1964（昭和39）年制定の林業基本法に基づく林業基本計画があったが，木材生産を主体とした政策から森林の多面的機能の持続的発揮を図る政策へ転換するという理念で林業基本法が森林・林業基本法へと改正され（2001年7月），その理念がこの森林・林業基本計画に反映されている。

　この森林・林業基本計画は，21世紀初頭の日本の森林政策の方向・目標を示しているものであり，その大きな特徴は，表11-3のとおり「水土保全」「森林と人との共生林」「資源の循環利用林」という森林の3区分を示し，それぞれ望ましい森林の姿を定めていることである。

　この森林の3区分については，森林・林業基本計画の下位に連なる順に，

表11-3 森林・林業基本計画に定められている森林の3区分

区分	望ましい森林の姿	整備対象面積
水土保全林	下層植生が生育するための空間が確保され適度な光が射し込み、落葉などの有機物が土壌に豊富に供給され、下層植生とともに樹木の根が深く広く発達し土壌を保持する能力や水を蓄える土壌中のすき間が十分に形成され保水する能力に優れた森林であり、必要に応じて土砂の流出および崩壊を防止する施設などの治山施設が整備されている森林	おおむね1,300万ha
森林と人との共生林	原生的な自然環境を構成し、学術的に貴重な動植物の生息・生育に適している森林、街並み、史跡、名勝などと一体となって潤いのある自然景観や歴史的風致を構成している森林、騒音や風などを防ぎ生活に潤いと安心を与える森林、身近な自然や自然とのふれあいの場として適切に管理され、住民などに憩いと学びの場を提供している森林であり、必要に応じて保健・文化・教育活動に適した施設が整備されている森林	おおむね550万ha
資源の循環利用林	林木の生育に適した土壌を有し、木材として利用する上で良好な樹木により構成され、二酸化炭素の固定能力が高い成長量を有する森林であって、団地的なまとまりがあり、林道などの基盤施設が適切に整備されている森林	おおむね660万ha

全国森林計画で、整備の基本方針が定められ、地域森林計画および国有林の地域別の森林計画で、地域ごとの具体的な整備の基準が定められ、市町村森林整備計画で、具体的な区域の設定と区域ごとの森林施業の標準的な方法が定められている。しかし、森林計画制度の体系に市町村森林整備計画が創設されたのは1998（平成10）年であって、森林計画制度の長い歴史に比較して市町村が森林計画に関与するようになってまだ間もないため、専門職の配置などの面で対応が十分とはいえない市町村は多い。

（3）今後の課題

現在，日本は地方制度の変革期にある。市町村合併により，自治体の規模を大きくして政策的・財政的自立をめざそうということが関係者のねらいである。すでに合併を果たした市町村が見られるようになってきたが，まだ多くの市町村が合併論議の渦の中に漂っている。

このような状況にある全国約3,000余りの市町村のうち，山村といわれる[*6]

地域を持つ市町村は 1,000 を超える。市町村合併のゆくえは，全国各地の山村のゆくえにも大きな影響を及ぼすだろう。また，市町村合併論議の中に，山村を切り捨ててゆくのかどうかという問題も含まれているだろう。森林政策に真正面から取り組む必要のある市町村が相当数あることを，私たちは認めなければならない。

一方，山村に対してあこがれを抱く都市住民は増えており，山村社会を求める UJI ターン者の出現や，森林ボランティア活動の増加が見られる。

山村地域を持つ市町村においては，これらの人々を含む，森林の地域計画に関心のある人々に対して，その策定過程における，より望ましい公開・参加の仕組みづくりが求められる。

注————
* 1　日本の都市人口は，現在約 80％である。また，テレビ，電気，ガス，電話など都市的生活様式が日本の隅々まで浸透していることを指摘することができる。
* 2　上田は，林は簡単にその中に入っていけそうに思えるのに対して，森は一見怖そうで近寄りがたい印象を受けるといい，その理由は「林は一般に樹木と樹木とのあいだがスカスカに開いていて明るい感じがするのに，森は，たいてい，高木や低木や下草などがいっぱい生えていて暗い感じがするから」という（上田 2003：5）。
* 3　日本人は明治期以降，森と語ることをやめ，森の心を見失った，そして森林との一体感も失った，とする見方がある（北村 1995：393-400）。
* 4　たとえば，アサザプロジェクト。
* 5　四手井は，みずから農用林に里山という名を与えて奥山にある薪炭林と区別している。また，里山と奥山薪炭林とを一括して二次林としている（四手井 1987：50-51）。この場合の二次林とは，原生植生（一次林）が伐採など人為のインパクトを繰り返し受けてできた森林のことである。
* 6　山村振興法で，山村は「林野面積の占める比率が高く，交通条件および経済的，文化的諸条件に恵まれず，産業の開発の程度が低く，かつ，住民の生活文化水準が劣っている山間地その他政令で定める要件に該当するもの」（同法第 2 条）とされている。なお，政令で定める要件の中には，林野率 0.75 以上，人口 116 人 /km^2 未満とされている。

参考文献————
上田　篤　2003『鎮守の森の物語——もうひとつの都市の緑』思文閣出版。
内山　節　2004『森にかよう道——知床から屋久島まで』新潮社。

北村昌美　1995『森林と日本人——森の心に迫る』小学館。
佐藤宣子　2002「森林資源の現況と地域特性」餅田治之編著『日本林業の構造的変化と再編過程——2000年林業センサス分析』農林統計協会。
四手井綱英　1987「里山について」森林環境研究会編『森とふれあいと』リブロ企画。
篠原重則　1997『愛媛県の山村』愛媛文化双書出版会。
竹中　譲　1977「森林規制の動向と背景」筒井迪夫編著『環境保全と森林規制』農林出版。
日本林業技術協会編　2004『森林・林業百科事典』丸善。
鷲谷いづみ　2004『自然再生』中央公論新社。

学習の課題
1　地域と密接に関わって機能を果たしている保安林の事例を調査してみよう。
2　入会林が荒廃した理由について考察してみよう。
3　あなたに関わりの深い市町村の森林の現況や整備対策について，自治体のホームページなどで調査してみよう。

第12章 地域社会と「国際化」

1 「国際化」と地域

「国際化」が時代のキーワードになって久しい。この章では「国際化」と地域社会の関係について見ていくことにしたい。

(1)「国際化」とは

まず最初に「国際化」という言葉について簡単に触れておこう。今やすっかりポピュラーな言葉になった「国際化」であるが，あらためて「国際化とは何か？」と問われれば，即答に窮する人も少なくないのではないだろうか。「国際化」という言葉の意味を一言で言い表すのは思いのほか難しい。

実際，日本語の「国際化」や「国際」という言葉は，さまざまなものを指し，また文脈によっては幾分異なった意味合いで用いられてきている。江淵一公は，日本語の「国際化」は，「ヒト・モノ・情報・資本等の国境を越えての交流・流動化に関わる現象のすべてを指す非常に多義的な概念」であり，それには「国家・政府レベルでの組織的交流だけでなく，民間レベルの非組織的交流や多様な労働力の国境を越えての移動の状況も含まれている」と指摘している（江淵 2000：21）。「国際化」は，狭義には，おもに国家間の組織的な交流にかかわって用いられるが，広義には，国家以外にもさまざまなものが国境や国家の枠組みを越えて交流・流動化する「トランスナショナリゼーション transnationalization（脱国家・脱国境化）」や「グローバリゼーション

globalization（地球規模化）」の意味を含んで用いられている（江淵 2000，梶田 2001）。

この章では，以下「国際化」を，国家ベースで展開される狭義の「国際化」の意味に限定するのではなく，広義の「国際化」の意味でとらえ，国家とは異なったレベルで，地域社会において「国際化」がどのように展開されてきたのか，具体的に見ていくことにしたい。

(2)「国際化」の担い手としての地域

国家レベルの「国際化」に対して，地域レベルでの「国際化」については，日本においてとりわけ 1980 年代後半以降，「国際化」の名のもとに，地方自治体をはじめ，民間の国際交流組織や市民団体，個人などが，さまざまな活動を活発に行なってきたことが注目されてきた（ジェイン・水上 1996）。その進展は多領域にわたるが，一例として自治体の姉妹都市提携数を見てみると，1980 年には全国で 373 件であったのが，1990 年には 800 件を越え，2000 年には 1407 件にまで増えている（ジェイン・水上 1996，自治体国際化協会 2004）。

1955 年にその第 1 号として長崎市がセント・ポール市（アメリカ合衆国）と提携を結んで以来，姉妹都市提携は戦後の日本において地域が諸外国との交流を深めるきっかけとなってきた。姉妹都市交流は，その初期には，自治体首長や地方議員団の訪問を中心とした「儀式」的な交流にとどまり，必ずしも実質的な中身をともなうものではなかったが，今日では，姉妹都市提携を基盤として，音楽などを通じた文化・芸術交流や，地場産業などを通じた経済・技術交流など，さまざまな国際交流が行なわれるようになってきている（阿部・新藤 1997）。このような姉妹都市間の交流を始め，国境を越えた地域レベルでの交流活動は，「自治体外交」や「民際外交」とも呼ばれ，従来国家の専管事項と考えられていた「外交」に対して，自治体・市民が直接的に海外の自治体（地域）・市民と関係を結ぶ「外交」として，その役割の独自性・重要性が強調されるようになってきた。新藤宗幸らは「自治体外交」の活動として，文化・芸術交流，経済・技術交流（および援助）に加え，自

治体間の国際的政策開発，非核・平和の追求をあげている（阿部・新藤 1997）。国境を越えた取り組みが必要とされる環境問題や世界平和といった課題に対しても，たとえば都市化に伴う公害・環境汚染など都市問題の解決や自然環境・歴史的遺産の保存のための技術や政策について海外の都市と知識・ノウハウの交換を行なったり，また非核宣言をしている自治体が世界の非核宣言自治体との交流を行なうなど，自治体レベルでの取り組みが行なわれている（阿部・新藤 1997，ジェイン・水上 1996）。

「民際外交」については，神奈川県の長洲知事（在任期間 1975 ～ 1995 年）による提唱が先駆けとなり，国家同士の外交ではなく市民同士の外交であり，また「市民が主役であって，自治体は脇役」である「民際外交 people to people diplomacy」の重要性が強調されてきた（駒井・渡戸 1997：115）。神奈川県では，1993 年に県からの補助金と民間からの寄付金をあわせた基金を原資とした「民際協力基金」が創設され，市民による国際協力活動への援助が行なわれている（阿部・新道 1997，駒井・渡戸 1997）。

さて，ここまで地域社会と「国際化」との関係を，自治体・市民による諸外国との交流という面から見てきたが，地域社会が「国際化」に対して果たしてきた役割は，「自治体外交」や「民際外交」といった「外に向かう」国際活動によるものだけではない。国境を越える人の移動性の高まりに伴い，海外から来日し日本国内に居住する外国人の数は，1970 年代以降，とくに 1980 年代の後半以降著しく増加している。地域社会は，そうした外国人居住者が生活を送る場であり，自治体には「外国人」を「住民」として受け入れるための対応が求められてきた。外国人住民の増加に伴い，最近では行政情報を多言語化したり，外国籍住民のための相談窓口を設ける自治体なども増えてきているが，それ以前から外国人多住地域では，自治体や市民によって，外国人住民の権利保障や外国人住民を含めた地域住民の共生に向けた取り組みが行なわれてきた。諸外国に向けられた対外的な国際化に対して，このような国内・地域内における取り組みは「内なる国際化」とも呼ばれる（阿部・新藤 1997，初瀬 1988）。以下では，地域社会と「国際化」の関係を，「内なる国際化」の側面から，より具体的に見ていくことにしたい。

2 「内なる国際化」——「外国人」住民と地域

(1) 増加する外国人人口

　外国人登録者統計によると，2002（平成 14）年末現在の外国人登録者数は 186 万 1,758 人となっている[*1]。外国人登録者を国籍（出身地）別に見ると，1番多いのは「韓国・朝鮮」で，外国人登録者数全体の 33.8％を占めている。2番目に多いのは「中国」(22.9％。以下、括弧内構成比)，3番目は「ブラジル」(14.5％)，以下「フィリピン」(9.1％)，「ペルー」(2.8％)，「米国」(2.6％) と続いている（入管協会 2003）。1位の「韓国・朝鮮」籍は依然多いものの，過去の統計と比較すると，外国人登録者数全体に占める割合は大きく低下してきている。国籍（出身地）別の構成比の過去の推移を見ると，1976（昭和 51）年末には「韓国・朝鮮」籍が 86.4％と外国人登録者の圧倒的多数を占めていたのが，以降年々低下し，1994（平成 6 年）には 50％と外国人登録者数全体の半分となり，2002（平成 14）年現在，33.8％と全体の約 3 分の 1 にまで低下している（入管協会 2001, 2003）。

　このような「韓国・朝鮮」籍の比率の低下は，「ニューカマー」とも呼ばれる新規に来日する外国人の増加をあらわしている。「韓国・朝鮮」籍人口の中にも「ニューカマー」は含まれるが，大半はかつての日本による朝鮮半島の植民地支配下に来日した人々およびその子孫にあたる人々であり，旧来の日本に定住する外国人の大部分を占めている[*2]。韓国・朝鮮人に代表される旧来外国人の存在に加え，1970 年代から新来外国人の増加が目立ち始め，1980 年代の後半以降その数は急増する。1985 年から 2000 年の 15 年間で外国人登録者数は約 2 倍に増え，その後も増加を続けている（入管協会 2003）。

　このような外国人人口の増加に伴い，国内の外国人居住者への施策が，従来に増して無視することのできない重要な課題として，国や自治体に求められるようになってきた。1980 年代後半になると「内なる国際化」という言葉がしばしば使われるようになり，日本国内で外国人を含めた社会のメンバーが共生していける環境づくりが，日本の「国際化」に不可欠なものとし

て強調されるようになってきた。

(2)「内なる国際化」と地域

日本国内の「内なる国際化」については，これまで国（中央政府）よりもむしろ一部の地域（自治体・市民）によって先進的に取り組まれてきたことが指摘されてきた（初瀬 1988，梶田 2001）。そして「内なる国際化」をさらに推進していく担い手として，地域に対して期待がよせられてきた（初瀬 1988，田中 1995，駒井・渡戸 1997）。

地域社会は外国人が居住し生活を送る場であり，自治体は管轄地域に住む外国人を行政の対象とするわけであるが，国内における外国人人口の分布は全国に一様に散在しているのではなく，大都市圏や製造業の工場が多い地帯など特定の地域に集中している。そのため外国人が集住する地域には，外国人住民の抱える問題や他の住民との共生に関わる問題が集中的にあらわれ，国の施策が行き届かない問題に対しても，独自に対応していくことが要請されてきた。

しかし地域が「内なる国際化」を推進する重要な担い手となりうるのは，単にこうした事情によるものではなく，そのより積極的な条件として，地方自治の理念に関わる地域の可能性が指摘されてきた（初瀬 1988，田中 1995，駒井・渡戸 1997）。1980 年代なかばに起こった「内なる国際化」の議論の中で，初瀬龍平は，地域が「内なる国際化」の積極的な担い手となりうる理由として，地域は外国人住民の生活に直結しており「外国人住民に近い」ことに加え，地方自治法はそこに「住所を有する」住民は「その属する地方公共団体の役務をひとしく受ける権利」と「その負担を分任する義務」を持つと定めており，その意味で外国人は地域の中で平等に扱われるべき「住民」であることを強調している。そして自治体には，国（中央政府）の見解や通達にそのまま従うのではなく，それぞれの判断に従い独自の取り組みを行なう（一定の）自由があることを指摘している（初瀬 1988：76-79）。

実際に一部の地域では，「内外人平等」原則の実現にむけた取り組みが，国に先駆けて行なわれてきた。日本国内における外国人の権利保障について

は，国のレベルでも，「国際人権規約」(1979年批准) や「難民条約」(1981年批准) など人権に関わる国際条約への批准にあたり，日本国内での外国人差別・民族差別の撤廃，「内外人平等」原則の実現が国内法の改正を含めたかたちで要請され，80年代以降，社会保障などの領域で進展がみられるようになった (梶田 2001)。たとえば 1982 年にはそれまで日本人のみを対象にしていた国民年金や児童手当に関する法律から国籍条項が撤廃された。またそれまで原則的に外国人が排除されていた公営住宅への入居についても，1980 年に外国人にも門戸を開放するよう国から通達が出され，外国籍住民の入居が認められるようになった (田中 1995)。しかし実際には，こうした国の動きに先駆けて，たとえば韓国・朝鮮人が多数定住する (神奈川県) 川崎市では，外国人住民の働きかけがあり，すでに 1975 年に市営住宅入居資格から国籍条項が撤廃され，同年には，児童手当についても外国人への支給が条例化されている (駒井・渡戸 1997)。

　公立学校の教員採用についても，国は 1990 年代に入り (日本人と同じ「教諭」ではなく)「常勤講師として」という条件つきで外国人の採用を認めるようになるまでは，原則的に外国人の任用は認めないという見解を示してきたが，定住外国人の多い大阪，三重，兵庫，愛知などでは，1980 年代——早いところでは 1970 年代——から外国人にも公立学校の教員採用試験の門戸が開かれている (初瀬 1988, 田中 1995)。

　こうした例に見られるように，すでに 1970 年代から一部の外国人多住地域では，国の原則や見解に単に従うのではなく，自治体が独自に判断を行ないながら，「内なる国際化」に向けた積極的な取り組みが行なわれてきた。自治体職員の採用についても，各自治体の判断によって (専門性の高い分野を中心に一般職も含め) 国籍条項を撤廃し，外国人にも門戸を開放する自治体が，1980 年代以降次第に増えてきた。また 1993 年には (大阪府) 岸和田市で外国人の地方参政権を国に要望する決議が採択され，それ以降，外国人は地域社会に生活基盤を置き義務を果たす重要な構成員であり，「住民」の権利として地方参政権が認められるべきである，という趣旨の内容を含んだ決議や意見書を採択する自治体の数は増えている (田中 1993, 樋口 2001)。

(3) 新来外国人の急増による「内なる国際化」の諸課題

　上述の例に代表されるような，旧来の定住外国人を主眼においた施策が展開される一方で，1980年代後半以降，新来外国人の急増にともなって，地域社会の中には「内なる国際化」の新たな問題や課題が浮上してきている。その代表的なもののひとつは，言語の問題である。新来外国人——とくに滞在日数の短い人々——の中には，日本語の読み書きや会話が充分にできず，そのことが日常生活を送る上で支障となる人も少なくない。また家族とともに滞在する新来外国人の増加にともない，日本の学校に就学する外国人児童・生徒も増え，学校教育の場に，日本語指導や母語による指導などの教育上の課題も生まれてきている。この他にも，住宅に関する問題として，民間の賃貸住宅への入居にあたって「外国人お断り」をいわれるケースや，公営住宅への入居に際しても，血縁者の連帯保証人を求められ，連帯保証人がたてられないなどの問題もある。また医療に関して，保険に加入していない新来外国人が，高額の医療費を支払えず，受診を抑制することで症状を悪化させてしまうといった問題や，日本語でのコミュニケーションが充分にとれないことで適切な医療サービスが受けられないという問題など，さまざまな領域にわたり，対応すべき課題があらわれてきている。

　このような諸問題に対して，1980年代後半以降，新来外国人が多住する地域では，自治体だけでなく，各地の国際交流組織，市民レベルの外国人支援団体や個人ボランティアなどによって，さまざま取り組みが行なわれてきている。

　新来外国人が多住する自治体では，多言語による行政情報・生活情報の案内を配布したり，外国語で対応できる外国人相談窓口を設けるなどの施策が行なわれるようになってきている。市民のボランティアによる日本語教室が開設されているところも少なくない（駒井・渡戸 1997）。賃貸住宅の問題に関しては，たとえば新宿区や川崎市などでは，外国人の住宅探しに協力的な不動産店を募って登録する「協力店制度」を発足させるなど，外国人に対する入居差別の解消に向けた取り組みが行なわれている（駒井・渡戸 1997, 宮

島 2003)。公営住宅入居の際の保障人の問題についても，外国人住民や支援団体の指摘，要求があり，近年は入居申し込みに際して血縁者の保証人をたてることの義務を廃止する自治体も出てきている（宮島 2003)。また市民レベルの外国人支援団体の中には，外国人向けに無料の健康相談や健康診断を実施しているところや，医療通訳者の養成を行なっているところなどもある（ジェイン・水上 1996，駒井 2004)。

新来外国人の中でも，とりわけ資格外や超過滞在で就労している外国人労働者の人権擁護の取り組みについては，市民レベルの外国人支援団体の活動によって担われている部分が大きい。資格外就労者や超過滞在者は，摘発をおそれて行政機関など公の場を避ける傾向があり，そのために劣悪な労働条件下におかれ労働災害などに遭った場合でも，それを放置してさらに状態を悪化させてしまうという深刻な事態も起こっている。このような問題を考慮して，外国人支援団体の中には，多言語による相談電話を設け，外国人の労働相談や生活相談に応じたり，外国人労働者が抱える問題に対する理解と施策を求め自治体への提言を行なうなど，在留資格に関わらず外国人の人権を擁護する取り組みを積極的に行なっているところもある（ジェイン・水上 1996，駒井 2004)。

その他にも，1980年代後半以降，外国人住民が直面する問題に呼応し，各地でさまざまな支援活動が展開されており，たとえば1986年には，女性のための避難センター「HELP」が（東京都）新宿区で設立され，売春強要などからの緊急保護を求める外国人女性の救援が行なわれてきた（田中 1995，ジェイン・水上 1996)。また，農村の「嫁不足」を背景に，1980年代後半に行政主導で国際結婚の仲介に着手した山形県最上地域では，カトリック教会で（とくにフィリピン出身の）外国人配偶者（夫人）を対象にミサや親睦会が開催されるなど，各地域の事情を反映したさまざまな活動が，支援団体によって展開されてきた（ジェイン・水上 1996，駒井・渡戸 1997)。

このように新来外国人の増加に伴って，地域社会では「内なる国際化」の新たな課題があらわれ，それらに対するさまざまな取り組みが，自治体，市民によって行なわれてきている。新来外国人に対する施策や取り組みは，日

本社会で生活を送る上での初期的な適応援助や緊急支援といった性格を持つものが少なくないが，その一方で，新来外国人を含めた外国人住民がより能動的に市政や「まちづくり」に参加するための取り組みとして，たとえば神奈川県，川崎市，静岡市，浜松市，京都市などでは，外国人住民の中から公募によって委員（もしくは委員の一部）を選出し，自治体の外国人住民に関する施策をはじめ地域社会が取り組むべき課題について討議，提言を行なう「外国人会議」（総称：自治体によって名称は異なる）が開催されている。[*3]

3　多様化する地域社会のメンバー

　前節では地域社会と「国際化」の関係を，国内・地域内の人の「国際化」である「内なる国際化」に焦点をあて，自治体・市民による外国人住民の権利保障や生活支援などのいくつか取り組みを紹介しながら見てきた。以下では，今後の地域社会のあり方を，外国人住民を含む地域社会の構成員の多様化，地域社会の「多文化」化という観点から考えてみたい。すでに見てきたように，日本国内の外国人人口はこの十数年の間に著しく増加し，一部の地域では，外国籍住民の数が急増し，地域住民の多国籍化が目立つようになってきている。このことが，地域社会のメンバーの多様化，地域社会の「多文化」化につながっていることはいうまでもないが，もう一方で無視できないものとして，国籍上の「日本人」の多民族化，「多文化」化についても考慮しておく必要があるだろう。

　その背景のひとつとして，近年の日本国籍取得（帰化）者の増加があげられる。90年代に入り「帰化」によって日本国籍を取得する人の数は著しく増加し，90年代の後半以降，その年間件数は1万4千〜1万6千台に達し，80年代の3倍以上に増えている（宮島 2003）。また，「国際結婚」の増加も著しく，1980年から2000年の間にその件数は約5倍に増えており，「国際結婚」から生まれる子ども——かつて「ハーフ」と呼ばれることが多かったが，最近ではより肯定的な意味を込めて「ダブル」という呼称が用いられる傾向が見られる——の数も増加してきている（川村 2002，宮島 2003）。この

ような近年増加する日本国籍取得（帰化）者や「ダブル」，また中国帰国者（「中国残留孤児・婦人」およびその家族）や「帰国子女」など海外からの帰国者の中からも，日本国籍を持ちながら外国をルーツとする民族性や文化的背景を持つ人々や，複数の文化的背景を持つ人々の存在が顕在化してきている。海外からの移住者や帰国者の多い地域では，外国籍住民の増加，多国籍化に加え，こうした国籍上の「日本人」の多民族化，多文化化がさまざまな場面にあらわれ，そのことが地域社会における「国際化」の意味やその施策のあり方をあらためて問い直す契機にもなっている。

　たとえば，現在では新生児の5人に1人が「外国系」の（外国人の親を持つ）子どもといわれる東京都新宿区で[*4]，1992年に区内の公立保育園の参与観察を行なった川村千鶴子は，そこで外国籍児童だけでなく日本国籍を持つ「ダブル」の子どもたちの姿を前にし，「『日本人』とはさまざまな顔と言語と文化を持つ多様な人々を指していることを目のあたりにした」と述べている（川村 2002)[*4]。

　また，ブラジル人生徒が多数通う静岡県下のある中学校では，外国人学生を対象とした「国際理解教育」として，日本語指導を行なう「日本語教室」と，ブラジル人生徒向けに「母語を使う場，母語を学ぶ場」として位置づけられた「ポルトガル・カルチャー（以下，「母語教室」と表記)」が，取り出し授業として二本立てで設けられているが，同中学校による1998年10月現在の資料によると，これらの授業には，外国籍の学生だけでなく，「日本語指導を必要とする」日本国籍を取得している学生も1人参加し，「日本語教室」だけでなく「母語教室」も受講している（池上 2001）。この「日本語教室」「母語教室」を受講するか否かは，それぞれの学生の希望をもとに学級担任・教科担任と相談した上で決められており，外国籍生徒であるということで自動的に受講させられるという仕組みにはなっていないため，生徒によっては，「日本語教室」か「母語教室」のどちらか一方しか受講しない生徒もいれば，いずれの授業も受講しない生徒もいる。同資料によると，外国籍学生24人のうち7人は「日本語教室」も「母語教室」も受講していない。「日本語教室」と「母語教室」のいずれも受講を希望しない外国籍生徒がいる一方で，「日

本語教室」と「母語教室」のどちらも受講を希望する日本国籍生徒がいる，というわけである。

　また，国籍によってのみ，人を「日本人」さもなければ「外国人」というかたちで分類することによって生じる問題は，自治体の「外国人会議」の場でも浮上している。外国人登録をしていることを代表者の条件としていた「川崎市外国人市民代表者会議」では，ペルー国籍の代表者が途中で日本国籍を取得し，本人の申し出によって解嘱されるというケースがあったことが報告されている。同会議の事務局に携わっていた山田貴夫は，上のケースを「日本国籍を取得しても外国人としてのアイデンティティを保持して生きる人たちをどう位置づけるのかが問われた場面でもあった」と振り返りつつ，難民として来日し日本国籍を取得した者もメンバーに入れている「外国籍県民かながわ会議」の例を指摘し，「国籍条項によって日本人と外国人を峻別してきた政府の代表的な方法を代表者会議が踏襲する必要があるのか」という問題を提起している（山田 2001：52）。

　これらの例からいえるのは，地域社会における「国際化」の課題が，もっぱら外国籍住民を対象とした外国人施策という枠組みの中にはおさまりきらない，あるいは「日本人／外国人」（日本人さもなくば外国人）という二分法にはそぐわないニーズや問題を含んでいるのではないか，ということである。もちろん日本国籍を持たないことによって法的・制度的に制限されている権利があり（たとえば参政権がないなど），また日常的な差別も存在する（たとえば賃貸住宅への入居を断られるなど）現実の中で，外国籍住民を支援する施策の意義は大きい。しかしながら，「国際化」——国境を超える人の移動性の高まり——にともなって生じる個人のアイデンティティや生き方に関わる問題は，国籍という観点からのみ区分される「日本人／外国人」という図式におさまらない複雑なものになってきている。国籍の上では「外国人」であっても日本に生活の基盤をおく人や「日本人」としてのアイデンティティが強い人，国籍の上では「日本人」であっても外国の文化とのつながりや「外国人」としてアイデンティティが強い人，また日本と外国の間を行き来する人や，将来の定住地を含めライフプランが定まっていない人，複数の文化やア

第12章　地域社会と「国際化」　219

イデンティティを併存させて生きる人など，人の生き方，アイデンティティのあり方は多様化してきている（江淵 2000，梶田 2001）。

　戦後の日本においては，日本社会は同一の血統・文化を持つ単一の民族から成る，という「日本＝単一民族」観が強く（小熊 1995），そこでは国籍から独立したものとして，血統や文化，民族的アイデンティティといったものをとらえる認識が希薄であったといえるだろう。このことは，宮島喬が指摘するように，欧米で成立している「イタリア系アメリカ人」や「モロッコ系フランス人」といった呼称に対応するものとして，「○○系日本人」という表現が日本では（一般的には）みられない（宮島 2003），ということからもうかがえる。「○○系日本人」という表現の不在は，単なる呼称の問題ではなく，「国籍上は日本人でありながら，民族的には○○人である」といった存在のあり方に対する社会的認知の低さのあらわれと見ることができるだろう。また国籍に関わる制度の上では，日本では 1985 年に国籍法が改正されるまで，「外国人」が日本国籍を取得する際，氏名を「日本名」に変えることが指示されてきた（田中 1995）。これは単に便宜的な理由によるものではなく，「民族意識の発露としてことさらに外国人的な呼称の氏に固執することになると，帰化により日本国民とするのにふさわしいものとはいえないだろう」という当時の帰化行政担当者の言葉からもうかがえるように，民族的な「同化」政策という性格を持つものであった（山脇 2001: 297）。ちなみに海外で「日本名」を維持している「日系人」は珍しくない。田中宏も指摘するように「外で外国籍を得るときは，しばしば『日本姓』を維持しているのに（たとえばペルーのフジモリ大統領），内で外国人が日本国籍を得るときは「外国姓」を拒否してきた」（田中 1995：173）という事実は，最近までの日本における同化主義的な傾向，「日本人」（日本国民）になることと外国をルーツとする民族性や文化性を保持することは相容れないという発想の強さを物語っているといえよう。

　このような単一民族観や同化主義的な発想に対して，近年，外国籍住民の増加とその国籍・出身地の多様化，また「○○系日本人」と呼びうる人々を含めた国籍上の「日本人」の多様化に伴い，自治体の施策や市民グループの

活動のスローガンの中に「多文化共生」という言葉も登場し，日本社会の中の多民族性・多文化性，地域社会のメンバーの多様性を積極的に認めていこうとする動きも見られるようになってきている。国境を越える人の移動は，外国籍を持ちながら移住先に生活の基盤をおく人々や，移住先の国籍を取得しながらみずからのルーツとなる文化や民族的なアイデンティティを保持する人々，あるいは複数の文化やアイデンティティを併存させて生きる人々など，居住地，国籍，民族，文化，アイデンティティといったものがひとつに重なり合わないさまざまなパターンを生み出す。こうしたさまざまな人のあり方をどのように認めていくかが，「国際化」する日本の地域社会に問われている。

注
* 1　日本に在留する外国人は，入国後90日以内（日本で出生した場合などは60日以内）に市区町村に外国人登録をすることが義務づけられている。ただし観光などで入国後90日以内に出国する場合などには登録しない場合が多い。また，特例上陸許可者（一時庇護のための上陸の許可を受けた者を除く），外交官，日米地位協定などに該当する軍人，軍属およびその家族などは登録の対象とはならない。
* 2　かつて日本国籍保有者であった日本の旧植民地（南北朝鮮・台湾）出身者およびその子孫に対しては，1991年「日本国との平和条約に基づき日本の国籍を離脱した者等の出入国管理に関する特例法」により，「特別永住者」という在留資格が適用されるようになった。入管協会『在留外国人統計平成15年度版』によると，2002年現在，「韓国・朝鮮」籍の外国人登録者625,422人のうち，485,180人，約78％が「特別永住者」資格をもつ，すなわち旧植民地出身者およびその子孫にあたる。日本国籍喪失の経緯を含め，旧植民地出身者およびその子孫にあたる人々が日本に定住するようになった歴史的経緯，社会的背景については，田中（1995）が参考になる。
* 3　「外国籍県民かながわ会議」（神奈川県，1998〜），「川崎市外国人市民代表者会議」（川崎市，1996〜），「静岡市外国人住民懇話会」（静岡市，1999〜），「浜松市外国人市民会議」（浜松市，2000〜），「京都市外国籍市民施策懇話会」（京都市，1998〜）など。設置の経緯や提言など「外国人会議」のさらにくわしい内容については，山田（2000），宮島（2003）のほか，静岡市外国人住民懇話会事務局（2003），京都市外国籍市民施策懇話会事務局（2004）など，各会議事務局または各自治体による広報を参照されたい。
* 4　1997年度の新宿区における「親外国人出生児」の割合は19.1％という報告や，

1998年に新宿区のある総合病院での分娩件数のうち約2割が外国人の母親だったという報告などがある（渡戸・川村 2002）。

参考文献────
阿部斉・新藤宗幸　1997『概説日本の地方自治』東京大学出版会。
池上重弘編著　2001『ブラジル人と国際化する地域社会──居住・教育・医療』明石書店。
江淵一公編著　2000『トランスカルチュラリズムの研究』明石書店。
梶田孝道編著　2001『国際化とアイデンティティ』ミネルヴァ書房。
川村千鶴子　2002「人の『異なり』とは何か──多文化教育を拓くもの」渡戸一郎・川村千鶴子編著『多文化教育を拓く──マルチカルチュラルな日本の現実の中で』明石書店。
京都市外国籍市民施策懇話会事務局　2004「京都市外国籍市民施策懇話会ニュースレター　No.17」。
小熊英二　1995『単一民族国家の起源──〈日本人〉の自画像の系譜』新曜社。
駒井洋編著　2004『移民をめぐる自治体の政策と社会運動』明石書店。
駒井洋・渡戸一郎　1997『自治体の外国人政策──内なる国際化への取り組み』明石書店。
静岡市外国人住民懇話会事務局　2003「第2期（2001～2002年度）静岡市外国人住民懇話会提言・報告」。
自治体国際化協会　2004『JAPAN 2004 CLAIR Council Local Authorities for International Relations』。
田中宏　1995『在日外国人──法の壁，心の溝（新版）』岩波新書。
入管協会　2001『在留外国人統計　平成13年版』。
入管協会　2003『在留外国人統計　平成15年版』。
初瀬龍平編　1988『内なる国際化（増補改訂版）』三峰書房。
樋口直人　2001「外国人参政権論の日本的構図──市民権論からのアプローチ」NIRA・シティズンシップ研究会編『多文化社会の選択──シティズンシップの視点から』日本経済評論社。
プルネンドラ・ジェイン・水上徹男　1996『グラスルーツの国際交流』ハーベスト社。
宮島喬　2003『共に生きられる日本へ──外国人施策とその課題』有斐閣選書。
山田貴夫　2000「川崎市外国人代表者会議の成立と現状」宮島喬編『外国人市民と政治参加』有信堂高文社。
山脇啓造　2001「戦後日本の外国人政策と在日コリアンの社会運動──1970年代を中心に」梶田孝道編著『国際化とアイデンティティ』ミネルヴァ書房。
渡戸一郎・川村千鶴子編著　2002『多文化教育を拓く──マルチカルチュラルな日本の現実の中で』明石書店。

学習の課題
1 この章で取りあげられた自治体や市民による「国際化」の取り組みの中で，あなたが関心を持ったものについて，さらにくわしく調べてみよう。
2 あなたの住む自治体など，特定の地域を対象とし，そこでどのような「国際化」の取り組みが行なわれているか調べてみよう。

さらに学びたい人のための本

第1章

P・L・バーガー，B・バーガー；安江孝司〔ほか〕訳　1979『バーガー社会学』学習研究社

A・リンドクウィスト，J・ウェステル；川上邦夫訳　1997『あなた自身の社会——スウェーデンの中学教科書』新評論

ケンジ・ステファン・スズキ　2003『デンマークという国　自然エネルギー先進国——［風の学校］からのレポート』合同出版

訓覇法子　1991『スウェーデン人はいま幸せか』NHKブックス

第2章

吉田　浩　2003『フェルディナンド・テンニエス』東信堂

M・ウエーバー　1987『社会学の基礎概念』恒星社厚生閣

R・M・マッキーヴァー　1975『コミュニティ』ミネルヴァ書房

J・ハーバーマス　1973『公共性の構造転換』未来社

第3章

間場寿一編　1998『地方文化の社会学』世界思想社

木下謙治・篠原隆弘・三浦典子編，鈴木広監修　2002『地域社会学の現在』ミネルヴァ書房

斎藤耕二・菊池章夫編著　1990『社会化の心理学ハンドブック——人間形成と社会と文化』川島書店

中田実・板倉達文・黒田由彦編著　1998『地域共同管理の現在』東信堂

冨士谷あつ子　2001『日本農業の女性学——男女共同参画社会とエコロジカル・ライフをめざして』ドメス出版

神谷国弘・中道實編　1997『都市的共同性の社会学——コミュニティ形成の主体要件』ナカニシヤ出版

第4章

下河辺淳　1994『戦後国土計画への証言』日本経済評論社
井堀利宏　2001『公共事業の正しい考え方』中公新書
本間義人　1999『国土計画を考える』中公新書

第5章

大森　弥　2002「自治体計画の課題転換」松下圭一・西尾勝・新藤宗幸編『岩波講座　第3巻　自治体の構想』岩波書店
武川正吾　1992『地域社会計画と住民生活』中央大学出版部
庄司興吉　1985『地域社会計画と住民自治』梓出版社

第6章

山崎丈夫　2003『地域コミュニティ論――地域住民自治組織とNPO，行政の協働』自治体研究社
山崎丈夫　1999『地縁組織論――地域の時代の町内会・自治会，コミュニティ』自治体研究社
本間義人　1994『まちづくりの思想――土木社会から市民社会へ』有斐閣
宮本憲一　1995『都市をどう生きるか――アメニティへの招待』小学館

第7章

R・E・パーク，E・W・バーゼス〔ほか〕：大道安次郎・倉田和四生共訳　1972『都市――人間生態学とコミュニティ論』鹿島出版会
成田孝三　1987『大都市衰退地区の再生――住民と機能の多様化と複合化をめざして』大明堂
高橋勇悦編　1992『大都市社会のリストラクチャリング――東京のインナーシティ問題』日本評論社
小林重敬・山本正堯編著　1999『新時代の都市計画　第3巻　既成市街地の再構築と都市計画』ぎょうせい

第8章

熊代昭彦編著　2003『新日本のNPO法』ぎょうせい

佐藤慶幸　2002『NPOと市民社会——アソシエーション論の可能性』有斐閣

山岡義典編著　1997『NPO基礎講座——市民社会の創造のために』ぎょうせい

田尾雅夫〔ほか〕　2004『ボランティア・NPOの組織論——非営利の経営を考える』学陽書房

塚本一郎・古川俊一・雨宮孝子　2004『NPOと新しい社会デザイン』同文館出版

第9章

金子　勇　1997『地域福祉社会学——新しい高齢社会像』ミネルヴァ書房

武川正吾・野口定久編　2005『講座・福祉社会　地域社会のゆくえ——コミュニティからローカリティへ』ミネルヴァ書房

園田恭一　2003『社会福祉とコミュニティ——共同・共生・ネットワーク』東信堂

坂田周一　2000『社会福祉政策』有斐閣

第10章

レイチェル・カーソン著：青樹簗一訳　2001『沈黙の春』新潮社

ウルリヒ・ベック著：東廉・伊藤美登里訳　1998『危険社会』法政大学出版局

嘉田由紀子　2002『環境社会学』岩波書店

石井邦宜監修　2002『20世紀の日本環境史』(社)産業環境管理協会

第11章

藤森隆郎　2000『森との共生——持続可能な社会のために』丸善

内山　節　1994『森にかよう道——知床から屋久島まで』新潮社

林野庁編（毎年度発行）『森林・林業白書』日本林業協会

堺　正紘編　2004『森林政策学』日本林業調査会
木平勇吉編　2003『森林計画学』朝倉書店

第12章

梶田孝道編著　2001『国際化とアイデンティティ』ミネルヴァ書房

駒井洋・渡戸一郎　1997『自治体の外国人政策――内なる国際化への取り組み』明石書店

田中　宏　1995『在日外国人――法の壁，心の溝（新版）』岩波新書

初瀬龍平編　1988『内なる国際化（増補改訂版）』三峰書房

プルネンドラ・ジェイン，水上徹男　1996『グラスルーツの国際交流』ハーベスト社

宮島　喬　2003『共に生きられる日本へ――外国人施策とその課題』有斐閣選書

索　引

あ行

アイデンティティ　23, 67, 80, 82, 84, 219-222
アソシエーション　93, 131, 150
アドボカシー活動　145, 146
イエ　52, 53, 74
育児休業制度　160
育児支援　156, 159, 161
意思決定　32, 33, 42-44, 65, 98, 100, 103, 133, 134
意思決定システム　32, 42, 44, 133
一元的共同性　24, 34, 35
入会権　182, 197
入会採草地　197
インナーシティ　110, 112, 116, 120, 127
内なる国際化　211-217, 222
NPO（特定非営利活動）　129-150, 156, 162, 163
NPOサポーターズ構想　14
NPOの組織的特徴　130, 132
M字曲線　160
エンゼルプラン　155
奥山　198, 207

か行

外国人会議　217, 219, 221
外国人居住者　39, 211, 212
外国人支援団体　215, 216
外国人住民　211, 213, 214, 216, 217, 221, 222
外国人登録者　212, 221
外国籍住民　211, 214, 217-220
介護サービス　155, 162
介護保険法　155
拡大造林　199
家族経営協定　47, 52, 56
価値観　40-44, 49, 51-54, 101, 132, 146, 184
価値システム　43
過密　38, 63, 73, 201
環境アセスメント　179, 180
環境基準値　178, 179
環境基本計画　180, 185, 188
環境問題　41, 171, 172, 174-176, 179, 182, 211
議員選挙　56
企画部門　66, 80
機関委任事務　15, 79
起業グループ　50
基本計画　64, 77, 78, 80-82, 84, 87, 103, 180, 185, 188, 205
基本構想　76-78, 80-82, 91
旧来外国人　212
共助システム　95
共生　36, 83, 84, 154, 180, 181, 205, 211-213, 221
行政サービス　74, 77, 79, 88, 95, 180, 186
行政パートナー制度　13
共同性　18, 19, 21, 23-25, 32-37, 43, 53-55, 92, 94-96, 98, 100, 103, 107, 165, 178, 182, 184

協働関係　25
協働システム　50
共同占有　182
共有関係　23, 25, 34
近代産業社会　171, 172, 178, 179, 182, 183
グループ活動　48, 49
グローバリゼーション　39, 209
グローバルな共同性　36
群化社会　94
計画行政　59, 64, 76-78
経済安定本部　60
経済企画庁　60, 65
合意形成　85, 106, 110, 122, 123
公益法人　134-136, 148, 149, 193
公害健康被害補償法　174
公害対策基本法　174, 179
公害防止対策　174
公害問題　67, 174
公害輸出　174
公共事業　54, 63, 67, 68, 70-72, 74, 89, 149, 175, 179
公共主導　123, 125, 126
公共性　18, 19, 21, 23, 25, 30, 32-37, 42, 43, 53-55, 57, 98, 100, 101, 103, 108, 175, 179, 182, 184
公共投資　59, 65, 67, 68, 70, 72
公聴会　81, 117, 118
交通公害　176
高度経済成長期　38, 152, 176, 191, 198
高度経済成長政策　94
高齢化　13, 14, 40, 54, 142, 143, 153-156, 161, 162, 165, 173, 182
高齢社会　71, 162
コーポラティブハウス　163

国際化　86, 209-212, 211-219, 221-223
国籍条項　214, 219
国土計画　29, 58-61, 66, 74, 188
国土総合開発法　60-62, 64
国有林　191, 199, 206
国会議員　4, 40, 66, 72, 89
コミュニティ　13, 25-27, 37, 40, 73, 84, 88, 92-101, 105-108, 127, 142, 150, 153, 155, 165, 166, 182
コミュニティバス　13

さ行

再開発地区計画制度　118
再社会化　43, 44, 48, 53
里山林　198
産業化　19, 63, 64, 94, 95, 172
産業構造　24, 26, 38, 40, 73, 152, 178
山村振興法　90, 207
ジェンダー　42, 52
ジェントリフィケーション　119, 125-127
資源循環型社会　3
市場の失敗　131, 147
自然再生の活動　196
自然的空間　19, 20, 28
自治会　1, 2, 17, 40, 43, 45, 92, 103, 106, 143, 168, 183, 185
自治体外交　210, 211
市町村合併　56, 206, 207
市町村計画　65, 79, 80, 91
シティズン・ガバナンス時代　104
シニア大学　164, 165
姉妹都市　210
市民団体　67, 134, 210
社会化　41-44, 48, 49, 53-56, 86, 87, 95

230

社会開発	72-75, 87, 88
社会化エージェント	42-44, 48, 49, 53, 54
社会計画	29, 75-77, 91, 116, 117, 126
社会的空間	19, 20, 28, 35
社会的使命	147
社会福祉協議会	154, 156, 168
社会福祉法	155, 156
社会福祉六法	152, 154
借家人相談所	125
住区協議会	101-104
修復型再開発	122
住民運動	67, 174, 176, 183
住民参加	5, 7-9, 13, 14, 16, 68, 81, 84, 101, 104, 105, 109, 116, 118, 119, 128, 156, 181, 184
住民自治組織	100
私有林	191, 192
出生率	158, 162
循環型社会	3, 176
しゅんせつ型再開発	122
少子化	154-156, 158, 161, 162, 165, 169
女性議員	41, 55
女性リーダー	44-48, 56
自律性	32
自立性	32, 80
人工林	199, 201
人材育成	7, 9, 13, 14, 38, 41, 43, 45, 46, 50, 53-55
人材育成システム	41, 46, 54
新産業都市	61, 65
薪炭林	190, 198, 207
新来外国人	212, 215-217
森林・林業基本計画	205
森林・林業基本法	205
森林計画制度	204, 206
森林生態系	201, 204
森林の機能	201
森林の公益的機能	193
水資源の保全	204
スプロール現象	110
生活改善グループ（農村生活研究グループ）	44, 45, 48-50, 53, 54
生活改良普及員	49
生活環境	64, 70, 73, 77, 79, 84, 85, 94-96, 99, 150, 170-173, 175-186, 188
生活環境主義	182, 183
生活関心	22, 24, 25, 27, 30, 31, 34, 36
生活関連社会資本投資	94
生活者	39-41, 43, 117, 174, 182, 189
生活充足性	22
生活のナショナル化	34
政治意識	41, 42
政治構造	40
政治参画	41, 42, 48
政治システム	42
政治的意思決定	32, 33, 42, 44, 65
政治的価値観	41
政治的社会化	41, 56
政治文化	42
政治リーダー	45, 48
精神的統一体	93
成人の社会化	41
生物多様性	195, 204
政府の失敗	131
セクショナリズム	65, 104
全国総合開発計画（全総）	60, 61, 64-67, 75, 89
専門処理システム	95

相互的了解　21, 23
造林　63, 64, 193, 194, 199
村落共同体　25

た行

第三（の）セクター　124, 130, 132, 145, 148
多元的共同性　24
縦割り行政　65, 80, 104
多文化共生　221
男女共同参画　7, 42, 44, 46, 47, 55, 56, 84, 138
地域開発　60-62, 65, 66, 68, 69, 72-74, 87-90
地域活性化　7-10, 13, 40, 41, 51, 53
地域共同管理　96-98, 106-108, 183, 184, 188
地域計画の正当性　31
地域公共性　30
地域最適水準　102
地域社会計画　75-77, 91
地域社会の自治力　16
地域社会の非包括化　28
地域的共同性　36
地域的結合　114, 115
地域の目　157, 166, 169
地域福祉　74, 84, 129, 151-156, 161, 165, 169
地域福祉計画　156
地域リーダー　44-46, 48-51, 53, 57
地球環境　87, 175
地区計画　109, 118, 122
地区計画制度　118
地区詳細計画　109, 117
地方議員　40, 210
地方議会　41, 45, 48, 55, 85
地方参政権　214
地方自治　29, 30, 40, 61, 64-71, 74, 76, 79, 82, 84, 88, 89, 91, 96, 98, 100, 108, 129, 134, 143, 178, 210, 213, 222
地方自治法　76, 79, 213
地方分権　15, 30, 36, 88, 103, 104, 107
中間集団・組織　99, 102
中間領域　99, 100
鎮守の森　190, 195, 196, 207
伝統的価値観　41, 44, 51, 52
同族集団　27
特定非営利活動→NPO
特定非営利活動促進法　129, 130, 134, 136, 140, 150
特定非営利活動にかかる事業　136, 137
特定非営利活動法人　129, 134-145, 149
都市化　26, 37, 63, 64, 94, 95, 98, 106, 114, 203, 211
都市計画　59, 77, 85, 89, 90, 102, 104, 109, 110, 116, 118, 127, 128, 185
都市建設促進法　61, 116, 117
都市再開発　109-112, 118, 119, 125-127
都市再開発法　109, 118, 127
都市再生　109, 110
都市社会学　37, 98, 109, 111, 169
都市的共同消費手段　180
都市的生活様式　26, 207
都市内分権化　103, 104, 108
都市末端代議機構　100
土壌保全　204
土地所有　114, 117, 126
土地ブーム　204
土地利用　58, 63-65, 77, 79, 84, 85, 89, 109, 177, 203
土地利用計画　63, 64, 177
都道府県計画　61, 65, 79, 91

トランスナショナリゼーション　209

な行

内務省　59, 60
二酸化炭素の吸収・貯留機能　204
二次林　207
認定特定非営利活動法人　140, 141, 149
ネットワーク　49, 51, 53, 56, 100, 106, 132, 146, 147, 166
ネットワーク活動　51
農協（農業協同組合）　44-47, 55, 185
農協役員　46, 55
農業委員　45-52, 55, 56
農業委員会　45, 52, 55
農業協同組合→農協
農業士　45, 47, 56
納税者　3-5
農村生活研究グループ→生活改善グループ
農用林　198, 207
ノーマライゼーション　154, 165

は行

パートナーシップ　97, 102, 107, 184, 188
媒介審級　101
廃棄物対策　7, 176
バブル経済期　38, 199, 203, 204
バリアフリー　155
フィールドワーク　182, 185
フォーマル・リーダー　40, 44, 46, 51
文化行政　87, 88
平均出生児数　158
兵舎式賃貸住宅　111, 112, 116
保安林　193, 194, 208
法定受託事務　16, 79

保健文化機能　204
補助金　67, 69-72, 118, 123, 126-128, 211
ボランティア　13, 16, 17, 34, 132, 134, 136, 150, 154-156, 164, 165, 167, 185, 186, 188, 207, 215

ま行

マスタープラン　104, 109, 123, 185
まちづくり　5, 6, 10, 14, 17, 82-84, 86, 92, 96, 101, 102, 104, 106, 108, 119, 122, 138, 142, 176, 187, 188, 217
まちづくり基本条例　14
まちづくり協議会　102, 106
まちづくりセンター　102, 104, 106
みなし寄付金制度　140, 141
民間主導　126
民際外交　210, 211
民族　34, 93, 214, 217, 218, 220-222
民有林　191, 193
木材資源政策　204
木造賃貸住宅（木賃住宅）　114-116

や行

山仕事　190, 191
有機的統一体　93
洋上風力発電　14
幼保一元化　160, 161

ら行

ライフコース　40, 44, 158, 159
ライフスタイル　4, 39, 40, 180, 182, 184
リーダー　2, 30, 40, 44-51, 53-57, 150
利益誘導　40, 51, 65
リクルートメント・ルート　45, 48, 49

利潤非分配原則　133
林家　192
林地開発　202-204
老朽密集住宅地区　110-112, 114-116, 119, 120, 122, 127, 128

わ行

わが国の法人制度　135
ワークショップ　184-188

■執筆者紹介（執筆順）

瀧本佳史　　　　　　　　　　　　　　　　　　　　　　　第1章
　編者紹介参照。

田村雅夫（たむら　まさお）　　　　　　　　　　　　　　第2章
　椙山女学園大学人間関係学部教授。
　おもな著作：青木康容・中道實編『現代日本政治の社会学』（共同執筆，昭和堂，1991年），神谷国弘・中道實編『都市的共同性の社会学』（共同執筆，ナカニシヤ出版，1997年）ほか。

藤井和佐（ふじい　わさ）　　　　　　　　　　　　　　　第3章
　岡山大学大学院社会文化科学研究科教授。
　おもな著作：『農村女性の社会学――地域づくりの男女共同参画』（昭和堂，2011年），『変貌する沖縄離島社会――八重山にみる地域「自治」』（杉本久未子との共編著，ナカニシヤ出版，2012年）ほか。

青木康容（あおき　やすひろ）　　　　　　　　　　　　　第4,5章
　佛教大学社会学部教授。
　おもな著作：『現代日本政治の社会学』（中道實との共編著，昭和堂，1991年）ほか。

大橋松行（おおはし　まつゆき）　　　　　　　　　　　　第6章
　滋賀県立大学人間文化学部教授。
　おもな著作：『生活者運動の社会学――市民参加への一里塚』（北樹出版，1997年），『地域変動と政治文化の変容――滋賀県における事例研究』（サンライズ出版，2000年），『蛍雪の学び舎・癒しの学び舎――変わりゆく定時制高校』（サンライズ出版，2003年）ほか。

難波孝志（なんば　たかし）　　　　　　　　　　　　　　第7章
　大阪経済大学情報社会学部教授。
　おもな著作：Gentrification of Prewar Inner City Housing in Japan. In Ulrich Teichler and Gisela Trommsdorff, (Eds.), *Challenges of the 21st Century in JAPAN and GERMANY*. Pabst Science Publishers, 2002; A Comparative Study on the Problems of Gentrification in German and Japanese Cities. In György Széll and Ken'ichi Tominaga (Eds.), *The Environmental Challenges for Japan and Germany : Intercultural and Interdisciplinary Perspectives*. Peter Lang, 2004.

森　裕亮（もり　ひろあき）　　　　　　　　　　　　　　　　第8章
　北九州市立大学法学部准教授。
　おもな著作：『ローカルガバメント論——地方行政のルネサンス』（共同執筆，ミネルヴァ書房，2012年），『闘う地域社会』（共同執筆，ナカニシヤ出版，2010年），『ローカルガバナンスと現代行財政』（共同執筆，ミネルヴァ書房，2008年）ほか。

山本素世（やまもと　そよ）　　　　　　　　　　　　　　　　第9章
　同志社大学社会学部嘱託講師。

杉本久未子（すぎもと　くみこ）　　　　　　　　　　　　　　第10章
　大阪人間科学大学人間科学部教授。
　おもな著作：「環境共生型都市形成と住民の役割——関西文化学術研究都市を事例として」（『グローバリゼーションと地域社会』地域社会学会年報第11集，1999年），「住民運動の制度化——橋本市の産廃処理場問題から」（『分権・合併・ローカルガバナンス——多様化する地域』地域社会学会年報第16集，2004年）ほか。

西川静一（にしかわ　せいいち）　　　　　　　　　　　　　　第11章
　西川研究所合同会社代表。
　おもな著作：『森林文化の社会学』（佛教大学研究叢書3，ミネルヴァ書房，2008年），『森林環境と社会』（ナカニシヤ出版，2011年），『現代の社会学——グローバル化のなかで』（共同執筆，ミネルヴァ書房，2012年）ほか。

田中美佳子（たなか　みかこ）　　　　　　　　　　　　　　　第12章
　佛教大学通信教育部非常勤講師。
　おもな著作：富田英典・藤谷健編著『社会学フォーラム／落ち着かない〈私〉と〈社会〉』（共同執筆，福村出版，2000年）ほか。

■編者紹介

瀧本佳史（たきもと　よしふみ）
1948年生まれ。
1976年，関西大学社会学研究科博士課程単位取得満期退学。
佛教大学社会学部公共政策学科教授。
専攻：都市社会学，社会調査論。
おもな著作：神谷国弘・中道實編『都市的共同性の社会学——コミュニティ形成の主体要件』（共著，ナカニシヤ出版，1997年）ほか。

地域計画の社会学
市民参加と分権化社会の構築をめざして（原本は佛教大学通信教育部テキストとして発行された）

2005年4月20日　初版第1刷発行
2013年5月30日　初版第2刷発行

編者　瀧本佳史
発行者　齊藤万壽子

〒606-8224　京都市左京区北白川京大農学部前
発行所　株式会社　昭和堂
振替口座　01060-5-9347
TEL（075）706-8818　FAX（075）706-8878
ホームページ http://www.showado-kyoto.jp

© 瀧本佳史　2005　　　　　　　　印刷　太洋社

ISBN 4-8122-0505-0
乱丁・落丁本はお取り替えいたします。
Printed in Japan

岩崎信彦・宮島喬 他編	海外における日本人、日本のなかの外国人 ―グローバルな移民流動とエスノスケープ	定価六七二〇円
油井清光		
内海成治 編著	ボランティア学のすすめ	定価二五二〇円
内海成治 編著	アフガニスタン戦後復興支援 ―日本人の新しい国際協力	定価二六二五円
内藤正明 文 高月紘 絵	まんがで学ぶエコロジー ―本当に「地球にやさしい社会」をつくるために	定価二一〇〇円
嘉田由紀子 著	水辺ぐらしの環境学 ―琵琶湖と世界の湖から	定価二九四〇円
帯谷博明 著	ダム建設をめぐる環境運動と地域再生 ―対立と協働のダイナミズム	定価三一五〇円

昭和堂刊

（定価には消費税5％が含まれています）